新闻与传播系列教材·翻译版

全球传播

Global Communication

[荷兰] 希斯·汉姆林克 (Cees J. Hamelink) 著

任孟山 李呈野 译

清华大学出版社
北京

北京市版权局著作权合同登记号 图字 01-2017-5694

First published in English under the title Global Communication
By Cees Hamelink ISBN: 9781849204248
Copyright © Cees Hamelink 2015.
This edition has been translated and published under licence from SAGE Publications, Ltd.
此版本仅限中华人民共和国境内（不包括中国香港、澳门特别行政区和台湾地区）销售。未经出版者预先书面许可，不得以任何方式复制或抄袭本书的任何部分。

版权所有，侵权必究。举报：010-62782989，beiqinquan@tup.tsinghua.edu.cn。

图书在版编目（CIP）数据

全球传播 /（荷）希斯·汉姆林克著；任孟山，李呈野译. —北京：清华大学出版社，2023.9
书名原文：Global Communication
新闻与传播系列教材：翻译版
ISBN 978-7-302-64681-5

Ⅰ. ①全… Ⅱ. ①希… ②任… ③李… Ⅲ. ①传播学 Ⅳ. ① G206

中国国家版本馆 CIP 数据核字（2023）第 181985 号

责任编辑：纪海虹
封面设计：孙剑波
责任校对：王荣静
责任印制：宋　林

出版发行：清华大学出版社
网　　址：https://www.tup.com.cn，https://www.wqxuetang.com
地　　址：北京清华大学学研大厦A座　邮　编：100084
社 总 机：010-83470000　邮　购：010-62786544
投稿与读者服务：010-62776969，c-service@tup.tsinghua.edu.cn
质量反馈：010-62772015，zhiliang@tup.tsinghua.edu.cn

印 装 者：北京嘉实印刷有限公司
经　　销：全国新华书店
开　　本：185mm×235mm　印　张：17.5　插　页：2　字　数：359 千字
版　　次：2023 年 11 月第 1 版　印　次：2023 年 11 月第 1 次印刷
定　　价：88.00 元

产品编号：070351-01

TRANSLATOR'S WORDS

总　序

从20世纪90年代中期开始，新闻与传播学教育从中国人民大学、复旦大学等为数甚少的几家高校的"专有"学科，迅速成为一个几乎所有综合大学乃至相当部分如财经大学、工商大学、农业大学以及师范、艺术类院校都设有的"常规"学科。中国最著名的两所高等学府清华大学、北京大学也相继成立新闻与传播学院。据不完全统计，中国内地有数百个新闻学与传播学专业教学点。全国有新闻学与传播学专业硕士授予点近百个，博士授予点17个，形成了从大专、本科，到硕士和博士层次齐全的办学格局。新闻专业本、专科的在校生人数至少接近10万人。

这样一种"显学"局面的形成，一方面是进入信息时代以后，新闻与传播的社会地位、角色、影响不仅越来越重要，而且也越来越被人们所意识到；另一方面是媒介行业近年来的迅速发展为青年人提供了职业前景和想象。尽管与美国大约有14万在校学生学习新闻学与大众传播学课程的情形相比，中国的新闻与传播学教育的规模并不十分庞大，但是就中国国情而言，这种新闻与传播教育的繁荣局面还是可能因为一种"泡沫"驱动而显得似乎有些过度。但是，超越传统的新闻学，将更加广义的媒介政治、媒介舆论、媒介文化、媒介艺术、媒介经济、媒介法规、媒介伦理纳入新闻与传播学科，将传播学理论以及各种量化的社会科学研究方法纳入新闻与传播学领域，将人际传播、公共关系等纳入传播学视野，都证明了新闻与传播学的转向和扩展，也正是这种转向和扩展使新闻与传播学教育有了更加广阔的发展空间和学科魅力。

对于目前中国的新闻与传播学教育来说，缺少的不是热情、不是学生，甚至也不是职业市场，而是真正具有专业水准的教师，能够既与国际接轨又具国情适应性的教学体系和内容，既反映了学科传统又具有当代素养的教材。人力、物力、财力、知识力资源的匮乏，可以说，深刻地制约着中国的新闻与传播学向深度和广度发展，向专业性与综合性相结合的方向发展。新闻与传播学是否"有学"，是否具有学科的合理性，是由这个学科本身的"专业门槛"决定的。当任何学科的人都能够在不经过3~5年以上的专业系统学习，就可以成为本专业的专家、教师，甚至教授、博士生导师的时候，当一名学生经过4~7年本科/硕士新闻与传播学科的专业学习以后，他从事传媒工作却并不能在专业素质上显示出与学习文学、外语、法律，甚至自然科学的学生具有明显差异的时候，我们很难相信，新闻与传播学的教育具有真正的合法性。

作为一种专业建设，需要岁月的积累。所以，无论是来自原来新闻学领域的人，还是来自其他各种不同学科的人，我们都在为中国的新闻与传播学科积累着学科的基础。而在这些积累中，教材建设则是其中核心的基础之一。10年前，"南复旦、北人大"，作为原来中国新闻与传播学的超级力量，曾经推出过各自的体系性的教材，后来北京广播学院也加入了传媒教育的领头行列，进入21世纪以后，清华大学、武汉大学、华中科技大学，以及北京大学的新闻传播学科也相继引起关注，并陆续推出各种系列的或者散本的翻译或原编教材，一些非教育系统的出版社，如华夏出版社、新华出版社等整合力量出版了一些有影响的新闻与传播教材。应该说，这些教材的出版，为全国的新闻与传播学教育提供了更多的选择、更多的比较、更多的借鉴。尽管目前可能还没有形成被大家公认的相对"权威"的教材系列，尽管许多教材还是大同小异，尽管相当部分教材似乎在观念、知识、方法以及教学方式的更新方面还不理想，但是这种自由竞争的局面为以后的教材整合和分工提供了基础。

由于清华大学新闻与传播学院的建立，一定程度上为过去基本不涉足新闻与传播学教材的清华大学出版社提供了一种契机，近年来陆续出版了多套相关的著作系列和教材系列。除"清华传播译丛"以外，教材方面目前已经陆续面世的包括"新闻与传播系列教材·英文原版系列"以及原编系列的部分教材。而现在呈现给大家的则是"新闻与传播系列教材·翻译版"。

本系列的原版本坚持从欧美国家大学使用的主流教材中选择，大多已经多次更新版本，有的被公认为本学科最"经典"的教材之一。其中一部分，已经由清华大学出版社推出了英文原版，可以帮助读者进行中英文对照学习。这些教材包括三方面内容：

一、传播学基础理论和历史教材。这类教材我们选择的都是经过比较长时间考验的权威教材，有的如《麦奎尔大众传播理论》（Denis McQuail, *McQuail's Mass Communication Theory*）和《人类传播理论》（Stephen W. Littlejohn, *Theories of Human Communication*）。《大众传媒研究导论》（Roger D. Wimmer & Joseph R. Dominick, *Mass Communication Research: An Introduction*）也是国内出版的有关媒介研究量化方法的少见的教材。我们还特别选择了一本由James Curran和Jean Seaton撰写的《英国新闻史》*Power without Responsibility——The Press, Broadcasting, and*

New Media in Britain），弥补了国内欧洲新闻史方面的教材空白。

二、新闻与传播实务类教材。主要选择了一些具有鲜明特点和可操作性的教材，弥补国内教材的不足。例如《理解传媒经济学》（Gillian Doyle, *Understanding Media Economics*）和《媒介学生用书》（Gill Branston & Roy Stafford, *The Media Student's Book*）等。

三、新闻与传播前沿领域或者交叉领域的教材。例如《文化研究基础理论》（Jeff Lewis, *Cultural Studies: The Basics*）等。

这些教材中，有的比较普及、通俗，适合大学本科使用，特别是适合开设目前受到广泛欢迎的媒介通识课程使用，如《大众传播理论》（Stanley J. Baran & Dennis K. Davis, *Mass Communication theory*）和《媒介素养》（W. James Potter, *Media Literacy*）；有的则可能专业程度比较高，更加适合高年级专业学生和研究生使用。但是从总体上来讲，为了适应目前中国新闻与传播学教育的现状和需要，目前选择的书籍更偏向于大众传播、大众传媒，而对传播学的其他分支的关注相对较少。因为考虑国情的特殊性，新闻学教材也选择的比较少。当然，由于新闻与传媒本身所具备的相当特殊的本土性以及文化身份性、意识形态意义等，这些教材并非都适合作为我们骨干课程的主教材，但是至少它们都可以作为主要的辅助性教材使用。

人是通过镜像完成自我认识的，而中国的新闻与传播教育也需要这样的镜子来获得对自我的关照。希望这些译本能够成为一个台阶，帮助更多的青年学生和读者登高临远，建构我们自己的制高点。

尹　鸿

修改于 2013 年 11 月 12 日

CONTENTS

目 录

第一章　什么是全球传播 ································· 1
　　名字何谓？ ····································· 2
　　流动 ··· 4
　　故事 ··· 4
　　传播全球化 ····································· 6
　　全球传播的情境 ································· 9
　　跨地方化 ····································· 10
　　城市化 ······································· 14
　　制度化 ······································· 15
　　不平等 ······································· 15
　　全球性风险 ····································· 16

第二章　如何研究全球传播 ····························· 21
　　全球传播的研究路径 ····························· 22
　　信息 ··· 26
　　传播发生了什么？ ······························· 28
　　有没有一种全球传播理论？ ······················· 28
　　关于理论化 ··································· 28

传播理论与传播政策 ………………………………………… 30
　　理论问题 ……………………………………………………… 31
　　方法问题 ……………………………………………………… 34
　　把全球传播作为越野赛来研究 ……………………………… 35
　　一个有前途的方法 …………………………………………… 38
　　视角主义 ……………………………………………………… 38
　　进化论视角 …………………………………………………… 39
　　复杂性视角 …………………………………………………… 42
　　平等主义视角 ………………………………………………… 43

第三章　远距离传播的历史 ………………………………………… 49
　　远距离传播 …………………………………………………… 50
　　消除限制 ……………………………………………………… 54
　　1980年代及以后 ……………………………………………… 56

第四章　全球传播的经济 …………………………………………… 61
　　全球通信产业的发展 ………………………………………… 62
　　互相联结的利益 ……………………………………………… 63
　　资本密集型 …………………………………………………… 65
　　所有权结构 …………………………………………………… 66
　　集中 …………………………………………………………… 67
　　三大部门 ……………………………………………………… 68
　　如何从经济视角研究全球传播 ……………………………… 71
　　视角 …………………………………………………………… 73

第五章　内容的全球流动 …………………………………………… 77
　　全球新闻供应商 ……………………………………………… 78
　　20世纪的发展 ………………………………………………… 78
　　全球娱乐 ……………………………………………………… 81
　　全球广告主 …………………………………………………… 85
　　挑战 …………………………………………………………… 87

第六章　全球传播政治的出现 ……………………………………… 91
　　治理 …………………………………………………………… 92

邮政通信 ·· 93
　　电报通信 ·· 94
　　著作人权利保护 ··· 95
　　对大众媒体的社会关切 ··································· 96
　　"二战"之后的发展 ··· 98
　　技术创新 ··· 102

第七章　全球传播政治：21世纪议题 ·················· 105
　　全球传播政治的转变 ···································· 106
　　世界贸易组织 ·· 106
　　改变账户费用结算制度 ·································· 109
　　知识产权 ··· 110
　　大众传媒 ··· 111
　　当今的全球传播政治 ···································· 112
　　联合国信息社会世界峰会 ······························ 116
　　全球传播政治的观点 ···································· 118

第八章　不平等与全球鸿沟 ·························· 123
　　南北鸿沟 ··· 124
　　国际信息新秩序与国际信息传播新秩序 ··············· 126
　　麦克布莱德圆桌会议 ···································· 128
　　国际技术转让 ·· 129
　　信息社会世界峰会和全球数字鸿沟 ···················· 129
　　技术效果的分布 ·· 132
　　包容性问题 ··· 133
　　发展传播 ··· 133

第九章　宣传、外交和间谍活动 ······················ 137
　　政治宣传简史 ·· 138
　　冷战 ·· 141
　　人心之战 ··· 142
　　媒体与政治宣传 ·· 143
　　外交与全球传播 ·· 144
　　外交与媒体 ··· 144

间谍活动：秘密的全球传播 ··· 147
　　媒体与间谍活动 ·· 148

第十章　全球传播与冲突 ·· **153**
　　媒体逻辑与暴力 ·· 155
　　和平新闻 ··· 157
　　更多与更好的信息？ ··· 158
　　走向"城市—全球"外交传播 ·· 160

第十一章　文化与全球传播 ·· **165**
　　何谓文化？ ··· 166
　　动态性与多样性 ·· 166
　　文化是一个学习过程 ··· 167
　　文化政治 ··· 167
　　文化扩散 ··· 168
　　文化交流与合作 ·· 168
　　文化遗产 ··· 169
　　文化工作者 ··· 169
　　全球文化政治的主要问题 ·· 170
　　文化权利 ··· 170
　　文化身份的保护 ·· 172
　　文化帝国主义 ·· 173
　　文化的全球化 ·· 175
　　文化全球化的三种视角 ·· 176
　　跨文化传播 ··· 178
　　超越经典文献 ·· 179
　　社会变量、领域与扫描 ·· 180
　　挑战 ·· 181
　　群体 ·· 182
　　宗教 ·· 183
　　人类认知 ··· 183
　　跨文化传播能力 ·· 184
　　如何研究文化与全球传播？ ··· 185

第十二章　全球在线传播……189
全球传播走上网络……190
数字化趋势……191
人类传播能力扩展?……194
新的政策议题?……195
人权评价:本质……195
人权评价:组织……195
挑战……196
全球在线传播的视角……203

第十三章　全球传播的未来……207
未来……208
我们是否能预见未来?……209
对技术未来影响的评估……214
未来的可能场景……215
为全球传播的未来撰写合情理的场景……216
未来全球传播的主要挑战……217
融合技术和人类传播……219
全球传播伦理的挑战……223
全球对话需要全球公共空间……226
后记……226

参考文献……230
索　　引……244
译后记:全球传播的名与实……267

第一章

什么是全球传播

鉴于马特拉对全球传播的全方位认识、书写的思想深度及其批判性分析的迷人魅力,本章的基本灵感来源在于:
- 我们要为本书所论述的研究领域找到一个好名字。
- 我们要识别"全球传播"的基本建构素材:流动与故事。
- 我们应提出为什么要研究全球传播这个问题。
- 我们需要分析全球传播在当代语境中的关键维度。

阿芒·马特拉(Armand Mattelart,1936—)

马特拉1936年生于比利时,他在鲁汶大学学习法律和政治科学,并在巴黎完成学业。1962年,他任教于智利天主教大学,参与联合创建了"国家现实研究中心",与阿里尔·多尔夫曼（Ariel Dorfman）合著了畅销书《解读唐老鸭：迪士尼动画片里的帝国主义意识形态》(1975)，此书在美国受到了审查。在皮诺切特（Pinochet）发动军事政变后，他返回巴黎，开始在巴黎第八大学教书。

他的主要著作包括：《跨国公司与文化控制》(1982)；《跨国公司与第三世界：为文化而斗争》(1983)；《国际影像市场》(1984)；《世界传播地形图：战争、进步与文化》(1994)。

对全球传播而言，阿芒·马特拉教给了我们如何对全球传播中的权力和权力-关系问题进行批判性反思。

名字何谓？

> 朱丽叶告诉罗密欧，名字是一个人为制造的、毫无意义的约定："名字何谓？我们称之为玫瑰的花儿，将其换成任何名字，闻起来都一样的芬芳。"
> ——威廉·莎士比亚，《罗密欧与朱丽叶》（第一幕，第二场）

确实，我们可以将玫瑰称为"牛粪"，而它的气味不会改变。我们仍然会欣赏它的美，还会把这"牛粪"插入花瓶。然而，名字可能并不像朱丽叶所说的那样无足轻重。罗密欧只需要改一下他的名字——朱丽叶认为——但是，恰恰是他们的名字从一开始就注定了这对恋人的命运。我们当中有很多人都会以人名来做某些判断——无论是好的还是坏的。父母为你选择的名字也许会困扰你一生。朱丽叶认为"名字是约定"虽然是正确的，但约定不是毫无意义的。如果外科医生要的是手术刀，得到的却是凿子，那么病人就会出现问题。

人类之间的交流之所以可能，很大程度上是因为关于如何命名事物、人以及经验，我们有约定俗成的习惯。所有科学项目中都有这么一部分内容，即对我们所调查、解释与希望理解的现象进行命名。

本书将我们的研究领域命名为"全球传播"（global communication）。相同的领域也曾被命名为"国际传播"（international communication）、"世界传播"（world communication）与"跨境传播"（transborder communication）。对于这些不同的名称，学者们都做过上佳论证。

- 国际传播。"国际"通常是指发生在国家之间的活动，比如在国际关系中。尽管有人认为国家正在走向衰弱，但我们必须承认，国家仍然是一个强大的现实存在，而且经常在促进、提升或阻碍跨境传播上是力量强大的行为体。然而，也必须意识到的是，国际舞台上越来越多地涉及国家行为体与非国家行为体之间的互动。国际政治舞台上有多种行为体。特别是自"二战"以来，我们会发现诸如政府间组织、国际非政府组织、跨国公司和国际公共服务组织等各种国际行为体。

国际传播方面的研究，常常受到民族国家这个关键概念的启发。这方面的研究已经受到世界范围内的离散社群发展的严重挑战。离散社群是指脱离国土的"想象的"共同体，它们由各种形式的移民组成，这些移民有的经常往来于母国和移入国，有的在移入国定居却对原籍国怀有强烈依恋。离散社群经常会创办媒体，创作与传播有关他们独特经历的内容。

事实上，对于国家的和国家间的传播，国际传播是一个更为合适的术语。

- 世界传播。这个术语比国际传播的意义更为宽泛。但是，它在一定程度上仍然是一个意义模糊的术语，带来的是"人类大家庭"的浪漫联想。它在非英语语言中不太容易翻译，尽管在有些语言（如法语）中可以使用"mondial"（世界）一词。

- 跨境传播。这个术语听起来别扭但实际上却精确地指出了我们所做研究的核心现象。我们将要探究的传播形式是一个跨越国境的"信息"（messages）流动的"全球本土化"（global）过程。

- 全球传播。这是当下最时髦的术语。不过，它在翻译和意涵方面也均有缺陷，好像我们已经创建了一个世界共同体。"全球"与其说是一种现实，还不如说是一种愿望。传播虽然已经全球化，但仍然保有本土性。大多数的电视和电影生产并不是全球性的，而是源于地方。"全球的"与"地方的"融为一体。我们并不是居住在全球，而是居住在某个特定地点。一个人无论多么具有全球属性，其身份依然主要是由"地方性"界定：出生地、家庭、语言、他所习惯的笑话。对于故土的依恋，那里有你所体验过的最好的"文化舒适"——这种依恋常被称为文化亲近——是一种至关重要的经历。我们既是全球公民，又是地方公民，因此，对我们的传播进行命名，最好的术语可能是"全球本土化"。这一概念把全球的（比如，一种面向全球市场的产品）与地方的（比如，当地的口味和经验）联系在了一起。

几乎无可避免的是，只要提及全球传播，人们就会想到当代最大的信息基础设施：互联网。互联网作为一种网络（network），不仅是物理概念上的，而且是心理概念上的，它以多元整体方式将全世界带到了用户家中。网络是去中心化的、水平结构的、去领土化的，但也是地方化的。我们都是从有边界的地方进行全球联系的！如阿皮亚（Appiah）所言，我们是"世界主义的爱国者"（1998：290-328）。

显然，这种表述里的"我们"并不包括世界上所有人。全球传播具有的规范性内涵是指，全球社会的存在意味着这个地球上的所有人全都参与且一视同仁。在21世纪初期，许多人仍然被排除在全球性联系之外。① 当下，传播可被视为经济、政治和社会文化等各个领域全球化进程的"中介"，它使得全球各地的人们相互联系。而且，作为一种（机制化）进程，全球传播本身同样受到这些领域全球化进程的很大影响。

---

① www.nua.com/survey/how-many-online/index.html

3 "全球传播"是不是本书中心主题关注现象的最佳描述词汇？

流　动

不管我们愿意使用什么样的形容词，但我们的兴趣核心是"传播"。然而，还会另有像传播一样的"名称"来涵盖百义。正如学习传播学的学生所知，不断扩展的文献对名称的定义提供了一张几乎没有尽头的单子。但是，我们真的必须要从定义开始吗？心理学家给心理下定义了吗？生物学家给生命下定义了吗？数学家给数字下定义了吗？

最好的方法也许始于对人类行为的观察。如果从另一个星球看，人类社会可能看起来很像是一座座蚁山：四处奔波的小动物们在搬运各种东西，从 A 地搬到 B 地，又从 B 地搬回 A 地，构成了永久性运动。一个看似毫无意义的无穷性运动状态。如果我们以"行动"（motion）作为观察的起点，那么外星人观察者很可能会同意曼纽尔·卡斯特尔斯（Manuel Castells）的观点："我们这个社会是围绕着流动（flows）建立起来的"（1996）。

"流动"是一个有用的概念，因为它揭示了运动的多向性：线性的与环形的，自上往下的与自下往上的，人工的与自发的。

故　事

人类遍及全球所传送的信息其实是故事。故事是人类知识的主要来源，而且，正如希腊哲学家柏拉图所言："讲故事的人在统治着社会。"我们通过故事来学习。故事提供模式和结构，以此帮助我们适应所处环境。全球传播是一个复杂的多层面进程，其中，主流故事与反主流故事在全球范围内流动。最重要的电视故事生产商是基于美国的 MTV、CNN 与探索频道（Discovery Channel），它们拥有亿万受众。至今还没有一部非西方电视剧，能够像《欲望都市》《老友记》或《绝望的主妇》一样风靡全球。然而，反主流故事也在发展：地方性生产、离散人群的讲述，以及新的讲故事者的出现。像优兔（YouTube）这样的新型社交网络，扩大了全球故事讲述者的社群。优兔以及所有当代"吟游诗人"（bards）的出现——从进化论的视角来看——都是人类适应复杂环境的需要。在复杂性之中生存需要网络，通过这一网络，越来越多的行为体相互交换故事。人类传播的实质是其叙事结构。我们都是"故事讲述者"，全球流动的思想、观点、评论、知识、信息、数据、声音和影像，都可以被纳入"讲故事"这个概念的大伞之下。

人类有史以来一直在广阔的地理范围中讲故事，本书第三章将讨论这个主题。

研究全球传播重要吗？

为什么要投入时间和精力来研究全球传播？为什么我们要研究跨越边境的故事流动？有关这一现象，为什么如此重要？

全球传播是基本流动

纵贯整个有记载的历史，有人员的流动、货物的流动、金钱的流动与故事的流动。故事的流动值得特别注意，因为它已发展成为一种对其他流动必不可少的流动类型。如果没有大量有关机票、宾馆预定或信用卡交易的故事，人员的流动（比如，在旅游和商务旅行中）在今天是无法想象的。对于货物的流动而言也是如此，如果没有一张广泛的电子信息传输网络的话，货物的流动不可能完成。金钱的流动已成为电子数字的流水了。银行只是向其他银行、政府与客户传送关于转账和收款的信息，并不需要真的移动资金。

故事的跨境流动给世界范围的货物贸易和全球金融交易提供了必要的基础设施支撑。当今时代，如果没有全球传播，那么，世界范围的人员、货物与金钱流动是无法想象的。

全球传播的内容是给世界上无数人提供新闻、广告和娱乐。新闻提供者、广告商和娱乐公司所生产的故事，非常有助于人们形成对他人、对自己所生活的世界的解释框架和看法。

人们在生活中总是有着对遥远地方的他者的想象。通常情况下，这些想象是现实的扭曲反映。匈奴王阿提拉（Atilla the Hun）已经意识到了形象的至关重要性。作为技艺娴熟的现代宣传家的先驱，阿提拉广为传播高度夸张的故事，这些故事讲的是在5世纪的欧洲，他的军队在历次战役中显现出了超自然力量。

我们是通过别人讲给我们的故事来感知这个世界的！正如亚莉克莎·罗伯特森（Alexa Robertson）所言，"通过讲故事，我们在政治和文化领域里的状态，以及他者的状态，都在被开启、被保留、被协商和被改变，以适应新环境"（Robertson，2012：2）。肯尼思·博尔丁（Kenneth Boulding）的说法则是，"是我们观念中的世界，而非真实的世界，在决定着我们的行为"（Boulding，1959：120）。国际政治舞台上演的剧目，在很大程度上有赖于各国及其代表出于外交、宣传、公关或兜售战争的目的而相互讲述的故事。今天，全球传播是我们感知世界以及我们对世界确立归属感的重要来源。

- 全球传播在全球经济中扮演着重要角色。

正如我将在第4章要讨论的这一点，生产基础设施的行业、提供连接性服务的行业和生产内容的行业，都促进了全球传播。

- 全球传播对全球政治至关重要。

政治给全球传播的相关性提供了一个重要论据,因为故事的流动构成了话语权。我将在第 9 章详细讨论这一点。
- 军事行动依赖全球传播。

在世界范围内,军事行动已经变得依赖于命令、控制和情报系统,无人机("大黄蜂")的使用以及可能发生的网络战争,所有这些都显示出全球传播的重要性。这一点,我将在第 11 章讨论。
- 全球传播是文化表达的载体。

全球传播在全球范围内发布文化标识,对于文化混合的发展很关键,而且,也是地方抵御外国文化压迫的重要理由。这些问题将在第 11 章专门谈论。

传播全球化

全球媒介系统出现在 18 世纪末期和 19 世纪早期,随着全球电报、无线连接设施和全球新闻扩散(通过路透社、哈瓦斯社与沃尔夫社)的早期发展而成为现实。这些先驱者不太受帝国(尤其是英国、法国、德国)利益驱动,而主要是受商业和贸易利益驱动。全球传播的扩张经常被认为是帝国主义国家控制传播基础设施的争斗史。然而,温德克与派克(Winseck and Pike,2007)证明——有着非常多的经验证据——在传播基础设施上行动积极的公司,并不是像人们认为的那样紧密地从属于国家政府。并且,"构成 19 世纪末期和 20 世纪早期全球媒介系统的相互联系和相互依赖之网,也可以看作政府愿意依靠外国公司以满足其对外传播和军事安全利益"。此外,"资本主义全球化对全球传播的组织和控制,在实际上具有比帝国主义更强的影响力"(Winseck and Pike,2007:16)。在这一语境下,大家做出了一个有趣的观察结论,即"帝国(英国)的大部分地区是地球上对外联系最少、服务最差的地方"。同时,"简而言之,传播网络和信息流动在世界上市场最发达的地区才会最密集。就此而言,全球媒介系统在两个方面很关键:第一,适时运行的媒体公司;第二,这些公司提供传播网络和供应资本主义赖以存在和繁荣的信息与新闻资源"(Winseck and Pike,2007:17)。帝国之间当然存在竞争,但更大程度上是合作。它们拥有"共享霸权"(shared hegemony),这表现为国际法律协议,比如,在邮政和电报领域就有相应的协议。

在 19 世纪中叶,许多报纸常规性发布世界新闻,这些新闻来自于跨国新闻通讯社,比如路透社、哈瓦斯社和沃尔夫社。在 20 世纪上半叶,各国政府发现了国际宣传的潜能,伴随好莱坞电影的出口,电影产业成为了国际媒介。录音唱片业也开始走向了全球化的早期之路。

电视卫星在 20 世纪 70 年代末期的出现,打破了广播空间的国家主权原则,也使国家对来自领土以外的电视传播进行有效抵御变得很难并最终不可能。驱动力主要是经济层面上的：多数国家大量进口节目的需要，商业/利润动机，以及广告业。产品市场面向全球，广告也走出了国门。特别容易全球化（即被卖到外国市场）的媒介产品是新闻、电影、唱片和电视连续剧。

在媒介全球化进程中，电视节目仍然可能是最具影响力的媒介产品，部分原因与电影一样，其视觉特征有助于跨越语言障碍进行传播。然而，同样重要的事实是，电视节目的主要组织形式和传播手段，使其不容易被限定在国境以内或者说被拒于国境以外。（麦奎尔 [McQuail]，2010：217）

"探索频道"即是传播全球化的一个案例。

探索频道

全球媒体企业探索公司拥有在170个国家开办的电视频道网络，以及越来越多的面向世界的电视和媒体观众、经由互联网与移动电话进行传播的数字媒体节目。

1982年，约翰·亨德里克斯（John Hendricks），探索频道的创办者，开始向潜在投资者推销创办一个纪录片电视频道的方案。在纽约艾伦公司（Allen & Co., New York）同意提供300万美元启动资金以前，亨德里克斯一共跟211名风险资本家谈过此事。

20世纪80年代，探索频道美国公司开始盈利并开始寻求新的国际市场。历经20世纪90年代和21世纪初期，探索公司拓展到了欧洲、拉美和亚洲。

尽管探索公司在全球层面的电视频道构成了其媒介内容的传播支柱，但在21世纪初期，公司还是付出了更多努力在互联网和移动电话的数字环境下定位自身。

品牌化和市场化在探索频道的美国发展中居功至伟，而且在其品牌全球化的战略中始终具有重要作用。

探索频道虽然是一个事实性信息的全球重要供应商，但其节目对真实世界的描述却有着清晰的焦点。这里面也包括"政府友好型"的观念，以及在许多节目里对真实世界的批判性描述具有一定程度的克制。然而，这赋予了全球性的电视频道一种重要能力，即能够无障碍地跨越文化、政治和宗教界限。以奇观类节目为代表的探索频道也有娱乐节目。这表明——在同一个水平上——"很多种文化的精华部分有望集合成为一种真正的全球文化"，在世界范围内寻求各种形式和环境下的奇观，即使只是在真实世界里的特定范围内。这些主题和故事成为电视节目的构成部分，或者被编排到探索频道全球传播的系列节目中。

这把我们带到了探索频道及其观众面前。探索频道努力将分散在170个国家的观众整合为全球观众。

探索频道竭力通过事实性电视节目的形式来吸引地方观众和全球观众。

——选自奥雷·莫斯（Ole J. Mos, 2010），《媒介全球化与探索频道》，伦敦：劳特里奇出版社。

当今时代，没有真正的全球媒体；只有各种基于国家背景的混合形式。也许会有全球性联系，但其做法由国家标准、目标和期望所决定。

杰里米·滕斯托尔（Jeremy Tunstall, 2008）在《媒体是美国的》一书中说，世界上大多数人并不讲英语，大多数人更喜欢他们自己的笑话、音乐、政治与体育运动。在人口大国，全国性的和地方性的媒体正日益重要起来。国际性媒介产品正在地方化。美国主要的电影公司正在更多地使用欧洲、亚洲和拉美的当地生产设施。哥伦比亚三星电影集团公司、华纳兄弟和迪士尼已经建立了国际电视附属机构进行合作生产英语片，以及有针对性的面向某个具体国家的节目。索尼公司已经在德国、法国、英国和中国香港资助拍摄方言电影，以及用8种语言制作电视节目。星空卫视（STAR TV）属于传媒大亨鲁伯特·默多克（Rupert Murdoch）的新闻集团，积极采取本地化策略，提供地方化频道，包括：星空中文频道（面向中国台湾）和星空日本频道。

世界经济的相互依赖越来越多，但在媒介领域中却没有。大家可以观察到媒介区域化（尤其是在拉美和阿拉伯国家），而这不同于媒介全球化。

尽管在传播领域具有全球化趋势，但"国家的"（national）媒体依然重要（Tunstall, 2008: 450）。媒体的国家要素在有些国家仍然占据主导地位，这些国家拥有90%的世界人口。观众在当下更喜欢看他们自己国家的新闻、天气、体育、喜剧、肥皂剧、游戏、真人秀以及其他廉价的事实性节目。总体而言，观众、制片人与政客们都认为具备国家要素的内容更受青睐。例如，在亚洲地区，我们会发现韩国的电视剧、中国的流行音乐和日本的漫画。

大部分媒体报道的主要是本土新闻而不是全球新闻。世界上依然存在着南北国家之间的新闻鸿沟。在全球化时代，人们可能以为全球新闻会增加。然而，情况并非如此！全球新闻的地方化改编才是最重要的，经过改编的全球性事件就这样成为地方性故事了。

在世界范围内，无论是新闻还是娱乐，民族主义依然是一个关键因素。在全球传播的时代，仍然需要考虑到民族国家这个力量。民族国家所采用的方式包括进口限制、配额规则、在黄金时段播出本国产品。

与全球传播相关的是，全球化既是同质化，也是全球本土化或杂交化进程的构成要素，以及各种形式的碎片化和极化的推动者，而碎片化和极化都属于异质化。（这些观念将在第 11 章从全球传播的文化维度出发做进一步讨论。）跨国频道激增的一个原因是，携带原有文化要素的人们在进行物理迁移。对于移民的生活而言，身份问题是核心问题，他们的生活经常是"在文化之间穿行"（巴巴 [Bhabha]，1994）。正如马丁·巴贝罗（Martin Barbero）所指出的，文化混合的本质是能够导致文化"杂交"（Barbero，1988）。例如，洛杉矶的伊朗有线电视台，不得不在提供保留传统伊斯兰生活方式的节目和展示美国当地消费主义生活方式的节目之间，小心翼翼地踩线行进。新传播技术让许多发展中国家的广播电视公司成功出口媒介产品成为可能。1990 年，土耳其广播电视公司（Turkish Radio and Television Corporation，TRT）成立了土耳其广播电视公司国际频道（TRT-INT），通过欧洲电信卫星公司向西欧讲土耳其语的人口播送节目，主要针对在德国的 200 多万土耳其人。现在有了许多新的民族性的和区域性的故事讲述者，像中东的半岛电视台、巴西的电视剧产业、墨西哥广电集团（Televisa）或印度宝莱坞电影业。

研究全球传播时最令人困惑的一个问题是：全球传播真的使世界变小了吗？真的创造了一个马歇尔·麦克卢汉（Marshall McLuhan）所说的"地球村"吗？或者，像福特纳（Fortner）所说"然而，穿越远距离的传播并不能再生产标志着乡村生活的亲密感"（Fortner，1993：24）。福特纳指出，一个更好的概念或许是"全球大都市"（global metropolis）。大都市的特征是，大多数人互不相识，信息流高度不平等。

全球传播的情境

- 跨地方化
  全球化：历史
  全球化：分析工具
  全球化：政治节目
- 城市化
- 制度化
- 不平等
- 全球风险

全球传播不会在真空环境下发生。本章提到的流动和网络，以及作为内容的故事，都是真实世界的一部分。大家的生活栖息地是地球，地球的进化会影响到自由个体和制度化居民。

全球传播的研究需要把握情境。这意味着我们需要去理解真实世界的环境。为了有助于我们理解，需要能聚合当下最明显特征的概念框架。这个概念框架的关键要素可能是全球化进程、城市化、民族国家主义、制度化、大规模不平等和全球范围的风险激增。

跨地方化

全球传播发生在通常被描述为"全球化"的背景之下。如果没有"全球化"这个术语作为参考，那么要讨论当前的社会发展几乎是不可能的。在20世纪最后10年，"全球化"成为一个时髦术语。"全球化"是一个流行的、非常时髦的却又争议颇多的概念。"全球化"很少被人理解，一些人甚至认为，这一概念根本没有意义，或者说，只是给旧现象冠新名而已。最后这种看法提示我们，不能放任对历史的健忘。在我们认为发展进程中有些是新时代的独特现象之时，其实它们也许已经出现在此前的历史演变过程中。在马歇尔·麦克卢汉提出"世界是个地球村"时，他实际上不仅激活了泰哈德·查尔丁（Teilhard de Chardin）的思想（"宇宙是一个整体"），而且复兴了"基督教关于人类大家庭的古老神话"（Mattelart，2010：315）。

"全球化"这一术语首次被提及大概是在1970年意大利左翼激进杂志《无产者》（*Sinistra Proletaria*），当时该杂志讨论了资本帝国主义的"全球化"（mondialization），并以计算机生产商 IBM 作为案例。① 直到20世纪80年代，这个概念才流行起来。《牛津新词词典》1991年将"global"（全球的）作为新词收录。

以简单方式描述"X"在全球范围扩散的进程时，"全球化"看起来是一个有用的词汇。"X"可以是任何事物，例如：商品、文物、宗教思想或时尚潮流。说到这里，第一个问题来了：全球化进程始于何时？

全球化：历史

全球化的古老的阶段始于智人（Homo Sapiens）走出非洲（在50 000年至100 000年以前），成熟于公元前500年至公元1500年之间。在成熟阶段，连接亚洲和地中海以及部分非洲地区的丝绸之路开通（在公元前200年至公元200年之间），中国的"四大发明"（指南针、火药、造纸术和印刷术）传到西方，阿拉伯国家的数学知识也输出到国外。在公元1500年至1800年之间，重商主义的、殖民主义的全球化形式伴随16世纪的探险活动而出现，这些活动开发和剥削那些遥远的国家，并把外国的历史和宗教强加到当地人身上。在工业革命（发明了汽船和电）之后，一种现代形式的资本主义的全球化在18世纪和19世纪早期出现。19世纪的全球化是一个有着巨大社会影响的进程。正如温德克与派克所述："19世纪末和20世纪初的全球化，不是浅尝辄止和稍纵即逝，而是影响深刻和战线持久。世界范围内电缆和电报系统的增长，与铁路和汽船的

---

① 讨论"全球化"的这篇文章题目为《资本主义社会的全球化进程》，文章将 IBM 公司描述为一个"自成一统的组织，其一切活动以营利为目的，并谋求把生产过程中的一切活动'全球化'"。理由是 IBM 在14个国家从事生产并在109个国家销售，它"内含着资本帝国主义的全球化"（mondializzazione）。——译者注

发展，并驾齐驱，克服了部分地理障碍，让跨越大洲的商业活动更为便利。"（Winseck and Pike，2007：1）

"二战"之后，全球传播的速度和范围急速提升。这一波公司全球化的重要因素是通过全球竞争而实现的资本流动和市场巩固。这个阶段的特点是工业化国家和非工业化国家、中心国家和边缘国家的全球两极分化，中心国家对边缘国家通过萨米尔·阿明（Samir Amin）所说的5个垄断途径进行控制，即技术、金融、资源、武器和传播（Amin，2000：602）。20世纪末，全球化进程的范围进一步扩大，这源于技术创新和机构创制，这些机构（例如，世界贸易组织）旨在促进公司的全球扩张。

20世纪全球化发展的两个重要特征是相互依赖（例如，在气候和健康领域）与"现代性"扩散：政治上，议会民主的理念走向了全球；经济上，自由市场经济颇受欢迎；文化上，生活方式、时尚款式、流行音乐和快餐成为全球化象征。

全球化：分析工具

全球化这一概念用来描述和解释当代社会过程。在其运用中，这个概念既有支持论者，也有怀疑论者。

- 支持论者认为，自20世纪80年代起，世界上越来越多的人生活在自由市场经济之中或者受其间接影响。全球范围内越来越多的人被纳入全球资本主义经济之中。

怀疑论者认为，这只是表面上的真实，事实上，"全球经济"只是世界上少数富有国家的经济，尤其是世界经济合作与发展组织的那些国家。他们指出，如果地球村由100名居民组成，那么有6名居民是美国人。而这6名居民却拥有整个地球村的一半收入，其余94名居民只能依靠另一半收入生存。

- 支持论者认为，今天的全球贸易超过以往。

航空运输和船运的成本普遍下降有利于跨境贸易扩张。在此进程中，不仅贸易量剧增，其特征也发生了相当大的变化。公司在全球销售中承受着巨大压力（例如，要树立全球品牌，在全球做广告），也因此强化了市场的全球化。

怀疑论者反对这种说法，认为世界贸易的大部分并不是全球性的，而是区域性的。而且，自20世纪以来，工业化国家之间的国际贸易量并没有显著增加。实际上，一些怀疑者甚至以贸易数字证明了19世纪的世界经济远比今天所谓全球经济的国际化程度更高。

- 支持论者指出，全球金融市场的增长是全球化的表征之一，这一增长始于20世纪70年代，当时的离岸金融市场急剧扩大，主权国家管辖之外的大量资本在全球流动。他们的结论是，今天的全球金融流动史无前例。怀疑论者承认这是事实，但是，这些流动资本主要指的是短期投机性资本而不是生产性资本。在生产性资本的投资方面，金融流动依然非常有限，而且，迅速流动的资本给第三世界的经济造成了严重风险。

● 支持论者的另一个论据是，人口的全球流动在增加：在全球范围内，不仅难民越来越多，而且从事劳动的移民也越来越多。但是，怀疑论者的结论是大多数人待业家中，大多数难民待在划定区域，大多数劳动也不具有流动性。

● 对支持论者而言，全球化作为一个社会进程，指的是全球意识的强化。然而，怀疑论者认为，表面上好像有一个CNN式的全球化，但是，整个世界与其说是一个地球村，还不如说是许多地方性村子的集合体。人们也许熟知美国总统甚于自己的邻居，但最终会在自己部族的地方性利益上选边站队。尽管更多的人相较以往也许更加具有世界性（cosmopolitan），但还是没有形成能够集体共享的全球意识。

支持论者认为，日益增加的经济相互依赖导致了社会相互依赖。怀疑论者认为，这一命题缺乏实证，也许有些证据能够表明存在全球团结一致，但是，有同等数量的甚至更多的证据表明，世界上的人们并没有觉得自己是全球大家庭的一分子。然而，支持论者总是强调，当下的社会进程将不可避免地导致全球一体化；怀疑论者认为，推动这些进程的同一力量，既会导致一体化，也会导致崩溃瓦解。

因此，支持论者和怀疑论者在全球化作为分析工具的适用性上存在分歧。而且，他们在当代社会进程的驱动力是否主要是技术进步上也存在意见分歧。

支持论者将全球化视为当代运输和通信技术发展的必然结果。怀疑论者认为基于技术决定论的解释过于局限。毫无疑问，技术具有能动作用，但关键变量取决于公共机构和私人机构。与此相关的，是关于民族国家作用的严重分歧：支持论者认为，民族国家已丧失其统治力量。

由跨境金融流动、离岸电子市场和世界范围的文化产品市场共同推动的经济过程，影响了单个国家的决策力量。怀疑论者认为，这虽然是事实，但程度很有限。重要跨国公司的金融实力和政治力量确定无疑地有所提升。其中，有些公司的营收甚至超过某些重要工业国家的国内生产总值。然而，怀疑论者发现，政府无用论被过于夸大了。如果没有国家补贴（例如，雷诺公司和麦道飞机公司），或者，没有国家出于国防需要向公司进行采购（例如，通用电气、波音和IBM），或者，国家出于一般需要向公司采购（例如，西门子公司和阿尔卡特公司），那么，许多大公司无法生存。而且，对大公司的高效运作而言，执法机构的作用至关重要。主权国家不让跨国公司创制真正的超国家管理机构，控制其限制性商务活动。跨国公司需要民族国家的政府保证其安全的投资环境，通过外交谈判帮助其创造市场机会，或者通过外交力量提升自己"国家的"公司贸易。它们也能从具有支持性质的国家规定中受益，这些规定关乎技术标准、专利和商标保护，或者兼并与合并。

按照怀疑论者的分析，是强大的政府自愿放权让私人进入市场。国家在医疗保健、社会服务和教育质量等方面，仍然是决定性的。国家的后退通常是局部性质的，是在选择好的社会领域，比如，国家权力会在社会服务方面后退，但不是从对知识产权持有的干预权力方面后退。怀疑论者也许并不否认国家作用在弱化，但他们却认为这并不是一个不可避免的进程。

将世界描述为"地球村"对我们的理解有帮助吗？如何为这个观念辩护？又如何反驳这个观念？

全球化：政治纲领

作为政治纲领，全球化代表一种政治议程，有支持者，也有批评者。支持者声称全球化创造了世界范围内的开放和竞争性市场，促进了世界的繁荣。支持者将其作为政治纲领的重要理由是，全球自由市场会带来更多的就业、更优质的商品和服务、更低的消费者价格。对批评者而言，全球化议程是一个新自由政治纲领，主要是促进世界上最强大的竞争者的利益。在批评者的分析结果中，大量的农民、工人、移民、青年和妇女都会受到经济全球化的非常消极的影响。

全球化的支持者把全球化进程视为势不可当，并最终会有益于世界。全球化将会让世界人民的日子更好过。批评者对此并不认可，他们说如果真有全球化，那也是贫穷的全球化。在全球化纲领的文化维度上，支持者和批评者也存在意见分歧。支持者辩护说全球化促进了文化差异，而批评者认为这只是老派文化帝国主义的新伪装形式。

在这里，支持者和批评者有一点是相同的，即全球图景的构成是以同质化的全球趋势、异质化的地方发展以及有时被称为"全球本土化"杂交的形式。世界范围内激增的标准化食物、服装、音乐和电视剧，以及盎格鲁—撒克逊式的商业风格和语言习俗，给人造成的印象是史无前例的文化同质化。然而，尽管世界已经"麦当劳化"，仍然还有特征明显的文化实体的强力存在，在这些实体中，各种形式的种族间冲突有很多引人瞩目的例证。毫无疑问，文化接触和超越国界的文化运动都在增加，但是，这并没创造一种全球文化。与消费者生活方式同质化并行不悖的是地方文化差异总是存在。尽管当下的全球化意味着一体化、相互依赖与同质化，但是，在人们的生活中，地方性和民族性依然扮演着重要角色。

全球化通常被描述为从西方走向世界。在黑格尔哲学思想的鼓舞下，即"西方是理性思想的来源"，西方思想、政治结构和文化生活方式蔚为壮观地流向世界其他地方。然而，这种欧美中心论正日益遭遇新兴经济体"金砖国家"的竞争，也受到打破传统二元对立模式的提议（主要来自于亚洲国家）的挑战，传统模式凸显了现代与非现代之间的分野，或者在现代研究中去西方化（Wang, 2011）。

既然全球传播的进程常常是深深嵌入地方因素，那么，理解世界的行为本身最好称为"跨地方化"（trans-localization）。

你的世界主义想法到底有多强？在定义你的身份时，你的家乡有多重要？

城 市 化

在 21 世纪，人类在历史上将首次成为"城市物种"。2009 年，全球有一半人口居住在城市，在不远的将来，这个数字将会是大约 70%。"按照目前的推测，在未来 30 年中，世界上全部的人口增长几乎都会集中在城市"（联合国人居署 [UN Habitat]，2011：ix）。城市这个居所，是人们必须找到共同生活的方法的地方，是应对各种冲突的场所。在发展中世界，拉丁美洲是城市化程度最高的地方，全部人口的 77%——4.33 亿人——居住在城市。拉美的城市化还没有达到顶峰：至 2015 年，其人口的 81% 有望居住在城市。同样，亚洲和非洲也是城市化集中的地区。至 2030 年，仅亚洲地区的城市人口就将占世界城市人口的一半以上，而非洲地区的城市人口数量将比欧洲国家的人口总和还多。

全球性城市成为了世界金融、时尚、艺术和媒体传播的中心。它们是全球经济活动的重要枢纽和当前全球化进程的关键行为体。2008 年 1 月 28 日的《时代》杂志封面报道，写的是三座相互联系的城市（纽约、伦敦和中国香港，题目巧妙地将三座城市的名字浓缩为"Nylon Kong"）如何驱动全球经济。它们共同的经济能量创造了一个强大的网络，既能展示全球化，也能解释全球化。它们不仅是资本中心和高级金融中心，也是文化中心。文化生产与消费已成为世界大城市经济的重要因素，大城市都在引进新方式将城市空间用于公共文化表演。一系列文化功能在大城市合而为一，例如观看、旅游、表演和销售。大城市也已成为各种服务的重要场所，例如法律援助、市场营销、广告与建筑设计（撒森 [Sassen]，2001）。

这个世界从未有过如此众多的城市，在亚非拉地区，也从未有过被卫星城包围的超过 2000 万人口的大城市。许多大城市，它的人口比有些国家的人口还多。例如，大孟买（Greater Mumbai，很快就是超大城市）的人口超过挪威和瑞典两个国家的人口总和。

世界上的城市生活的质量和可持续性将很大程度上依赖城市居民彼此间的共存方式。对致力于提升城市居民社会互动的任何努力而言，城市结构和公共空间的管理方式显然是非常重要的。除了物理环境的管理之外，经济和社会文化因素也会促进或妨碍城市居民的社会互动。

理解这个世界需要我们理解城市人口如何能够应对……城市的异质性特征。

异质性：城市是混杂之所，差异共存之地。对许多人而言，应对异质性带来的持久性挑战（福柯 [Foucault]，2003）是极其困难的事情。

速度：城市的特征是极快速度的移动和互动。社会互动需要时间。对大多数城市居民来说，这意味着他们必须学会慢下来的艺术。

漫不经心：大量的市民互动都是不经意的。奔跑时不必看到别人的面孔，夜间路过陌生人时，不觉得对他人有什么责任；开车快速沿着城市道路行驶时，广播节目里的信息是：我不在乎你，请你不要在乎我！

城市生活而非乡村生活的特征是，看到有人被殴打和驱逐，许多旁观者并不介入。他们甚至会抱怨有旁观者挡住了其视线。

如果你生来就居住在城市：你能很好应对来自异质性、速度和漫不经心的挑战吗？

制 度 化

像所有其他生物物种一样，人类对复杂问题会寻求充分适应的答案（为了生存和繁衍）。这些问题源自人类的生命体验，例如，成长和学习的愿望，交流的需要或对疼痛、痛苦和死亡的关切。在寻求充分适应的答案时，发展出来了各种制度。人类与其他物种的关键区别之一，就是能够"制度化"满足人类的基本需要。即使人类最亲近的物种，比如黑猩猩或矮黑猩猩都不能设计满足食物需要的大型农业公司或大型肉食加工机构！而人类在其他领域，包括教育、医疗保健和公共传播都制度化了。

制度化是一个社会过程，把人类的需要、思想、价值观和欲望嵌入组织，加辅以目标、结构、整套规则和评价程序。目前占主导地位的制度化类型是"交付"（delivery）制度。"交付"制度囊括了所有组织，这些组织将满足人类需要转化成以专业化产品和服务而进行的商品"交付"。"交付"制度的特征是将产品商业化，进而配送商品和服务，其竞争极其激烈，且由专业人士运营。其带来的挑战是这些功能是否能够让人类的制度满足人类的需要。

不 平 等

当今世界的一个标准特征是不平等，人们在资源获取、经验认识和权力分配上的不平等。资源不平等的观察例证是，全世界最富有的6亿人的收入是全世界最贫穷的6亿人收入的60倍；另一个例证是，有12亿人喝不到安全的饮用水。从世界范围来看，人的尊严受到尊重的情况非常不平等，这表现在对待妇女、同性恋男人或女人、残疾人、老年人和黑人的方式上。

不管在威权国家，还是在民主国家，决策权的分布都非常不平等。在全球范围内的工作和家庭中也是如此。全球传播的功能深植于层级森严且不平等的权力关系中，而且嵌入到剥夺了很多人拥有的基本传播权利的结构性关系中，这种关系创造出了对权力滥用保持克制和沉默的文化。

如果世界上收入、财富和权力的分配更为平等，那么全球传播的含义是什么？

全球性风险

乌尔里希·贝克（Ulrich Beck）创造了"风险社会"的概念。全球传播的背景中有一个重要维度是我们生活在全球风险社会之中。人类安全的危险来自于战争（核战争、生物战争和化学战争）、恐怖主义、有组织犯罪、环境变化（日益增多的紫外线辐射、气温上升、热带雨林的消失、饮用水匮乏、荒漠化、化石燃料枯竭、生物多样性减少）、食物中的致癌成分、有毒物质（酸雨、来自杀虫剂或除臭剂的化学成分）造成的污染、自然灾害（小行星、彗星、火山或龙卷风）、基因实验。全球传播的许多方面都提升了这些风险。

一个在全球范围内传播的仇恨演讲，就能掀起人们在民族、种族和宗教方面的暴力。一段广告语就能说服人们沉溺于消费热潮之中，从而持续给地球带来危险的负担。大众媒体的新闻报道很少能够帮助人们理解他们所生活的世界，因为报道议题的框架只服务于少数政治和经济精英的利益。

而且，信息传播技术的发展给侵入人们的私生活提供了前所未有的便利条件，同时创造了异常脆弱的社会。除此之外，在机器人、人工智能、纳米技术和生物医学技术等方面也有综合性创新，使得人类——盲目地——奔向一个再也不需要人类的未来。这些发展还使得网络空间的新型全球战争成为可能。

在接下来的章节中，我将从不同维度对全球传播展开论述。重要的是，要牢记全球传播的背景特征，进而考察全球传播在跨地方化、城市化、制度化、不平等与全球风险的背景下面临的挑战。

焦点阅读

全球化

Amin，S.（1976）. *Un-Equal Development*. New York：The Monthly Review Press.

在这篇引发争议的论文中，阿明分析了先进资本主义国家如何加强了穷国对富国的依赖关系以及富国对穷国的支配关系。

Duchrow, U. and Hinkelammert, F. J. (2004). *Property for People, Not for Profit: Alternatives to the Global Tyranny of Capital*. London: Zed Books.

此书选取了资本主义全球化的核心议题：所有权。书中对新自由主义的所有权概念做了批评分析，讨论了这个概念如何导致了世界范围的贫穷和破坏。

Giddens, A. (1990). *The Consequences of Modernity*. Cambridge: Polity Press.

在这个重要的理论命题上，作者对与现代性相关的制度转型提供了一个新的、引发争议的解释。什么是现代性？作者认为，"大概来说，现代性指的是社会生活或组织的模式，它们出现在大约17世纪之前的欧洲，后来或多或少地在世界范围内产生了影响"。

Gray, J. (1998). *False Dawn: The Delusions of Global Capitalism*. London: Granta Books.

作者认为，全球自由市场是人为建构起来的，并没有带来世界性的普遍繁荣，反而带来了混乱的问题。本书还批判性分析了启蒙运动中的理性信仰，这是正在崩溃的自由放任资本主义的一个主要原因。

Greider, W. (1997). *One World, Ready or Not: The Manic Logic of Global Capitalism*. New York: Touchstone.

全球经济使积聚巨额财富成为可能的同时，摧毁了世界普通人民的生活，该书对全球经济做了具有质疑性的深刻分析。

全球传播

Fortner, R.S. (1993). *International Communication. History, Conflict and Control of the Global Metropolis*. Belmont: Wadsworth Publishing Company.

此书对如何理解全球传播做出了全方位介绍：介绍了国际大众媒体的历史，讨论了其政治的、经济的、法律的和文化的维度。最后一章论述了国际传播制度的未来。

Golan, G.J., Johnson, Th. J., and Wanta, W. (eds) (2010). *International Media Communication in a Global Age*. London, Routledge.

这是一个概述全球传播最新研究的读本。其理论洞察力值得关注。本书主要关注新闻、公共关系、广告和媒体所有权。

Kamalopour, Y.R. (2007). *Global Communication* (2nd edition). Belmont, CA: Thomson/Wadsworth.

此书在全球传播的历史、理论、经济和政治方面都提供了丰富文献。在有关互联网、国家发展、文化、宣传和广告方面具有深刻洞见。

Mattelart, A. (1994). *Mapping World Communication: War, Progress, Culture*. Minneapolis, MN: University of Minnesota Press.

此书引用文献范围广泛，分析了全球传播的历史、技术和理论。他描述的图景引导读者注意传播如何服务于发动战争、推动进步，以及作为文化的传播。

Thussu, D.K. (2000/2006). *International Communication: Continuity and Change.* London: Hodder Arnold.

这是给媒体和文化研究专业的学生的一本教科书。该书考察了全球传播领域的重要变革。作者分析了媒体和电信企业的扩张，及其对世界受众的影响。案例研究贯穿该书始终。

Thussu, D.K. (ed.) (2010). *International Communication: A Reader* London: Routledge.

这是一个在全球传播领域提供了重要学术文本（过去的和较新的）和政策文献的综合读本。参考文献中有相关网站的链接和全球传播发展年表。

网络资源

本书的配套网站链接是 https://study.sagepub.com/hamelink，在这里能够看到作者对本章主题的讨论：**全球传播——一个研究领域**。

访问 https://study.sagepub.com/hamelink 可以免费下载以下论文：

Biltereyst, D. and Meers, Ph. (2000). The international telenovela debate and the contra-flow argument: a reappraisal. *Media, Cluture & Society*, 22 (4): 393-413.

Boyd-Barret, O. (2006). Cyberspace, globalization and empire. *Global Media and Communication*, 12 (3): 21-41.

Chalaby, J.K. (2005). From internationalization to transnationalization. *Global Media and Communication*, 1 (1): 28-33.

Mattelart, A. (1992). An archaeology of the global era: constructing a belief. *Media, Culture & Society*, 24 (5): 591-612.

Sparks, C. (2007). What's wrong with globalization? *Global Media and Communication*, 3 (2): 133-155.

Sreberny, A. (2005). Contradictions of the globalizing moment. *Global Media and Communication*, 1 (1): 11-15.

延伸阅读

Albrow, M. and King, E. (eds) (1990). *Globalization, knowledge and Society.* London: Sage.

Appiah, K. A. (2006). *Cosmopolitanism. Ethics in a World of Strangers.* New York: W.W. Northon & Co.

Beck, U. (2006). *The Cosmopolitanism Version.* Cambrige: Polity Press.

Benhabib, S. (2006). *Another Cosmopolitanism.* Oxford: Oxford University Press.

Featherstone, M. (ed.) (1990). *Global Culture: Nationalism, Globalization and Modernity*. London: Sage.

Fisher, G. (1979). *American Communication in a Global Society*. Norwood, NJ: Ablex Publishing.

Frederick, H.H. (1993). *Global Communication and International Relations*. Belmont, CA: Wadsworth.

Hamelink, C.J. (1994). *World Communication: Disempowerment and Self-Empowerment*. London: Zed Books.

Herman, E. and McChesney, R. (1997). *The Globla Media: The News Missionaries of Global Capitalism*. London: Cassell.

Kaplinsky, R. (2005). *Globalizaiton, Poverty and Inequality*. Cambridge: Polity Press.

Kofman, E. and Youngs, G. (eds) (1996). *Globalization Theory and Practice*. London: Sage.

McPhail, Th.L. (2002). *Global Communication: Theories, Stakeholders, and Trends*. Boston: MA: Allyn & Bacon.

Mowlana, H. (1997). *Global Information and World Communication*. London: Sage.

Murphy, B. (1983). *The World Wired Up*. London: Comedia Publishing.

Nordenstreng, K. and Schiller, H.I. (1993). *Beyond National Sovereignty: International Communication in 1990s*. Northwood, NJ: Ablex Publishing.

Schiller, H.I. (1982). *Who Knows: Information in the Age of the Fortune 500*. Northwood, NJ: Ablex Publishing.

Scholte, J.A. (2000). *Globalizaiton: A Critical Introduction*. New York: Palgrave.

Thomson, J. (1998). Will globalization be good for Americans? *Futures Research Quarterly*, 14(3): 5–18.

Tunstall J. and Palmer, M. (1991). *Media Moguls*. London: Routledge.

课外研究

城市化的发展对全球传播意味着什么？

利用像《联合国人居署报告》一类的资源，收集世界范围内城市化发展的数据。

写一篇文章充分讨论城市化进程可能如何影响全球传播：全球传播的参与者、传播内容及其对全球受众的影响。

关于这个问题，你想采访专家吗？如何选择专家？如何找到他们？你想问什么问题？

第二章

如何研究全球传播

哈洛兰非常执着和雄心勃勃地寻求一种传播研究方法，能全面研究媒体信息的生产、内容和接收。他在许多方面都是一个特别能启发朋友和同事的人。

詹姆斯·哈洛兰（James Dermott Halloran，1927—2007）

哈洛兰兴趣广泛，研究涵盖政策制定、大众媒体效果、暴力、儿童电视节目、新闻、发展、媒体教育、技术和国际问题。哈洛兰一再提醒同事们说，我们需要充分界定问题，这样我们才能提出合适的问题。他有一句著名的评论是："如果我们问的是愚蠢的问题，那么我们就会得到愚蠢的答案。"他认为，传播研究者所提的许多问题都是愚蠢的问题。

1966—1991年,哈洛兰是莱彻斯特大学教授、大众传播研究中心主任,他还是国际大众传播研究学会主席(1972—1990年),该协会现在名叫"国际媒介与传播研究学会"(International Association for Media and Communication Research)。

在全球传播研究方面,他的主要作品有:《传播的国际民主化:研究的挑战》(1986);《社会中的大众媒体:研究的需要》;联合国教科文组织关于大众传播的报告和论文,第59期(1970);《禁区研究》(1973);还有《传播研究的语境》(1981)。

对于全球传播的研究,詹姆斯·哈洛兰教会我们批判地思考全球传播发挥作用的社会背景。

- 我们现在提出的问题是:如何研究全球传播?
- 理论化的问题必须解决。
- 确定束缚全球传播研究的最重要障碍。
- 本章的两种分析性视角和一种规范性视角可能会给全球传播研究提供方向。

全球传播的研究路径

全球传播现象的学术研究旨趣有两个根源:大众传播研究与国际关系研究。从大众传播研究的角度讲,全球传播研究承继了其对媒体内容及其效果、生产与分发实践、受众的地位与角色等实证性和规范性研究旨趣。从国际关系研究的角度讲,全球传播研究承继了其对帝国权力政治(硬权力和软权力)、世界和平理想、南北关系不平等等焦点议题。

全球传播研究区别于其他形式的(地方性的、国家性的)传播研究是其对全球现实的更广泛背景做出分析。全球传播研究历经多种路径,这在宣传、现代化、文化帝国主义、信息社会与全球化研究中均可觅见。这些不同的研究路径从未能合成一种综合性的宏大理论,而且在大多数情况下,这些研究所内含的假设甚至都没能得到印证。

全球传播的早期研究受20世纪两次世界大战的宣传活动所启发。哈罗德·拉斯韦尔(Harold D. Lasswell)对"一战"时的盟国宣传有兴趣,在1927年写出了《政治宣传理论》。"二战"前和"二战"期间的广泛宣传,激发了对短波广播重要性的研究,比如,哈伍德·蔡尔斯(Harwood Childs)和约翰·惠顿(John B. Whitton)的合著《短波宣传》(1942)、汉斯·斯佩耶(Hans Speier)的《德国广播宣传》(1944)。

1952年,保罗·拉扎斯菲尔德(Paul Lazarsfeld)在《公共舆论季刊》提到全球传播研究兴趣的升温。全球传播的学术兴趣主要集中于媒体在国家发展过程中的作用、全球信息流动的不平等、大众传播与权力之间的关系,以及大众媒体实践中的规范性问题。研究者开始证明,国际媒体内容是由北方国家特别是美国所生产,以及全球传播中的数量不均。研究发现，北方国家之间的信息流动多于北方国家与南方国家之间的信息流动。

对这种经验现实的最好的理论解释是"帝国主义"的概念框架。其核心是指信息内容由较为强大的行为体"强加"于较为弱小的行为体。与此同时，另一种竞争性的理论解释基于"扩散"理念（特别是埃弗雷特·罗杰斯 [Everett Rogers] 的论述，1962），认为内容传播在很大程度上跟"文化亲近"（cultural proximity）有关：新闻或电视娱乐节目等文化产品，在具有共同价值观的行为体之间会有更多扩散。

最早对全球背景下大众媒体进行规范性界定做比较分析的研究是《传媒的四种理论》一书（希伯特 [Siebert]，彼得森 [Peterson]，施拉姆 [Schramm]，1956）。作者将媒体分为四种类型：威权主义的、自由主义的、苏联式的和社会责任式的。他们觉得社会责任式的媒体是其所爱。

在他们所使用的四种规范性路径（诺顿斯登 [Nordenstreng] 以及其他人对此做过评论，1997）之外，丹尼斯·麦奎尔（Denis McQuail，1983）后来又增加了发展模式和参与/民主模式。2009年，克里斯蒂安斯（Christians），格拉瑟（Glasser），麦奎尔，诺顿斯登和怀特（White）将《传媒的四种理论》作为探讨新闻在民主社会中发挥作用的起点。

在1945年之后的世界政治中（尤其在联合国各个机构内），国家发展成为优先考虑的议题。在20世纪50年代，出现了关于国家发展中大众传媒的作用的研究，主要有丹尼尔·勒纳（Daniel Lerner，1958）的《传统社会的消失》和威尔伯·施拉姆（Wilbur Schramm）的《大众传媒与国家发展》（1964）。

他们的理论研究路径将发展过程视为从"传统社会"向"现代社会"的过渡，其中大众传媒是社会转型的重要加速器。正如屠苏（Thussu）写道：

> 这种自上而下的研究传播的方法……其前提是将发展定义为跟随西方的工业化和现代化模式……由现代化方面的论文所激发的国际传播研究影响甚巨，形塑了全球范围的大学里的传播课程和研究中心。（Thussu，2005：44）

20世纪60年代，关于发展问题和欠发达问题的研究出现了一种不同的路径，其概念包括"依赖论"（参见弗兰克 [Frank]，1969 和阿明 [Amin]，1976）与文化帝国主义（席勒 [Schiller]，1976）。

全球传播被视为——在"信息自由流动"信条的伪装下——加剧了接收国（主要是穷国、欠发达国家、第三世界国家）在经济、政治和文化上对输出国（主要是富国、发达国家、西方国家）的依赖。帝国主义和依赖论的理论家们关注的是中心国家和边缘国家之间的关系，这两种国家之间的传播特点是信息和文化流动的单向性。"帝国主义"

一词指的是帝国扩张及其扩张权力与影响范围的国家间政治。"文化帝国主义"一词指的是在帝国扩张中文化力量始终具有重要作用的历史事实。这方面的案例有基督教传教士的活动、西式学校制度的引进、各种殖民管理形式、专业主义的现代观念和欧洲语言在海外殖民地的使用。"文化帝国主义"的本质是在一国对其他国家的宰制过程中,权力和文化要素具有关键作用。关于文化帝国主义将在第11章中从全球传播的文化维度加以讨论。

然而,自20世纪60年代以来,另一种后来被证明对全球传播研究很重要的研究路径出现了,即传播政治经济学。其中的重要代表人物是尼古拉斯·加汉姆(Nicholas Garnham)、彼得·戈尔丁(Peter Golding)、格雷厄姆·默多克(Graham Murdock)、文森特·莫斯可(Vincent Mosco)、罗伯特·麦克切斯尼(Robert McChesney)、赫伯特·席勒(Herbert I. Schiller)、达拉斯·斯迈思(Dallas Smythe)和珍妮特·瓦斯科(Janet Wasko)(参见第4章精选重要文本和延伸阅读)。他们采用的研究方法,根源于马克思主义传统,聚焦点是传播与经济和政治权力结构之间的关系。政治经济学方法的许多思考,受益于哈罗德·伊尼斯(Harold Innis,1972)及其关于传播与帝国的研究。伊尼斯论证了传播是帝国在领域之外扩张权力时的重要组织性工具,帝国扩张是为了保护其权力地位、补偿其自然资源匮乏、获得更多财富和更高地位(尊敬、影响、魅力)。伊尼斯(1972)区分了偏向时间的媒介(例如,可长久储存信息的石碑和羊皮纸)和偏向空间的媒介(例如,持久性差但更易于运输的莎草纸)。偏向空间的技术倾向于知识的垄断(例如,埃及的教义抄写员)和政治权力(帝国主义)的扩张,但是,在历史过程中,输给了偏向时间的技术,因为后者能够更容易传播和获取知识。

政治经济学研究路径在关注全球大众媒体的所有权结构和控制之外,是伯明翰学派(代表人物斯图尔特·霍尔[Stuart Hall])提供了一种不同类型的分析方法,这种分析关注的是流行文化和大众文化以及它们在形成社会关系时起到的作用。这种文化研究路径的主要理论家们提出的问题是,媒体如何在全球范围内创造共同价值和意义,以及随着移民和离散社群的扩散,文化抵制在混杂和杂交化过程中是如何发展的(简·尼德文·皮特斯和阿让·阿帕杜莱[Jan Nederveen Pieterse and Arjun Appadurai])。

20世纪90年代,传播领域在国际发展与趋势研究中出现了一个关键概念,即"全球化"。许多研究在全球化语境下出现在了媒体上,其中的作者有达雅·屠苏(Daya K. Thussu,2007)、约瑟夫·斯特劳哈尔(Joseph Straubhaar,2007)、奥雷·墨杰斯(Ole Mjos,2010),还有亚历山大·罗伯特森(Alexander Robertson,2010)。而且,受马歇尔·麦克卢汉(1964)、丹尼尔·贝尔(Daniel Bell,1973)、阿尔文·托夫勒(Alvin Toffler,1980)等研究者启发,一股重要的研究潮流出现了,即从信息社会的视角出发研究全球传播(弗兰克·韦伯斯特[Frank Webster]和曼纽尔·卡斯特尔斯)。

将现代社会以"信息社会"这个概念来进行描述已经很普遍,对这个有魅力和非常有竞争力的分析工具给予重视很重要。一般来讲,它指的是在更多的社会领域中信息数量增加和信息处理的重要性,以及信息技术提供了社会日益依赖的基础设施这一事实。然而,无论这一概念的意义有多么充分,我们仅用某一个概括性变量来描述整个社会,是有疑问的;即使这么做有其可能,而"信息"是否是一个比金钱、犯罪和侵略等更精确的种类,也是有疑问的。无论如何,应该注意到的是,不同社会追求的发展道路是非常不同的,如果坚持以信息作为参照,那么,就应该使用多义概念上的"信息社会"。对于什么是信息社会,并没有一个普遍接受的概念。这个概念的意义已经受到严重挑战,学术文献中甚至有人认为,这个概念跟当下的社会现实毫无关系。对某些观察家而言,"信息社会"只有复数意义上使用才能够被理解。对其他观察家而言,提及"社会"自然而然就会产生关于权力、获益以及参与方面的古老的社会学问题:谁在控制信息社会、谁从中获益、谁参与其中?信息社会对不同的人有着不同的意义:更多电话,或者更多金钱,或者更多规制,或者更多赋权。所有参与争论的人都能感觉到的是,社会和技术的重要发展使我们正在面临难题,我们的社会正在努力寻求恰当答案。

毋庸置疑,现代社会的"信息发展",通过与其他方面的社会发展相互作用,在以不同方式塑造着社会的未来,当然也会因历史环境不同而异。

当前大多数文献认为——在"乌托邦式场景"里——这些发展有着积极影响,然而,消极影响则在"反乌托邦式场景"里业已凸显。在这两种情况中,分析家们的动能来自关于社会发展的决定论视角:技术革新对社会进程具有直接影响。对于技术和社会辩证地互相联系在一起的许多复杂方式,在这种视角下没有反思空间。

信息发展的思维模式经常沉溺于技术乌托邦、政治主张很难被经验证实、单纯强调信息忽视更重要的社会传播进程,造成思考空间更为逼仄。在许多方面,社会和信息发展是相互作用的。对这些相互作用,我们可以区分出以下四个维度。

相互作用的技术维度。很明显,技术对信息发展起着关键作用。在很大程度上,这些发展的范围、规模和影响,都是由技术革新及其创造的机遇所造成的。相互作用是一个过程,社会力量和利益影响着技术革新的形塑力量。在这个维度之下,关于对技术的控制、利用技术从中受益,技术创新及其应用所带来的社会风险等问题,就都被提了出来。

相互作用的文化维度。信息供应与信息加工的社会处理方式由文化视角决定。信息内容就是文化产品。信息是社会中文化构造的一部分。在文化维度的诸多重要议题中,有知识分享和文化身份保护。

相互作用的社会—政治维度。信息和传播技术对于社会的发展、进步和政治制度具有影响。社会—政治维度的重要议题有政治言论自由、对恶言恶语的言论保护、社会的信息需求。

相互作用的经济维度。世界范围的信息市场已经出现。对内容所有权的保护诉求，在经济利益上事关重大。经济维度的重要议题，有公司的社会责任问题和经济发展中的民族自决问题。

在普遍沉浸于技术快感的背景下，很多期待会常常出现在信息社会的辩论议题中。利用信息通信技术的潜能，可以更好地减少贫困、提升公平和社会正义。知识和信息是人类健康和进步的根本性来源之一。在提高生产力和生活质量方面，信息通信技术具有巨大的尚未开发出来的潜能。信息社会的好处应该能够惠及所有人，惠及所有以发展为目标的实践。在建设信息社会时，应该确保妇女能够在越来越多的信息通信技术使用中平等获益，能够让妇女完全参与到促进政治、经济和社会发展的活动中。信息社会的方向应该是消除社会中现存的社会经济差异。

在过去的几十年中，所有的时髦术语都被用在了当下的辩论和文献中：民主、多样性、能力、参与、性别、弥合鸿沟。然而，一个令人不安的问题是：为什么这些追求至今不被国际社会严肃以待？为什么国际社会在过去几十年里不愿意对其所鼓吹的内容真的去努力实践？更成问题的是，这些诉求所赖以变为现实的社会—经济和政治条件一点也不鼓舞人心。事实上，在通过发展电信基础设施或利用知识来解决数字鸿沟的问题上，还不如联合国早期的努力更有成效。

在开始描述关于信息社会潜力充满新希望之前，最好要分析一下：为什么眼前的世界不是一个包容性社会？为什么没有可持续发展？为什么没有全球性的公开透明和负责任的治理？为什么公民们在其所处的社会不能平等参与？关于信息社会的治理有很多讨论。外交上和学术上的华丽辞藻使用的概念是多方利益攸关者、民主决策、透明与负责任。然而，为什么信息社会的全球治理具备的所有特征是其他领域所不具备的？为什么要相信政府的治理会愿意以人民为中心？为什么重要的全球性公司会朝着对公众更透明和更负责任的方向努力？

信　息

对信息社会这个概念而言，至关重要的显然是"信息"本身。关于信息社会未来的很多思考基于一系列脍炙人口的神话之上，比如：信息充裕好于信息贫瘠；信息越多创造知识越多、促进理解越多；开放的信息流动有助于防范冲突；信息越多则不确定性越少、选择越多；如果人们的信息准确则其行为规范；信息越多等于权力越大；一旦人们彼此有更多了解，他们就会理解彼此，而不愿有冲突。但是，所有这些美好的假设，没有一样是确定性的事实！

特别流行的一种假设是宣称"信息等于权力"。信息成为权力的来源，只有在具备生产、加工、存储、回收和运输信息所必需的基础设施的条件下，而且当人们有能力把信息运用于社会实践和参与到社交网络之时，信息才能更好地服务于个人利益。该假设认为，人们永远不能够行使权力，因为他们获得的信息有限且无知。然而，多数情况是，人们确切地知道什么是错误的和非正义的，他们非常清楚统治者的不当行为；然而，他们并没行动，他们的知识并没有成为权力的来源，因为缺乏进行反叛的物质和战略手段！

一种颇有魅力的线性思考认为，一旦人们彼此更多了解，就会更好理解彼此，从而减少冲突。然而，致命的冲突通常并非由信息匮乏所致。事实上，冲突可能基于敌对双方彼此之间的充分了解。其实，人们也可对应提出的观点是，社会和谐主要由于行为者对彼此缺乏认知。在许多社会中，成员间相互交往并不知道对方的详细信息。敌对双方对彼此的目的和动机极为了解，确实可能出现冲突。某些情况下，信息多反而不如信息少。如果我们都对同自己一起生活和工作的人们非常了解，那么内战之火蔓延的概率就会非常高。

关于信息和知识的作用与影响的大多数假设都基于有严重问题的因果模式。信息和知识被认为是社会进程的关键变量，并取决于它们被如何操控，从而产生一定的社会影响。然而，社会科学研究已经告诉我们，信息和知识的分享并不发生在简单的线性刺激—反应模式中，该模式认为在知识/信息输入和社会输出之间存在线性的因果关系。

实际上，这些过程非常复杂，牵涉到反馈机制，而且在某些地方，信息与接收者之间存在着干预性黑箱变量，既有可能产生可预测的、预期中的、令人满意的效果，也有可能产生不可预测的、预期外的、无法令人满意的效果。即使是最好的建构和平的信息也无法保证人们能够和平地行事！

而且，有人认为投射更多信息将会给人类交往带来解决方案，我们必须要对所有类似的预期保持怀疑；虽然这样的预期是必要的，即人们认为社会冲突主要是由于信息匮乏所致。按照这种推理，一旦敌对双方彼此有了正确信息，冲突就会迎刃而解。这意味着如果敌对双方彼此了解更多，他们就更容易达成一致。然而，对于这一观点，却很难找到经验证据，而且，人们也可以认为：社会和谐主要取决于行为者之间彼此缺乏认知的程度。事实上，许多社会保持不同程度的稳定，是因为社会运行依靠惯例、习俗和传统，可以让社会成员能够在并不确知对方的情况下进行社会交往。

对信息权力的乐观预期所忽视的事实是，冲突常常是由于敌对双方都阐述过的真正的争议点，而且可能基于根本不同的政治和经济制度的对抗性利益。确实存在的情况是，冲突恰恰是由于敌对双方对彼此的目的和动机非常了解。如果争议事关对稀缺资源的竞争性诉求（情况经常如此），那么，对于冲突的解决，曲解性传播就不会成为关键变量，或者，对曲解性传播的矫正也不会成为关键变量。确切地说，在冲突的情形下，问题常常是信息充裕而不是信息匮乏。信息超载可能会严重妨碍决策，因为人们处理信息的方式（选择性过滤、刻板印象与过分简化问题）会导致误判以及不正确的信息解读。

传播发生了什么？

在当前的公共辩论、政策以及实践当中，都特别强调信息与信息技术。但令人不安的是，在这么多辩论中，"传播"实际上却消失了。然而，对于解决世界最紧迫的问题而言，我们并不需要更多的信息加工，而是需要交流的能力。反讽的是，伴随我们的信息加工、信息扩散以及知识能力的拓展和提高，我们交流和对话的能力却下降了。全世界越来越多的人通过高速宽带数字网络相连接。然而，连接不同于交流。在未来几年里研究的真正核心问题也许是如何形成"传播社会"。

地方化网络通过像优兔（YouTube）这样的网络媒体而实现全球化，这预示着全球传播的新潜能。21世纪初期以来，全球传播的现实正在迅速改变。伴随全球数字社交网络、消费者生产内容以及许多新的行为体的出现，研究者们受到了挑战，需要寻求新的方法来解释新的现实。今天，需要一个能够囊括以下观念的概念性框架：双向与互动的流动、赋权、地方化与混杂化。按照单向流动、强加、主宰以及同质化的观念，已经无法充分描述 Web 2.0 这样的现象。

有没有一种全球传播理论？

科学家们以系统的方式看待经过选择的现象，收集有关这些现象的运行信息，寻求创建关于研究现象的理论，以更好地理解和解释这些现象。关于全球传播，我们想要理解与解释的是：

- 全球传播在规模与行为体方面是如何伴随时间进展与规模扩展而演进的？
- 全球传播是如何被组织的（以何种机构形式）以及这些机构是如何被占有与管理的？
- 话语权是如何借助和通过全球传播来加以实施的？
- 影响全球传播的因素（经济的、政治的或文化的）发挥什么具体功能？
- 世界范围内的受众如何响应和应对全球传播？

对于这些问题，实际上并没有一种占据主导的宏阔理论能够帮助我们找到有效的答案。事实上，传播科学在这方面做得不够好。这一领域受到理论思考不足的困扰，尤其是在全球传播方面。

关于理论化

所有科学研究的基础要素是观察和解释。科学的主要目的是理解发生在我们周围的社会现象和自然现象。我们想要理解这些现象来自何处,它们为何如此运行,它们如何和为何与别的现象相关联。

马赛尔·普鲁斯特(Marcel Proust)写道:"对于发现而言,不在于找到新大陆,而在于以新的眼光去审视。"科学实践中的要求是"以新的眼光去审视"。所有科学工作的核心事务是观察。"以新的眼光去审视",我们甚至能够在小孩的故事中找到指导性启示:小孩问母亲在削土豆皮时心里想什么?母亲具有反思性的回答是:"我在想土豆之所以成为土豆的特质。"

早在20世纪,奥地利工程师维克特·舒伯格(Viktor Schauberger)就预测多瑙河的水管理方法会导致严重泛滥。他的观点来自日复一日对多瑙河的观察,他试图理解水的秉性——"水之所以成为水的特质"。在他"以新的眼光去审视"的基础上,他提出了有关水管理的革命性提议,虽然该提议在第二次世界大战的混乱中被人遗忘,但如今却引起了世人极大的兴致。

为了解释、理解与说明我们的研究对象,理论是必需品。从词源上看,"theory"一词来自希腊语 *theoria*,意思是"vision"(远见)。科学需要远见,能够把自然和社会现象放置到某一种视角下审视,使其可管可控。理论可能是解释性的(为什么会发生)、预测性的(接下来会发生什么)、启发性的(什么是正确的问题)或规范性的(什么应该发生)。理论是带领我们获取有效知识的工具。理论包括一套概念,使我们能够提出可以检验的假设。有很多能够帮助我们理解大众传播的理论方法,包括议程设置理论、框架理论,以及更为基础性的结构理论、行为主义理论或者文化主义传统(McQuail, 2000:12)。在麦奎尔(2000)看来,有四类跟大众传播相关的理论:

- 社会科学理论,这是一套有关大众传播的性质、运作与效果的看法。
- 规范理论,这是一套在特定社会价值下媒体应该如何运作的看法。
- 操作理论,这是一套被媒体从业者在工作实践中持有与应用的看法。
- 常识理论,这是一套关于我们都有在与媒体打交道的个人经历中获得的看法。

对全球大众传播的研究,麦奎尔(2000:215-240)提出了以下领域:技术与资本的新动力;国际媒体的所有权与控制;文化帝国主义;依附性;国家与文化认同;媒体跨国化;国际新闻流动;媒体文化产业中的全球贸易。

麦奎尔以非常有效的概述,令人信服地证明了大众传媒是科学理论化的一个正当目标。然而,正如麦奎尔所言,媒体理论仍然"非常碎片化,而且质量也不稳定。媒体理论往往只是提出许多问题,再加些经验总结,而且这些总结建立在不同的观察基础上,并不能全面代表媒体在其中发挥作用的所有情形"(McQuail, 2000:479)。这听起来不像是一个总结性陈述,从而让决策者们能够得到解决问题的答案。然而,决策者们在面对许多媒体领域的问题时,从媒体理论中获益是可能的。

传播理论与传播政策

有关传播政策的主要议题：媒体所有权集中 vs 让媒体能够保持多种声音的所有权多元化；对言论自由的宪法保护 vs 仇恨言论的可能伤害；对有害的媒体内容的控制（例如，与儿童有关的内容）vs 内容审查的风险；新闻工作者的职业责任 vs 职业自主权；与文化多样性相关的媒体的文化意义，对文化认同的保护，社会一体化，以及少数民族的作用；保护公民免于商业广告和政治宣传；保护与创造知识社会相关的知识产权；如何资助公共媒体；民主社会中公开与保密之间的冲突。对于这些议题，如果你希望理论家与决策者之间具有建设性关系，那我们首先得声明理论和政策——广义上说——属于不同的领域。

理论—决策的关系可被视为知识—政治的行动鸿沟。在政治分析文献里，对此已经从价值冲突、组织形式不同，以及知识与权力的冲突中做了分析。科学与政治经常被视为两个不同的世界，其组织原则相距甚远。另外，卢曼（Luhmann，1971）已经指出，科学是由"真理"原则驱动，而政治是由"权力"原则驱动。

然而，正如在政治世界，科学世界中也有对资源、荣誉和公众注意力的竞争，这当然意味着权力的话语形式（传播的、象征的与认知的）。而且，在某种程度上讲，知识就是权力，权力就是知识。这种关系经常是一种生产者—客户之间的互动。当决策者委托科学家从事研究时，情况就是这样。研究结果可能会被采用，但经常不被注意，因为决策者可能会改写或编辑研究结果，使之符合政治世界的利益。

哈罗德·拉斯韦尔（1971）想通过媒体研究使信息更好地服务于决策者。让最易获得的证据作为政治决策的基础也许听起来很有吸引力，但政治决策者却不一定对这种理性决策方法感兴趣。政策过程的特点不在于理性，而在于情绪和主观因素。正如伊希尔·德索拉·普尔（Ithiel de Sola Pool）所看到的，有关媒体的政策最终是由政治而不是学术思想所引导。媒体决策是一种具有笼统或具体目的的活动或者要解决问题的活动。

决策者的议程被某种价值观所启发，并因此寻求那些适合政治决策的信息。研究可能产生有用的或无用的信息。为了使信息有用，研究者需要在由政治制度界定的框架内行事。

有人认为，想要决策者认真考虑研究者所提建议的理论依据，是一个天真的愿望。制定政策是为了实现特定目标，在理论能够给实现这些目标提供支持的情况下，理论才会被认为是有用的。不能满足政策"依据"功能的理论会被抛弃。然而，更重要的是，决策者希望使用的理论是其完全了解的理论。例如，在政治决策实践中，决策者更青睐没有太多信息的竞技场，因为这给便于公开操作留下了灵活空间。

当决策者需要结论性答案时，他们需要科学领域的很多东西。当科学在许多基本问题上都是无语状态，而且承认其无知和不确定性，决策者就会认为毫无用处。决策者也许想要强有力的有关媒体具有操控力的理论和经验证据，而学术界也许想要提供一些有说服力的注脚加以解释，这些解释最好能让新闻从业者和政客们都去思考是否需要媒体政策。

另一个问题是在媒体领域的政策制定具有很大争议。媒体是一个典型的专业自治领域，被认为不需要外部规则或控制。大众媒体——当然是在西方国家——在自由诉求保护之下，政府（政策的）作用小，市场（不受控制的）作用大。传播计划与政策总是在所谓的第三世界国家更受欢迎。在 1970 年代，特别是在联合国下属机构教科文组织里，曾强力推动国家传播政策计划，却找不到合适的理论工具。"二战"刚刚结束，研究者们就对与媒体相关的政策研究产生了非常大的兴趣。这是可以理解的，因为当时弥漫着可工程化社会的整体气氛、创造更加美好世界的愿望，社会科学研究上也有可用的新工具。媒体研究的发展在后来被称为行政式的、官僚式的应用传统，即主要服务于占主导地位的政治和商业利益。对其进行批评的研究也出现了，但当权者并不认为这对他们的利益有用途。

而且，应该被质疑的是，已有研究是否提供了最佳证据，因为，这些研究所给的结论不完整、不确定、充满争议，并会随时间而改变。政策制订者愿意仔细研究麦奎尔的教科书、从中寻找有力的媒体理论来解决紧迫的政策问题吗？大致来说，这些研究没能对诸如"我们需要何种政治机构和行动以应对未来挑战"等重要议题提出解决方案。对于我们所面临的选择，这些研究的指导意义几乎没有。因此，这些研究无助于全球传播领域的公共政策制定。

有些针对无效的理论—政策的责备，则认为决策领域存在机会主义、缺少分析精准度，还经常抱有反智敌意。就社会研究对公共政策的影响而言，大多数研究都令人沮丧。调查发现，足足有 50% 的公务员完全忽视研究，而大约 40% 的公务员，即使承受很大压力，也很难发现对他们有用的研究。社会科学研究，即使得以利用，也主要服务于提升官僚效率、迁延行动、规避责任；或者，败坏对手名声、保持自身威望；或者，要求做更多的研究。

理 论 问 题

- 社会科学理论是尚未确证的理论。
- 关于人类行为的理论受到神学观念的影响。
- 关于人类社会的理论具有欧洲人／美国人的偏见。

尚未确证

正如前文所说，大多数理论"尚未确证"，是指经验数据并不是证明 A 理论有效而

B 理论无效的绝对仲裁者。我们永远也不能把方方面面的数据收集齐备。经验现实会随时间而改变。所有社会概念都难免会引发争议。争议性这一观念由加里（W. B. Gallie, 1956）引入哲学，其在社会科学中得到发展，主要是康诺利（W. Connolly）和卢克斯（S. Lukes）的功劳。这就提出了一个问题，即我们能否证明一种理论以可靠而有效的方式解释了现实呢？或许，我们应该很好地听从托马斯·库恩（Thomas Kuhn, 1996: 147）的建议，他认为，理论应该通过一种"共同的证实—证伪过程"加以比较（他称之为"范式测试"）。他说，"搞清楚两种现行的相互竞争的理论哪一种更符合事实，很有意义"。我们因此就应该总是努力辨别竞争性的解释并从中找到最符合现实的论据。然而，这却有点复杂，因为我们并没有判断一种理论优于另一种理论的确切标准：认为所有天鹅都是白色的这个理论，经由我们的日常观察得以确认，但它的有效期仅限在一只黑天鹅被发现之前（波普 [Popper], 1959: 27）。

理解全球传播，不存在定于一尊的宏大理论。"全球传播"现象具有延展性、复杂性和快速变动性。全球传播研究需要来自诸多学科的帮助，包括民族志、内容与话语分析、受众研究、经济分析、政治学、（社会）心理学、社会学、人类学，以及文化研究。我们必须依赖多种理论资源，并以兼容并蓄的方式来使用。

世俗神学

《在上帝的阴影中》（*In God's Shade*）这本书里，哈里·范·登·布威森（Harry van den Bouwhuijsen, 2010）认为，关于人类和社会科学的理论其实是世俗神学。这些科学对人类行为的描述源于基督教一神论的思维传统。神学虚构作品不仅决定了"自我"观，也决定了"他者"观。在很大程度上，自我被视为一个具有自由意志、有能力为自己的行动负责、能够解释其行动意图的人。西方的社会科学寻找人类行为的动机和意图，就是认为人类能够认识自己。这个假设并不被普遍接受。

对印度人的自我形象（例如，在《摩诃婆罗多》史诗中）而言，"你为什么在做某件事"这样的问题是没有意义的。你以 X 方式行事因为你就是 X，没有别的动机。居住在美国西北部的纳瓦霍印第安人（Navaho Indians）认为，"为什么"的问题都是愚蠢的。墨西哥的萨巴特克人（Zapotec）说我们只看脸不知心。巴布亚新几内亚人和喜马拉雅山脉的夏尔巴人，都没有兴趣关注人们的行动意图。理解他人意味着接受其所为。

在基督教传统里，"他者"在最终意义上被视为跟自我是一样的人。有一种很强的力量促使人们抛弃差异，而关注统一性、普遍性以及改变那些认为自己的信仰与众不同的人。我们都是亚伯拉罕的子孙，我们的差异只是暂时的，最终都会消失。

圣保罗在《歌罗西书》（3：11）和《加拉太书》（3：28）宣布：我们没有本质的不同，我们都是同一的。当美洲印第安人不得不适应这种圣经里的形象时，教皇保罗三世宣布他们是真正的人类。他们能够接受基督教信仰，并且能够成为未来的基督徒（van den Bouwhuijsen, 2010: 155）。当然，当其信仰改变失败之时，他们就会被杀掉。

这种世俗神学，主导了传播研究，妨碍了人们在世界范围内与"他者"的交流，形成一个真正的全球性的理解。例如，在跨文化传播研究中，大的倾向就是提出一些模式（技巧）使"我们"能够与"他们"进行交流。从原则上说，他们就像我们，只是略有不同，我们需要学习如何处理他们异于我们的地方。

"他者"相对"自我"而言，是一个具有异国情调的、偏离正常的概念，给跨文化传播造成了深深的障碍。这个领域的大多数研究都基于西方的社会科学概念，这些概念被认为放之四海而皆准，即使它们在别的地方也许并不存在。

欧美中心主义

从全世界来看，欧美主导着媒体与传播研究。源于英国／美国的范例和理论，在世界其他地方被传播学学生所接受，并未受到多少批判。

近年来，传播领域的欧洲中心主义渐为人所知，引致亚洲的一些研究者的不满（Wang, 2011: 2）。日渐增多的不满和批判性的自省，确实带来了一个亚洲的传播范式的出现，也带来了有关"去西方化"的必要性的讨论。

针对西方理论的批评集中的议题包括，两分法的趋势（创制或区隔，例如，文化的个人主义 vs 集体主义），以及把传播主要看作是一种线性的、理性的说服过程。根据阿桑特（Asante, 2011: 21）的观点，西方范式的研究路径已经扭曲了人类的现实。这种路径认为，在文艺复兴和启蒙运动时期推动欧洲发展的力量，比如，物质征服和对自然的主导，都是放之四海而皆准的力量。

"最终目标不是仅仅批评西方，而是把我们从殖民主义意识形态中抽离出来，提出我们的思考及其前进的路径。"阿桑特并不想用东方或南方取代西方，但他想消除西方哲学宣称其知识具有普世性的这种等级制度。我们需要的是一个"对称的普世性"，多样性被承认，能够参与全球知识对话，可以比较和评估。

为了使全球传播研究真正具有全球性，西方世界之外的理论和经验应该被整合到知识的全球生产中去。这意味着必须打破传播研究方面欧美思想占上风的局面，以超越诸如现代化、依赖理论、帝国主义以及全球化等西方范式。正如前文所建议，"跨地方化"这一术语也许有用，它使我们可以从"全球—地方"两分法中获得解放，在这样的二分法中，西方在很大程度上被认为是"全球的和现代的"，而其他地方则被认为是"地方的和传统的"。真正的全球传播研究应该让"地方的"从"全球的"永恒性敌对与从属中获得自由（克瑞迪 [Kraidy], 2011: 51）。例如，观察和分析的结果是，在"西方—世界其他地方"的两分法中存在现代性和传统性的差别，并提出"多元现代性"这个概念（Kraidy，2011：54-56）。这种研究路径意味着必须对话，在对话当中，一种占主导地位的范式的消失，会激励研究者提出创新性的理论与方法。对话可以防止西方中心主义会被替换为其他形式的中心主义，也能防止认识论上的原教旨主义。

我们怎样才能避免一种类型的中心主义和原教旨主义（例如，欧美中心主义和狭隘的知识至上论）被替换成另一种类型的中心主义和原教旨主义（例如，亚洲中心主义和同样狭隘的普世有效性）？

方法问题

如果你发现没有一种令人满意的理论，能帮助你理解全球传播的各个方面，那么你可以求助于扎根理论方法。这意味着你的理解并不是从研究现象的理论假设开始。你可以从收集数据开始，将其要点加以归类，形成建构一种理论的基础。其实，这是一个将工程学研究方法倒过来的过程。有一本好书向大家推介了这种方法（比如，卡麦滋[Charmaz]，2006）。你也有可能找到一个看起来有发展前途的理论视角（后面我将讨论，达尔文的进化论就是一个很好的备选视角）。

不管是哪一种情况，你都还是需要一种方法（方法[method]一词来自希腊语[Methodos]，意思是沿路而行）：你需要一张路线图，以有效检查你所偏好的理论视角的可靠性。大家可能希望你用标准方式来做科学研究，即科学方法。这种方法的必须要素是系统地观察和测量来验证假设的有效性，可被检验的预测正是建立在这些假设上。你做的所有步骤都应该是可重复的、透明的、有记录的。至少看起来，一切都不错。然而，路线图所依据的某些假定可能会有些问题。

你遇到的第一个问题是这种方法的前提，即观察者和观察对象彼此隔离，以保证超然而公正的观察。然而，我们从量子物理学中知道，被隔离开的观察者并不真正存在，因为观察本身一直在影响观察对象。观察意味着对一个目标提出问题，而答案则取决于提问方式。

传统的科学方法也是基于此观念，即被观察对象可以细分至其构成部分，并可以通过理解其构成部分来理解全貌。分析一个系统（无论是人体还是社会）的构成部分，意味着可能只看到了系统中分离开的各个部分。然而，物理学认为系统构成部分的性质依赖于整个系统的性质。而且，整个系统往往超出科学分析的范畴。

你会遇到的第二个问题是，客观测量与你所研究对象的或然性，两者之间存在冲突。在对事物性质的研究之中，我们知道，总是存在或然性。其随机性意味着事物性质的发展是不确定的、不可预测的，很多时候处于混沌状态之中，对其进行描述实际上是不可能的。在目前占主导地位的科学方法意义上讲，性质是"不可知的"（施泰因[Stein]，

2012：36）。

你将遇到的第三个问题是，现代西方科学的经典的二元思维（真与假；非此即彼；我们与他们）不再具有太大的有效性。跟二元思维不同的是，人们发现在复杂的现实中（例如，在全球传播），"A"可能也是"非A"（non-A）。而且，当你想要处理有关全球传播的未来的问题时（我将在最后一章讨论），如果你见怪不怪的话，你将不得不接受非线性思维及其矛盾性。

传统科学方法内部的重要限制——在全球化的世界里——在西方与非西方的文化相遇中得以强化，比如在亚里士多德式逻辑与儒家思想的相遇（将在第11章讨论）。

作为学生，你们生活在一个激动人心的时代，在这个时代里，你们将经历科学方法的根本性变化，因为，科学正对其根本性内容加以重新思考。

把全球传播作为越野赛来研究

对于有意义的全球传播研究而言，有几个障碍需要克服。
- 学科界限
- 迷恋因果关系
- "民族的"偏见

学科

对全球传播的真正理解，其障碍是将科学普遍制度化为学科。

近年来，不同的研究领域都发现，在研究中从单一学科走向多学科是必需的。这样就出现了多学科共同研究，其研究问题在不止一个学科的帮助下进行。然而，在多学科共同研究中，不同学科虽然会有合作，但依然停留在自己的学科领域之内。在跨学科研究方法中，是从不同的学科视野下看待同一研究问题，然后进行意见交换。对复杂问题来说，这虽然有益，但不能令人满意。对于跨学科研究方法而言，还必须更进一步。在跨学科研究中，科学的学科必须有多重知识来参与。这意味着在科学知识之外，必须重视来自非科学的经验和隐性知识（tacit knowledge）。这种方法需要科学共同体以外的可靠的和相关知识带来的洞见。跨学科意味着学习成为交互式的协同学习（co-learning）。知识的创造其实是一个传播过程，既包括科学经验，也包括社会经验。社会问题的复杂性要求众多利益相关者之间的合作，大家要认识到单一知识不能解决复杂的社会问题。正如克莱因（Klein）等人所观察到的，"跨学科是一种新的学习和解决问题的形式，需要社会各个方面与学术界合作，以应对复杂的社会挑战"。

协同学习意味着我们都是各种形式的知识专家，这些知识有关我们自己以及我们生活在其中的世界。有些人是有文凭的专家，其他人是没有获颁证书的专家。为了更进一步扩展关于我们自己和这个世界的知识，两种类型的专家需要合作。对于协同学习来说，一个明显的障碍是，大学作为学科机构的组织形式没有给跨学科研究留下空间。而且，大多数科研期刊与学术著作都是基于单一学科进行分类的。我们必须实事求是地认为，对学术事业而言，跨学科的出版并不是特别有帮助。

跨学科最近的发展趋势是，大家认为知识作为单个载体，对我们所生活的这个多维的、多极的、复杂的、混沌的世界并不是特别有帮助。为了理解我们所处现实的非线性结构——与热带雨林的复杂性相似——我们需要多种知识，包括科学的知识、叙事的知识、直观的知识、实验的知识、常识，以及本土的知识。而且，在科学与受到多种利益和价值操控的社会之间，我们需要建立一种民主的、交互式的协同学习程序。在21世纪初，我们也许必须考虑给学科之外的知识以更大的空间。

学科实际上是大学管理、科学出版和研究经费分配而形成的组织原则，看到这些很重要。这些组织原则并不是知识分子思考的结果，而是特殊的历史和社会挑战的结果，例如法国大革命（社会学的母亲）、资本主义和马克思主义（经济学的父亲）、殖民主义（按照列维－斯特劳斯的说法，人类学是帝国主义的女儿），还有解决霍布斯式所有人反对所有人的战争挑战的政治学。

传播研究源自不同的学科背景，然后发展成独立学科。这一学科"……与其他学科已失去联系，而那些学科也早就在其研究计划和课程表中很大程度上去掉了媒体研究"（伊克兰斯 [Ekecranz]，2009：76）。

传播学成为一门独立学科时，正是对全球化世界中传播复杂性的理解困难之时，其时多学科、学科间甚至跨学科越来越重要。传播学专业的学生成为专家，恰恰是传播越来越多融入社会、经济与政治制度中的时候。

为了研究全球传播，我们必须对源于欧洲现实而不是亚洲、非洲或加勒比海地区现实的社会科学体系的全球正确性提出质疑。我们必须把社会（传播）研究从其狭窄的社会起源中解放出来，而是从多种现实、经验和视角来研究全球的现象。这显然具有广泛的制度上的与认识论上的含义。

因果关系

理解全球传播复杂性的一个障碍是对因果关系的迷恋。找到因果关系的动力非常之强，以至于科学家们经常忘记相关性并不是因果关系的证据。A 和 B 同时发生，并不能证明是 A 造成 B 的发生，反之亦然。发现因果关系具有很强大的吸引力。它在学术政治上大行其道，可以有更好的募集资金的机会，以及引起媒体的关注。当因果关系被公之于众时，媒体对科学最感兴趣，这些因果关系包括：媒体暴力与攻击性行为、吸烟与癌症、飞行与环境破坏，或者，食物与健康之间的因果关系。因果关系假定存在着一对一的线性关系的世界。然而，情况经常并非如此，科学家们只能证明（以及对其有着重大保留）相关性、联系，以及推测、假定和猜想。"因果关系迷恋"对理解我们所生活的真实世界来说是重大障碍。我们生活在具有多重因果关系的现实之中，从中区分出引发结果的某一种特定因素几乎是不可能的。

民族偏见

我们生活在民族—国家（nation-states）之中，这是大家能够普遍接受的看法。然而，这给全球传播研究造成了一系列严重的问题。它把地缘政治行政单位与民族合并在同一概念之中。Nation（民族，词根是拉丁语词 *natus*，翻译出来的意思是"他/她出生了"）其实是一个人们生活的部落；它是部落共同体分享观点和情感的栖息地。民族指的是具有共同祖先、语言或价值观等共同点的人们形成的集体。今天的民族中，有因纽特人（Inuits）、萨帕塔原住民（Zapatistas）、毛利人（Maoris）与阿帕奇人（Apaches）。实际上，所有国家都是多民族国家，或者，多部族国家。民族—国家错误地认为在地缘政治单位"国家"中，只有一个部族。大多数国家具有相当大的部族多样性，而国家想要通过融合政策和严格的移民法则将其揉进"民族"统一体中。

伴随民族国家的创建（通过1648年的《威斯特伐利亚和约》），"民族"就被集中到被称作"国家"的中央行政单位的边境（大多数是人为设立）之内，中央行政单位可以统治、监视、独享暴力使用权、提供安全和基础设施。国家成了民族的决策者。民族—国家的最大挑战实际上是多民族国家，这些民族具有许多不同的和经常具有竞争关系的政治组织（例如，城市里的社区），它们与国界之外的政治组织有着血脉联系。联合国应该是不同的民族在全球合作中联合起来的协会。这一点在《联合国宪章》中被表述为，"我们，这个世界的人民"。《宪章》中没有说，"我们，这个世界的国家"。

因此，一个重要的问题是，全球传播如何能够真的成为民族之间的传播。尽管各个国家可能立足于全球视角，但将不可避免地与特殊利益相连。单个国家形塑的全球观是"尽可能以有利于特定民族或社会利益的模式"（Castells，2001：161）。

有关全球传播的许多研究根植于民族背景的框架下。这些重要研究包括：国际流动如何影响民族文化？如何保障民族自治？国际新闻流动如何影响民族受众？

在目前变动下的全球传播情形下，这种方法仍然有效吗？民族国家对于国际流动的控制仍然是一个值得关切的问题！在全球传播的形成之中，国家立法和国际政治是决定性因素。国际媒体巨头面临着来自国家或区域性政治体系（如欧盟）施加的限制。有关宣传、传媒与发展、媒介帝国主义的主要理论框架的基础是"国际主义"，提供了新闻流动研究的基本架构。这些研究描述和分析了跨越国界和不同国家制度的信息流动。国际新闻流动乃民族国家新闻的跨边界流动。特希·兰塔能（Terhi Rantanen，2010）写道，在这些研究中，媒体主要被认为是民族国家的媒体。

跨国比较研究几乎总是把民族社会视为分析单位！在这些研究中，多数研究将社会等同于民族国家。

联合国制度在创造世界和平的理想中把民族国家视为主要的政治行为体。联合国教科文组织挑选出媒体作为实现这一理想的关键行为体。新闻流动的研究重点在于国家间的新闻流动上！同样，关于传媒与发展的研究特别强调了国家在带领人民走向现代化中的作用。创建民族性是重要的；社会异质性的存在被视为现代发展的一个障碍。

一个有前途的方法

尼克·库尔德里（Nick Couldry，2012）提出了一种理论方法，对理解全球传播大有裨益。库尔德里提出了一套"以社会为导向的媒介理论"（2012：6），该理论"从根本上来说关注的是行动"（2012：8），聚焦于媒体所身处其中并使之成为可能的社会过程。为了研究全球传播，焦点可能会被限于一隅，因为"它关注的是媒体，即为传播提供渠道的组织机制和基础设施，而非某种一般意义上的'传播'"（2012：8）。全球传播领域必须在广义层面讨论机制、基础设施和传播过程，在跨文化传播（第11章）领域或外交传播（第9章）领域亦是如此。至于更广泛的研究方法，库尔德里引述了克劳斯·布鲁恩·延森（Klaus Bruhn Jensen，2010）。这两位学者著作的重要之处在于其对传播实践的强调。未来的研究应该着眼于"……传播的末端……即它与其他政治、经济和文化实践的交汇点"（Jensen，2010：165）。这意味着我们将全球传播视为一种跨地区的传播实践，并研究这种实践如何与经济（第4章）、政治（第7章）和文化（第11章）相互作用。

我们需要借助库尔德里（2012：6）的"以社会为导向的媒介理论"来理解媒体和社会秩序的互动关系——用库尔德里的话说，就是要"更好地理解媒体对我们的知识、组织机构和伦理的发展提供了怎样的可能性"（2012：x）。我认为，如果我们以媒体对社会空间的深度嵌入为出发点（Couldry，2012：29），并耐心观察全球传播实践如何改变我们组织社会的方式，则全球传播的研究前景甚为广阔。

视角主义

全球传播的研究可以采取三大视角：
- 进化论视角
- 复杂性视角
- 平等主义视角

视角主义是这样一种哲学立场：它认为对任何现象的认识都不可避免地存在偏颇，并受到视角的限制。我们永远无法理解任何事物的整体。专家只了解细节，甚至只是片面了解。然而，我们可能想要对我们所研究的现象形成一个大致的概念。在这本书中，我建议把全球传播看作是人类行为的一种复杂而多层次的表征——在我们所能理解的范畴之内——我们应该以许多不同的、不断变化的观察方式来理解之。

视角主义是不可避免的。像全球传播这样的社会现象可以从不同视角来描述。这些视角确实反映了对社会现实的不同看法，对"何为科学"的不同看法，对"有效的解释由哪些理念构成"的不同看法，甚至是对"我们应当理解的事物到底是什么"这一问题的不同回答。没有什么普适性的原则告诉我们哪种视角更可取。我们必须确定立场，并选择特定的视角。没有视角，就无法观察事物。因此，视角主义是有价值的。只有在各种特定价值观念可以相互竞争的情况下，科学才成为可能。科学的核心是发起挑战，进行持续开放的批判性对话。在这个对话中，我们假定所研究现象是明确的，且因此而被置于争议之中。科学的核心是观察，而人类的感知总是被主观偏好、经验和价值观所引导。只要对这种带有偏见的立场加以掩盖和否认，就会产生问题。

在讲授全球传播之时，我发现，采用分析性的视角，我们可以理解什么是全球传播；采用规范性的视角，我们可以明白全球传播可以是什么。受进化心理学和复杂性理论的启发，我选择了两种分析性视角作为研究全球传播的视角。在接下来的章节中，当讨论全球传播的各种维度时，我们将回到这些视角。

我选择的规范性视角是民主平等主义理念。在以下关于全球传播的经济、政治和文化维度的章节中，将根据这种规范性视角的标准来发起基本挑战。

分析性视角有助于我们理解全球传播——它的过程、流动、行动者、管理机构和影响。

规范性视角有助于我们找到一个尺度来衡量全球传播在人类发展过程中的作用与意义，并寻求关于它未来发展方向的指导。

进化论视角

这里的基本问题是：这种视角告诉我们什么？它是如何应用于全球传播的呢？

达尔文生物学中最普遍的观念是：物种（及其行为）因时而变，以成功地适应环境。生物进化的关键是找到适应性问题的解决方案。① 认为类似的演进也可能在文化、心理等非生物性进化中产生，似乎是言之有理的。在这些进化形式中，人类找到了适应问题的非遗传性解决方案。其中一种适应方式就是人类传播：这是一种对环境中各类问题的进化性反应。作为灵长类动物，尼安德特人和智人最早生活在庞大而复杂的社会群

---

① 值得注意的是，在达尔文主义者中，这一概念也是具有争议的。并非所有的人类发明都应被视为适应，它们也有可能是人类进化的偶然副作用。

体中，他们产生了互动和互惠的需要。为了满足这一迫切的需求，人类进化出了新的适应方式，比如语言。平克（Pinker，1994）的研究表明，语言的进化（大约发生于20万年前）代表了普遍性的人类适应行为的典范。随着时间的推移和文化的发展，"人们知道如何说话，就像蜘蛛知道如何织网一样……语言是一种用来交流信息的生物适应方式"（Pinker，1994：18—19）。①

像其他生物一样，人类主要通过非语言方式进行交流。他们使用信号、声音和手势等语言。然而，与其他物种不同的是，人类有口语和书面语言作为交流工具。对一些人来说，这相当于其传播量的10%。这将人与其他物种区别开来，因为人是用语言说话的动物。口语这一工具带来了传播能力的极大分化。它的使用让人类得以推进哲学思考、科学和技术创新，但也煽动人类犯下种族灭绝之罪。这一切的本质在于：语言系统使抽象思维（abstract thought）成为可能。人类发现，他们可以思考他们从未见过或经历过的事物。

进化论的视角试图从达尔文进化论的角度来理解人类的思想。它将大脑视为一个信息处理系统。大脑中的神经回路决定我们如何处理信息。大脑的神经回路会让我们做出与生活环境相符的行为。它们帮助我们适应环境（cadaptation to an environment）。就像我们有生理适应行为一样，我们也有心理适应行为。适应行为意味着我们从过去的成功和失败吸取经验教训，通过这种方式，人类得以生存和繁衍。适应行为和环境一样，随着时间而变化。达尔文关于成功的适应性的基本算法建立于变异、天选和复制之上。在人类传播领域，此算法可以应用到下文讨论的内容中。

传播行为通过变异而演变。由于需要适应各不相同、不断变化的环境，各种各样的传播方式不断发展。这种进化既有无意产生的，也有故意为之的，都会受到遗传和历史因素的制约。大多数进化（如科学知识的进化）都是通过试错进行的。

在进化过程中，最佳的适应方式会存留下来。最有利于人类生存繁衍的传播形式会流传后世。那些被用来发现、存储和检索关于如何解决适应性问题的输入信息的认知和记忆方式，将会持续进化。不能尽如人意的传播方式将消失。

最合乎需要的适应方式将被传承给后代。

灵长类动物已经认识到，社会群体生活的复杂性需要它们分享蛋糕。人类习以为常地接受了这样一个事实：有些人占有蛋糕，大快朵颐，还想要更多，并攫取更多。

人类用你死我活的竞争取代了与生俱来的合作需要。大多数动物都知道，它们不是通过杀死彼此，或者独占整块蛋糕而获得生存，而是通过合作和分享来生存（德瓦尔[de Waal]，2010：16）。

---

① 虽然我们通常认为语言是最优秀的传播工具，但我们不应该忘记，语言（包括所有语言）往往是人类交流的障碍。为了更好地传播，我们必须说同一种语言，而我们通常做不到。非言语语言可能是人类最重要的传播工具。

这对于相互依赖程度很高的群居动物来说尤为重要。尽管进化论突出强调了互助的重要性，但人类已经在体育、政治、诉讼、教育和公共传播等领域发展出了高度竞争的机制。它们违背了合作的自然本能，掀起无处不在的激烈倾轧，可能危及物种的长期生存。无论是对其他生物还是对自己，人类都是这个星球上最具破坏性的动物。这让人疑惑：人类会不会是第一个不等大自然动手就自行了断的物种？大多数物种在大约100万年后就会自然消失，但人类似乎已是急不可耐，其例证见于人类对环境的破坏、对动物的杀戮；见于种族灭绝战争；见于每天因贫病交加、饥肠辘辘而死的3.3万名婴儿。

在人类的大部分历史中，我们都是猎人，我们设计适应环境的对策。每当新的适应性问题出现，我们总要假以时日才能找到新的解决方案。进化的过程是缓慢的！要进化出解决现代性问题的新机制，时间总是不足。自我们的猎人祖先以降，人类的思维并无实质性的进化。进化到现代的人类的头骨里保存着石器时代的思想。

我们神经回路的变化可能需要数千年的时间。在过去的1 000万年里，我们是猎人和采集者。我们需要用神经回路来寻偶、狩猎、育儿、寻找合适的居住地以及抵御外来侵略。农业大约出现在一万年前；工业则不过200年。全球传播已经伴随我们100年：我们的神经回路能应对挑战吗？

进化是为了生存。人类的生存需要一种兼具合作、信任、多样性和流动性的全球传播形式。

- 合作——为了生存，物种必须合作（要克制它们固有的竞争动力）。
- 利他主义——完全自私的行为无助于生存。
- 合作需要信任——我可以确认你是为了我好。
- 多样性——多样化的生物有机体能够更好地生存；自然选择有利于多样化的生物体。
- 流动性——生存需要扩展视野；如果没有创造力和好奇心，我们的祖先可能无法走出非洲。

这就需要我们应对巨大障碍：

- 以合作为例——在激烈竞争的环境中，合作就不那么容易了：所有物种都试图利用他人软肋，于是，最终赢家通吃。
- 利他主义：我们天生就倾向于自私行为。（道金斯[Dawkins]所言）
- 以多样性为例——这并不容易，因为差异可以被视为持续的挑衅。正如福柯所言：你和我不同这一事实是对我之挑衅；你为什么不能像我一样？我何错之有？部落主义深深根植于人类的心灵（达尔文所言），阻碍着对他人的理解。
- 以创造力为例——在一个似乎是有意扼杀创造力和好奇心（尤其是在教育领域）的世界里，要做到这一点并不容易。

不过，还是有好消息的：

- 好消息是我们可以学习利他主义行为：我们有能力反抗与生俱来的自私基因（正如理查德·道金斯 [Richard Dawkins] 所写的那样）。
- 好消息是（正如查尔斯·达尔文所提出的）我们可以超越我们的起源，将积极的情感传递给全人类。
- 好消息是纯粹自私的行为不利于物种的生存；恶霸在自然界是活不了多久的。
- 好消息是进化既不是预先设定的，也不是随机发生的；在这两者之间存在着空间，而人类作为所有物种中最伟大的社会传播者，可以据此形塑未来的生存。

复杂性视角

全球流动的故事之复杂性堪比热带雨林，一切都相互关联（相互依存），小事件可能会造成有巨大而不可预测的效果（非线性），而且，我们无法对它做出可靠预测，因为流动的思想和意见可能出人意料地迅速变化（不确定性）。

复杂系统是相互作用的行动主体的集合（宇宙），这些主体争夺稀缺的基本资源（如空间之于交通网络，或氧气与葡萄糖之于癌细胞）。这个系统的一大特点是有序和无序混而为一。系统虽然没有中央控制器，但是出现的混乱状况（交通堵塞）可以像什么都没有发生一样，能够在没有外部干扰的前提下解决。就像交通堵塞莫名其妙地出现，然后又消失不见（约翰逊 [Johnson]，2010：19）。

全球传播既有序又混乱。行动主体的行为是动态的。为了理解这种复杂性，流行的科学研究方法倾向于决定论（determinism）和还原论（reductionism），而它们无助于理解非线性过程。在非线性过程中，没有中央控制器，不可预测的惊人现象频发。全球传播是一个复杂系统，学生们必须接受这样一个事实：这一系统永远不能全面提供反映其所有状态的信息。

还原论认为，通过分析和理解一个系统的一部分（就像研究钟表的一部分一样），我们就能理解整个系统。然而，这在复杂的系统中行不通，因为我们必须明白：现实的很大一部分从根本上来说是不可预测的。

决定论认为，在物理和非物理环境中，可以在不同的现象之间建立线性因果关系。因果律（causality）假定世界是简单的，存在一一对应的线性关系。通常情况下，科学家只能（持严重保留态度地）证明某种相关性、某种联系，然后推测、假设、猜测。"因果律迷恋"（causality obsession）对于真实地理解我们所生活的世界是毁灭性的。我们生活在一个多重因果的现实世界中，要找出单个具体的原因是不可能的。

还原论和决定论提供了一种诱人的简单性，让我们感觉所研究的现象尽在掌握。这可能给我们提供了心理安慰，但它并未提供可靠的知识。获取知识需要时间。科学需要耐心。

平等主义视角

当代政治理论若不以人人尊严平等作为标准，它将找不到合法性，因为如果没有人人尊严平等这一前提，为人类共同命运达成全球性协定的努力就没有合理性。因此，全球传播的规范性理论需要以平等的理念为基础。全球传播的平等主义理论是建立在分配正义的基础上的，也就是说，它基于这样一种观点："一些人并未犯错，却比其他人活的糟糕"，这种情况是不公平的（特姆金 [Temkin]，1986：100，参见 1993：7）。

> 全球传播（比如说，全球新闻或娱乐）是否像对待非残疾人一样尊重残疾人的尊严？

平等主义的观点意味着让每个人在自我赋权的条件方面都获得相同的权利。人民自我赋权的基本条件包括能够获得并使用资源来自我表达以及向他人言说，与他人交流思想，知晓世界大事，创造和把控知识的生产进程，并且享用全世界的知识资源。这些资源包括技术基础设施、知识技能、财政手段和自然系统，它们在全世界分配不均，妨碍人们平等地享有自我赋权条件的权利。

公共利益问题上的平等决策

平等主义的观点对公共选择的过程具有重要影响。如果我们把关于民主的经典论著（例如，熊彼特 [Schumpeter, 1942]）、达尔 [Dahl, 1956]、佩特曼 [Pateman, 1970] 或德沃金 [Dworkin, 1985] 的作品），以及民主国家的共同政治实践作为参考点，就会发现对于民主的定义具有广泛的共识：民主是一种可以让所有利益相关者在平等基础上参与的政治决策方式。这个极简主义定义指出，民主的基本原则就是政治平等。

虽然令人愉悦的共识可能有分崩离析的风险，但我认为，如果我们要确保民主机制的平等性质，就要对这一基本的程序性定义提供足够的条件。古尔德（Gould, 1988）令人信服地指出，传统的民主概念提出的治理体系为被统治者提供了最大程度的"消极"自由，但在很大程度上未注意到完整的人类自由还包括"积极"自由。后者意味着人们应该自由地行使自我赋权的能力（Hamelink, 1994a: 142）。在此基础上，民主的平等本质意味着所有人都有权平等地享有自我赋权的条件。

政治平等的概念往往被人们在狭义上加以理解，这种理解无法保证民主程序使所有人尽可能广泛地参与公共决策。实际上，在大多数民主概念中，对人民参与政治的解释都是有限的。然而，政治平等只有在超越投票权和被选举权之范畴，囊括言论自由等公民权利，并延伸到保障政治平等的制度时才有意义。为了促进作为政治平等基础的自由，民主参与必须延伸到普通人通常不参与的领域。与熊彼特和达尔等"现实主义者"

不同，佩特曼是规范性理论的代表。他认为政治参与是"决策机构的每个成员都有权利来定义决策结果的一种过程"（Pateman，1970：71）。

顺着这种推理思路，我们首先要扩大政治平等的标准，使之囊括为所有人都享有对公共决策过程的最广泛参与。然后，我们必须把民主作为一种超越政治领域的决策程序。民主进程应该超越政治范畴，将参与性的制度设定推及其他社会领域。因此，在生产、开发和传播信息、文化和技术的领域，也要为决策过程设计出参与式民主的形式。

这就提出了如何组织民主决策的问题。

大多数民主国家都有一种强烈的倾向，即让小部分精英代表其他人决策。尤其是在庞大而复杂的社会中，由政客、专业人士或市场力量组成的权力代表团总是难以避免。委托他人决策无可厚非，但应对那些代表构建透明机制，使其负责。这意味着，民主的设定应该有规则、程序和制度性机制，以确保公共问责（accountability）。在逻辑上，问责原则意味着那些具有参与权与平等权利的人在受到侵犯的时候，可以采取救济措施。只有通过有效的救济措施，民主的基本标准才能得以执行。如果决策者的行为危及他人，应当有一套程序供受其影响者提出申诉、申请仲裁以及要求补偿。决定决策的责任归属并为错误决策做出补偿，两者确保了民主机制的平等主义性质。

到目前为止，这场争论假定政治平等原则是广泛共识。在此基础上，我认为，这一原则只有在民主理想的平等观念中才具有实质意义。在平等主义的理念下，民主的社会机制由多重维度构成：平等享有自我发展的条件；每个人尽可能广泛地参与公共决策；这种机制向所有相关社会领域拓展；建立公众问责制度（公权力和私权力都要受问责）；救济措施的可行性。

接下来的问题是，这些维度如何用来描述全球传播的民主机制。在本章的范围中，这只能是一个近似值，更多细节需要在课堂上讨论。

全球传播以及最广泛参与

这一原则有两大维度。它主张要让所有人都参与影响其生活的决策，还主张把参与延伸到政治领域之外。在全球传播领域，决策是由最强大的国家和企业这个双边联盟做出的。在世界传播的政治中，普通人被排除在外（Hamelink，1994b）。这反映了世界政治的总体情况，正如穆托（Muto）所写的那样，"大多数影响数百万人生活的重大决定是在他们的国家之外做出的，他们对此毫不知情，更遑论征得其同意"（Muto，1993：156）。当前的全球传播秩序完全不能代表世界社会关系。目前，传播资源所有权的集中使世界上大部分人都被排除在外，无法参与到对全球传播渠道的控制中来。

在全球传播的政治中，民主化要求建立一种"跨境参与式民主"，这种民主不再以国家作为关键组成部分，"而是让人民自己……成为决定世界政治和经济进程的主要行为体"(Muto，1993：156)。这需要建立谈判和决策的第三方机制。让国家之外的更多行为体参与世界政治事务的想法并不新鲜。国际劳工组织在制定政策时采用了三边谈判的方式，其决策会议由各国政府、雇主和工人组成的代表团出席。

最大限度参与和扩展平等性这两大原则要求人们参与到曾是精英事务的决策中去，如技术与文化事务。特别是由于技术知识和文化符号的生产日益私有化，这些社会领域也应实行民主原则。这就要求受到影响的公民有权参与有关发展和利用技术和文化的决策。这无疑是一种复杂秩序，因为技术和文化对专业知识、技能和创造力有着特殊要求。因此，有必要研究出一个不受专业知识和创造力限制的民主控制形式。个别科学家、工程师和艺术家可能会抵制技术和文化民主的概念，但如果认为他们在当下是完全自主的，那就大错特错了。如果他们的创造力是出于公共利益考量，而不是出于企业营利动机，那么，他们的所得可能会比付出更多。

在此总结一下关于全球传播研究的视角：

进化论视角为理解全球传播的发展和组织提供了分析性洞见。

复杂性视角为理解全球传播的政治、经济和文化维度的非线性性质提供了分析性洞见。

平等主义视角可以用来对全球传播规则与实践进行规范性评估。它提出了这样一个问题：人们是否在平等地获得基本资源（如基础设施、知识和信息传播素养）？人们是否会在并非自己的过错的情况下被排除在外？人们将参与公共选择的权利外包给代表人士，是否能实现决策①的平等性和公共问责？所有人的人格尊严是否得到了平等尊重？

焦点阅读

平等主义

Baker, J., Lynch, K., Cantillon, S. and Walsh, J. (eds) (2004). *Equality: From Theory to Action*. New York: Palgrave MacMillan.

关于平等的政治理论的跨学科研究。该书阐述了广泛的社会不平等，并为分析和社会行动提供了一个有意义的概念框架。

民主

Carter, A. and Stokes, G. (eds) (2002). *Democratic Theory Today*. Oxford: Polity Press.

---

① 这种决策基于极多主义（maximalist）民主观念，这种观念力求超越制度化的宏观政治，最大限度地和最多样化地参与广泛意义上的政治领域。

在这部合著中,作者讨论了民主在当今世界所面临的一些最基本的问题和挑战。他们以非常通俗易懂的文本,讨论了诸如全球化、政治冷漠和不平等问题对民主构成的威胁。作者还对协商民主、社会民主和跨国民主等问题做了理论性思考。关于全球传播的研究,"民主与公民""民主与不平等""民主与民族主义"等章节都是很好的资料来源。

Gould, C. C. (1988). *Rethinking Democracy*: *Freedom and Social Cooperation in Politics, Economy, and Aociety*. Cambridge: Cambridge University Press.

作者从根本上重新思考了民主政治理论,并逻辑严密地提出了将民主决策从政治舞台延伸到公共生活的经济、社会维度的观点。她还对科技、人权和国际关系等领域的民主问题进行了批判性分析。这本书的核心是她关于个体自由与个体拥有平等权利获取自我发展条件的论证。

Hackett, R.A. and Carroll, W. K.(2006). *Remaking Media*: *The Struggle to Democratic Public Communication*. New York: Routledge.

这部关于民主媒介化的著作立足于社会运动的社会学研究、批判性媒体研究和民主理论。两位作者从公众传播中巨大的民主赤字入手。本书包含了关于媒体行动主义的具体案例研究,涵盖了从"Indymedia"网站到游击媒体(Guerilla media)以及追求广播自由的诸多领域。

Mouffe, C.(2000). *The Democratic Paradox*. New York: Verso.

在这本书中,作者对现代自由民主的矛盾本质进行了深刻的分析。她对那些认为对立已经在当今政治中绝迹的人不以为然,她指出,"敌对"仍然在民主中扮演重要角色。她提出了"对立多元主义"(agonistic pluralism)的概念,这从根本上意味着深刻的冲突无法绝对得到解决。

Raboy, M. and Bruck, P.A.(eds)(1989). *Communication for and against Democracy*. Montreal: Black Rose Books.

本书作者认为,传播问题对民主社会具有迫切的意义。本书的作者认为传播媒介是兼具压制性和解放性的工具。本书议题广泛,从加拿大—美国自由贸易协定,谈到南非的另类媒体,以及如何利用媒体促进社会变革。正如作者在前言中所说,本书编者"关心的是传播如何实现或阻碍各种形式的民主"(第 4 页)。

复杂性 / 认识论

Johnson, N.(2007). *Simply Complexity*. Oxford: OneWorld.

这本书简单易懂地介绍了复杂性科学。它为读者提供了理解复杂性过程的分析工具。本书中有许多具体案例,包括交通堵塞和癌症肿瘤等。

Moser, P.K., Mulder, D.H. and Trout, J.D.(1998). *The Theory of Knowledge*: *A Thematic Introduction*. Oxford: Oxford University Press.

本书是对当代认识论的主要问题的通俗介绍。书中提供了许多例子,并提供了认识论的基本术语表,还给出了进一步阅读的建议。

网络资源

访问本书的配套网站 https://study.sagepub.com/hamelink，可以看到作者对本章主题"全球传播研究"的讨论。

访问本书的配套网站：https://study.sagepub.com/hamelink，可免费获取以下期刊文章：

Downey, J. and Stanyer, J. (2010). Comparative media analysis: why some fuzzy thinking might help. Applying fuzzy set qualitative comparative analysis to the personalization of mediated political communication. European Journal of Communication, 25 (4): 331-347.

Downing, J.D.H. (2005). Communication research and political commitment: then, now and next. Gazette, 67 (6): 535-537. Lau, R.W.K (2012).

Re-theorizing news' construction of reality: a realistdiscourse-theoretic approach. Journalism,13(7): 886-902.

Mansell, R. (2007). The problem of internationalizing media and communication research. Global Media and Communication, 3 (3): 283-288.

延伸阅读

Asante, M.K. (2011). De-Westernizing communication. In Wang, G. (ed.), *De-Westernizing Communication Research: Altering Questions and Changing Frameworks*. London: Routledge. pp. 21-27.

Carpentier, N. (2011). *Media and Participation: A Site of Ideological-Democratic Struggle*. Bristol: Intellect.

Chomsky, N. (1989). *Necessary Illusions*. Boston, MA: South End Press.

McChesney, R.W. (2000). *Rich Media, Poor Democracy*. New York: The New Press. McQuail, D. (1983). *Mass Communication Theory: An Introduction*. London: Sage.

Park, D.W. and Pooley, J. (2008). *The History of Media and Communication Research: Contested Memories*. New York: Peter Lang.

Raboy, M. and Bruck, P.A. (1989). *Communication for and against Democracy*. Montreal: Black Rose Books.

Thussu, D.K. (2006). *International Communication: Continuity and Change* (2nd edn). London: Hodder Arnold.

Thussu, D.K. (ed.) (2007). *Media on the Move: Global Flow and Contra-flow*. London: Routledge.

课外研究

研究全球传播这类复杂现象的一种方法是比喻手法的使用。一个可以用来观察全球传播的比喻是"热带雨林"。热带雨林的哪些特征使其成为全球传播研究的精妙比喻?

借助相关文献描述热带雨林的基本特征。

探索这些特征如何契合复杂性理论的视角。

以批判性的方式探讨"热带雨林"隐喻是不是研究全球传播的有用工具,并说明理由。

第三章

远距离传播的历史

在人类历史上，很少有学者能像哈罗德·伊尼斯那样，对帝国的传播功能有着如此深刻的见解。

哈罗德·伊尼斯（Harold Innis，1894—1952）

伊尼斯是多伦多大学政治经济学教授，著有论述媒介和传播理论的重要作品。他研究了媒介及其各种形式（如口语和文字）在文明进程中的作用。他非常重视大学的独立性，警告大学要反对政治和经济压力，后者会削弱大学作为批判性思维中心的地位。

他研究全球传播的主要著作是《帝国与传播》（1950）。

对全球传播而言，哈罗德·伊尼斯教给我们批判性地反思人类传播的帝国性。

在探讨了研究领域、当代语境和研究全球传播的视角之后,我们现在应该更仔细地观察远距离传播的历史性发展。

我们将关注:
- 故事流动的手动载体
- 故事流动的电力载体
- 故事流动的电子载体
- 故事流动的数字化载体

远距离传播

纵观历史,人类因贸易、战争、探索新土地、征服外邦的领土和思想,而常常跨越边境。尽管大多数人都居住在村子里,但自有史以来,人类就开始了远距离的交流。这大多发生在帝国的边界内部,其目的是服务于帝国的控制、协调和扩张。用于传播信息的载体在距离、容量、速度和可靠性方面都受到严重限制。在远距离传播的第一阶段,交通技术主要由手动机械组成,人类的"交互能力"(interaction capacity)因而受到了阻碍。

借助帝国官道上络绎不绝的信差和驿马,信息可以传抵至埃及、波斯、希腊、中国和罗马帝国疆界内最遥远的角落。帝国的信使系统——如今邮政服务的前身——通过口信或书信来运行。这些口头或书面的信息由跑步健将或骑兵携带。这种古代通信系统的一个案例是由波斯皇帝居鲁士(公元前 6 年)开发的网络,他特别任命驿站主管,令其控制马厩和一套信使系统。当主管收到来自帝国驿站的信件时,他会安排一人一马来递送消息。

人们还罕见地发现了使用烽火信号进行远距离传播的记载。例如,埃斯库罗斯(Aischylos)在《阿伽门农》(*Agamemmon*)中写道,借助烽火信号,特洛伊城的消息在一夜之间传播了大约 500 公里。埃及人也有使用信鸽的记录。早期的邮政系统是专门为政府设立的,为帝国提供了必要的支撑。

埃及的邮政系统由阿门诺菲斯三世(Amenophis Ⅲ)于公元前 13 世纪建立,该系统由首都延伸到帝国所有城市。在很长一段时间里,文字传递都因以泥板作为传播媒介而受限。当莎草纸成为信息传送的新媒介时,情况发生了变化。亚历山大大帝使用书面信息和一套精密的信使系统来使他获知帝国之内的事情。但由于道路处于原始状态,海上交通危险重重,所以在他庞大的帝国之中,传播一定是匮乏的,这可能是帝国灭亡的一个因素。

中华帝国的汉代(公元前 206—公元 219 年)也有广泛的远距离传播。朝廷建立了邮政系统,收集帝国的各类事件信息,并以特定的线路传递书信简报。

罗马帝国利用文字媒介发展了信息的远距传递。在近3个世纪的时间里，《元老院纪事》（*Acta Senatus*）和《每日纪闻》（*Acta Diurna*）在帝国上下定期传播。这些信息通过海路和罗马帝国修建的4.9万英里的道路网络传布。

尽管早期的远距离传播大多局限于区域内交通，但世界范围内的传播也通过贸易、外交和宗教进行。中国文明和印度文明的相遇就是一个例证。"历史上，它们之间很少有战事或外交关系；相反，它们之间的交流经历了中间人和中介文化的过滤；它们的相遇是平和的——思想、文字、书籍、事物的流动——没有侵略、渗透或征服；这种流动主要从印度单向流动到中国"（Wright，1979：205）。在这一跨文化相遇中，佛教通过中国僧侣法显（公元390—414年）的旅行从印度传入中国。

在欧洲列国（1648年签订《威斯特伐利亚和约》）出现正式外交关系之前，国际上已经有了外交交流。早期的埃及、希腊、中国和拜占庭国家体系发展出了复杂的国际外交形式。有证据表明，埃及的外交始于第十八王朝（公元前1580—前1350年）。"法老通过腓尼基制造的桨船或名为'现身孟菲斯'（Appearing in Memphis）或'日轮之光'（Sun-Disk Lightens）的埃及船只，将他的代表派往地中海的邻国"（特朗·凡·丁恩 [Tran Van Dinh]，1987：12）。希腊人有巡回大使（roving ambassadors），并定期接待来自国外的外交使节。汉朝和后来的唐朝（公元618—906年）与其他国家保持了广泛的外交联系。其中有叙利亚人、波斯人、朝鲜人、日本人和越南人。作为信仰的使者，早期的基督教传教士长途跋涉，走遍了小亚细亚、希腊和罗马帝国。到公元200年，传教士到达埃及和非洲。公元3世纪中叶，西欧、亚美尼亚王国、阿拉伯国家、美索不达米亚和印度都有基督徒。

国际公关亦有其树立本国形象以服务于外交政策的早期尝试。在古代，将宣传运用于国际关系事务是众所周知之事。亚历山大大帝拥有相当于公关团队的组织。"各类报告服务于他的目的，暗含宣传意图，被送往马其顿朝廷，并在那里广泛扩散"（昆泽克 [Kunczik]，1990：73）。

早期贸易也为信息和文化的交流提供了重要载体。贸易和信息路线连接着亚洲、地中海、非洲和太平洋。丝绸之路将美索不达米亚与伊朗同印度与中国相连。黄金在西非被开采出来，然后穿越撒哈拉沙漠被运到北非和中东。在瓦斯科·达·伽马（Vasco da Gama）于15世纪从葡萄牙扬帆起航之前，贸易就已在如今的津巴布韦、中国（中国的陶器）、印度（黄金和象牙）之间发生。在库克船长（Captain Cook）抵达南海之前，美拉尼西亚和波利尼西亚的海员就已具备足够的地理信息，可以进行很长时间的海上航行。在整个中世纪，早期的邮政系统都在扩张，从12世纪开始，欧洲出现了有组织的信息交通网。虽然大多数人并不旅行，但前往遥远目的地的旅行者却在不断增加。他们包括十字军战士、传教士、艺术家、商人和朝圣者。

新的文化中心渐次在欧洲出现，它们开始相互交流。从12世纪开始，一些欧洲大学，尤其是巴黎大学（索邦神学院）和一些修道院发展了自己的信息传递系统。这些信使成了专职人士，在其薪酬、工作时间和不当行为惩罚方面都有特殊规定。14世纪，汉萨同盟为其商业目的发展出一套传播网络。

在13世纪，口头传播媒介仍然是外国新闻的重要载体。例如，街头宣传员报道了米兰被占领或教皇克莱门特七世（Pope Clement VII）在巴黎订立条约的新闻（斯蒂芬斯[Stephens]，1988：40）。

到了中世纪晚期，通讯员和情报人员沿着井然有序的交通路线，为政治、军事或教会提供专业的信使服务。通常情况下，作为主要贸易中心的城镇也是主要新闻中心。"维也纳分发来自巴尔干半岛的新闻；奥格斯堡处理来自意大利、瑞士、德国南部和东方世界的新闻（通过威尼斯）；在科隆，法国和荷兰的消息与经由安特卫普而来的英国消息交会在一起。来自俄罗斯和周边国家的物资经过但泽和布雷斯劳，汉堡则是来自斯堪的纳维亚和整个北欧的消息的目的地。到了1600年，对此类信息的需求已经达到使用印刷手段来进行传播已经有利可图的程度。"（史密斯[Smith]，1979：19）。

在16世纪，第一个覆盖数个欧洲国家的邮政系统是由弗朗茨·冯·塔克西斯（Franz Von Taxis）创立的。1500年3月1日，菲利普一世国王（King Philip I）任命塔克西斯为"邮政总管"。他被酬以年薪，负责维护低地国家、德国、法国和西班牙之间的邮政传输。1516年，塔克西斯被马西米兰一世（Maximilian I）任命为首席邮政局长，并获得了在低地国家运行邮政系统的独占权。

在16世纪，西班牙和德国当局允许私营邮政服务，而在英国，邮政是作为一个全国性系统建立起来的，邮政局长主要为拥有垄断控制权的国王提供服务。起初，这项服务并不是面向公众的，尽管私人客户的信件也会因为有利可图而被传送。

随着越来越多的政府为公众提供邮政服务，欧洲的邮政服务在文艺复兴时期得到了大规模的扩张和发展。各国统治者，比如罗马帝国的腓特烈三世（Frederick III）、法国的路易十一（Louis XI）和英国的爱德华四世（Edward IV），都致力于建设更高效的邮政服务系统。在这一历史进程中，邮政服务和新闻业务分化为截然不同的两部分。

可以说，在15世纪，第一次出现了有组织、有目的地向其他国家传播信息的行为。发起者是想要宣传自己和收集外国情报的政治团体。大多数君主都有自己的驻外记者和国际间谍组成的私人网络。

例如，通过庞大的外交官和特工网络，英国人对意大利有广泛的了解。这也是有意图地向其他国家传播信息的开端。15世纪，手抄的时事通讯开始在欧洲各国传播新闻。爱德华四世于1471年夺回王位的时事通讯用英语和法语出版，但其传播过程有巨大的时滞性。例如，一份由君士坦丁堡的意大利人在1481年发出的关于苏丹穆罕默德二世（Mohammed II）去世的时事通讯，直到1483年，威尔士的爱德华王子才在弗兰德斯

（Flanders）获得其副本。

在16世纪，欧洲的贸易界开始在全世界逐利，由此出现了对国外信息的强烈需求。对于威尼斯商人来说，船只到达或沉没的信息对市场价格至关重要。小麦的价格也由军事新闻决定，例如土耳其舰队的行动。

贸易团体的成员创建了他们自己的信息系统。1536年，第一家贸易新闻社在威尼斯成立。1568年至1604年间，金融家菲利普·爱德华·福格（Philip Eduard Fugger）创作了《福格书信》（*Fugger letters*）。这些手写信件传播国际综合信息和财经信息（Stephens，1988：75）。

在16世纪和17世纪，欧洲诞生了第一批报纸，这进一步促进了跨境传播。《威尼斯公报》（*Venetian gazette*）在16世纪中期传播到了伦敦，其中包括国际新闻，例如来自维也纳的关于土耳其人从海路进军和匈牙利境内的消息（Stephens，1988：153）。许多国际信息都是关于政治或军事方面的。至1566年，威尼斯开始生产手写的新闻周报，但其传播范围有多大尚不清楚。

有证据表明，在16世纪晚期，关于意大利的信息通过手抄新闻纸在德国传播。在最古老的一批印刷报纸中，例如，《来自意大利、德意志等地新闻》（*Courante uyt Italien，Duytslandt，&c.*）在阿姆斯特丹出版，上面就有国际新闻。到17世纪中期，阿姆斯特丹大约有8份每周发行或双周发行的出版物，为各国商人提供他们特别感兴趣的外国新闻，不仅有关于意大利和德国的新闻，也有关于美洲、非洲和亚洲的新闻。

同样是在17世纪，宗教改革和反宗教改革运动，都利用活字印刷的新技术进行宣传，进一步推动了跨境传播。宗教改革的传教士们的信息传遍欧洲，天主教会开始将传教范围扩展到其他大陆，比如拉丁美洲和中国。教皇格雷戈里十五世（Gregory XV）在1622年建立"传信部"（Sacra Congregatio de Propaganda Fide），会众开始收到教会要把天主教信仰传播到新世界的简报。1627年，教皇乌耳班七世（Urban VII）建立了一个专门的培训中心——"乌耳班宣传学院"（Collegium Urbanum de Propaganda Fide），天主教宣传人员在那里接受培训，然后将他们的宗教思想传播到世界各地。

17世纪，世界性的学术共同体出现，关于科学发现的信息开始通过报纸、书籍和期刊进行跨境传播。科学家们开始自我组织成各种团体，比如英国的皇家学会（Royal Society）。邮件是最常见的跨境传播工具，但要让不断壮大的科学界知晓信息，这当然是远远不够的。

17世纪下半叶，科学期刊问世，比如法国的《学者报》（*Journal des Savants*，1665年）和英国的《哲学学报》（*Philosophical Transactions*，1665年）。发表在《学者报》《大学文献》（*Bibliothèque Universelle*，出版于荷兰）和《哲学学报》（*Acta Eriditorum*，出版于莱比锡）的文章都评论了艾萨克·牛顿的《数学原理》（1687）。

从整个18世纪一直到19世纪早期，报纸确实在努力报道国际新闻，但一直受到战争和当时恶劣天气条件的影响，造成了报道的及时性和准确性都大打折扣。

远距离传播的速度异常缓慢。信件从欧洲送往印度通常要耗时8个月之久，信件走一个来回可能需要长达两年的时间。尤其是那些遥远地方的人和事，相关信息往往会被扭曲，被突出的往往是其奇特和怪异。在19世纪初，法国新闻将遥远国家的民众称为"野蛮人"（Stephens，1988：219）。

18世纪见证了历史上最伟大的宣传家之一——拿破仑的表演。"他与欧洲其他国家展开了一场名副其实的宣传战，一场大话连篇的战役。英国发动了反对拿破仑的漫画战，战役在媒体上打响，不过，拿破仑的声音主要针对的是法国和法占区的居民。例如，从拿破仑胜利后在德国萨克森王国颁布的新闻指南中，就可以看出拿破仑在法占区的新闻政策，新闻指南要求'凡引致对法国宫廷产生反感的事情都必须小心避免'……但拿破仑也有选择地向外国传播。他对平民的公开呼吁是全新事物。他在1796年，向提洛尔人发表了一份宣言，呼吁他们放弃'他们的皇帝的无望事业'"（Kunzcik，1990：75）。

直到19世纪，国际新闻的收集和分发才成为大规模活动。英国邮局把外国报纸的摘要卖给伦敦的报纸。1832年，法国的查尔斯·哈瓦斯（Charles Havas）利用信鸽和旗语电报（semaphore telegraph）建立了第一个私营国际新闻社（Stephens，1988：259）。1848年，纽约的报纸（美联社）达成一致意见，分担信息收集与分发的费用，这些费用包括租用轮船（这条船在哈利法克斯与来自欧洲的船只会合）以及通过旗语电报将新闻从波士顿（轮船将抵达此处）输往纽约的费用。1855年，伯纳德·沃尔夫（Bernard Wolff）开始在柏林开展业务；1858年，保罗·朱利叶斯·路透（Paul Julius Reuter）开始为伦敦的报纸提供服务。19世纪中期，路透创立了路透新闻社，他利用一批信鸽将股价信息从布鲁塞尔传送到亚琛。

消除限制

当电力传输工具取代手动机械传输工具时，远距离传播作为全球传播的第一阶段，其基本限制开始消除。原来用于远距离传播的手动机械工具，如信使、烟火（希腊人用烟火宣布特洛伊的陷落）、鸽子和信号灯电报（非电子电报），在距离、速度和容量方面都受到严重限制。

1830年，塞缪尔·莫尔斯发明了电报①，这是一项关键性的技术突破。莫尔斯

---

① 旗语或光学电报（optical telegraph）在18世纪末和19世纪初非常流行。旗语系统使用高塔和旋转的百叶窗。百叶窗的位置与符号对应，借此传递信息。第一套系统是1790年由法国的沙普兄弟（Chappe brothers）设计的。

在 1838 年发送了第一条电报："上帝创造了什么？"1861 年，在德国，约翰·菲利普（Johann Philip）用奇妙的新发明进行了第一次电话通话，说："马儿不吃黄瓜沙拉。"1866 年，第一条海底电缆在巴伦西亚和纽芬兰之间开通。1878 年 1 月 25 日，在纽黑文，人类声音第一次使用远程电子通信联系。至 19 世纪与 20 世纪之交，全世界大约有 200 万部电话投入使用。19 世纪末，亚历山大·斯特帕诺维奇·波波夫（Alexander Stepanowitsch Popow）和古格列尔莫·马可尼（Guglielmo Marconi）利用海因里希·赫兹（Heinrich Hertz）的知识，探索了无线传输的可能性。1901 年，马可尼在相距 3540 公里的英国和美国之间发送无线电信号。大约 1906 年，人类声音第一次通过无线电广播传输。商界很快就利用了这项新技术。电报的速度和可靠性提供了盈利和国际扩张的机会（亨德里克[Headrick]，1991）。根据国际电报联盟的数据，世界电报传输的数量从 1868 年的 2 900 万猛增到 20 世纪初的 3.29 亿。达雅·屠苏（Daya Thussu，2006：9）认为："在国际电报网络的发展中，报纸行业发挥了重要作用，为满足快速增长的新闻需求，特别是进行国际商贸所需的金融信息需求……19 世纪报纸行业最重要的发展，就是建立了新闻通讯社，改变了新闻在国内外的传播过程。商业客户对贸易信息（商业、股票、货币、大宗商品、农产品收成）的需求不断增加，使得新闻通讯社的影响力和覆盖面逐步扩大。"电力传输的早期重要应用，还有电影、留声机唱片和收音机。

19 世纪，外交领域开始使用大众媒体作为国际政治的工具。个中案例体现为传统的秘密外交转向新型的公开外交谈判。报纸在这一变化中扮演了重要角色，而无线广播则极大地提高了这种新型外交的发展潜力。越来越多的外交官从传统的沉默外交转向直接面向其他国家支持者的公共外交。

自广播媒介出现以来，其发展就与宣传相伴而生，因为它有影响价值观、信仰和态度的力量（泰勒[Taylor]，1997）。第一次世界大战期间，广播对国内舆论管控和对外宣传的重要性很快就被意识到了。它既可施于盟友，亦可针对敌国。第二次世界大战期间，作为纳粹和盟军宣传工具的国际广播出现了爆炸性增长。

第二次世界大战之后，全球传播历史上的第三个阶段来临，从电力传输发展到电子传输。这个转变肇始于 1946 年电子计算机的发明。微电子技术（硅晶体管、半导体）、集成电路（芯片）、卫星通信和网络架构（阿帕网，美国军事网络，互联网的前身）的发展极大地扩展了跨境信息流的范围。

1950 年代，电信技术和电子数据处理技术融为一体。计算机交流网络由计算机组成，带有通信信道的计算机与其他计算机相互连接。这些计算机交流网络集成为一个中心化系统，数据被传往中央计算器，供其处理、存储或转发。网络也是分布式系统，数据在分散的计算机或终端之间传输。这种网络最早被应用于国防系统和航空预订。在 20 世纪六七十年代，应用范围扩大到国际银行业、信贷控制、数据库以及政府间合作。

新兴网络的另一项重要发展是引入通信卫星的非地面数据传输方式。跨国商业卫星传输始于 1965 年，国际通信卫星组织（INTELSAT）于当年的 4 月 6 日发射了第一颗卫星"早鸟"（the Early Bird）。"早鸟"又名国际电信通信一号卫星（INTELSAT I），自 1965 年 6 月 28 日开始运营。这颗卫星可承载 240 个双向音频电路或一个电视频道。3 年后的 1968 年，国际通信卫星组织二号系列卫星（INTELSAT II）开始运作，每一颗卫星可承载 1 500 个双向音频电路或 4 个电视频道。在 1971 年至 1975 年期间，国际电信通信四号系列卫星（INTELSAT IV）的每个卫星都可承载 3 750 个双向音频电路和两个电视频道。

由于计算机硬件和软件的发展，数据网络也变得更有吸引力。自 1970 年代早期开始，微电子技术就开始生产微处理器，使得计算机广泛而廉价的社会应用成为可能。事实上，小型计算机对数据通信网络至关重要，对通信设备和数据处理设备而言，都是如此。

除了硬件方面的这些发展，配套的软件和外围设备也有了长足进步。新的编程语言被开发出来用以改善人机关系，并设计出一种与用户语言接近的机器指令模式。

硬件、软件和外围设备的发展在很大程度上促进了计算机使用的迅速增长，并使远程通信与数据处理融合成为"远程信息处理技术"（telematics）。这项技术的一个重要应用是从外太空收集、传输和处理有关自然资源的数据。自 1972 年以来，美国国家航空航天局的陆地卫星通过遥感技术探索铁矿石，测量甘蔗和水稻作物种植情况，绘制河流沉积物和森林的地图，为海洋学和人口统计提供测绘服务。

1980 年代及以后

1980 年代，随着模拟信息处理向数字信息处理的转变，数字传输阶段开启。信息以二进制形式编码，即以"是/否"或"开/关"表示。所有信息流的数字化使记录、存储和传输变得更容易、更快捷，从前在距离、速度、容量和可靠性方面的限制也以前所未有的方式被消除。数字化还允许对图像和声音进行新的处理方式。处理和传输信息的技术开始使用同一种语言，促进了远程通信、计算机、办公技术和各类视听消费电子产品的融合。这种融合带来了速度、灵活性、可靠性和低廉的成本。数字技术创造了具有多种应用功能的多媒体交互系统，其功能包括世界最大百货公司的虚拟（电子）购物，以及科学家之间的音频、视频、文本和数据的远距离即时通信等。

数字化为先导性的"全球信息高速公路"提供了技术性基础设施。这个项目得到了美国克林顿—戈尔政府的大力推动，于 1993 年开始实施国家信息基础设施行动计划。按照阿尔·戈尔[①]（1991 年 3 月 21 日国际电信联盟布宜诺斯艾利斯会议上演讲）的说法：

---

① 时任美国副总统。——译者注

"美国总统和我都认为,对人类大家庭所有成员而言,可持续发展的一个必不可少的先决条件是建立全球信息基础设施。它将让信息高速公路环绕全球,所有人都可以在这条道路上通行。"

这种全球信息结构在 20 世纪后期成为以互联网为基础的万维网。对于全球传播而言,网络用户(通常也是网络内容生产者)的迅速增长似乎预示着一场名副其实的四维革命的到来。全球网络社会正在成型,其特点是分权(扁平传播链接取代传统的等级结构)、去机构化(灵活和开放的生产和治理形式)、去专业化(公民记者)和民主化(越来越多的人拥有越来越多的信息接收渠道,从而实现更透明的政治体制和参与性更强的政策过程)。

21 世纪早期最引人瞩目的一大问题是:是否真的发生了一场革命?叶夫根尼·莫罗佐夫(Evgeny Morozov,2011)在其著作《网络错觉》(*The Net Delusion*)发出警告:在网络社会中有审查、监视、操纵和打压异见的严重风险。

莫罗佐夫(2011)在《网络错觉》中所描述的互联网风险会泛滥成灾吗?还是说互联网造就平等的美好愿景会更胜一筹?你有何期待?

距离、时间、容量和可靠性的限制,如今已经被一一消除。

正如达雅·屠苏(2006)所言,全球传播兼具连续性和变化性。连续性意味着,尽管载体变得越来越精妙复杂,但仍在继续做着一直在做的事情:远距离传送故事(以文字和图像的形式),为人们提供(可靠性参差不齐的)全球图景。非连续性意味着全球传播的历史发展从根本上改变了我们对时间和空间的概念。

焦点阅读

历史通识

Fortner, R. (1979) *International Communication*. Belmont: Wadsworth Publishing Company.(见第一章)。

Lasswell, H.D., Lerner, D. and Speier, H.(eds)(1979). *Propaganda and Communication in World History*. Honolulu: The University of Hawaii Press.

这部书一共有三卷,展现了传播的历史。第一卷题为《早期的符号工具》,从早期美索不达米亚写到西方中世纪。第二卷为《西方舆论的出现》,涉及文艺复兴和宗教改革时代、启蒙运动、共产主义、全球发展与安全以及核能问题。第三卷题为《信息多元化的世界正在成型》,分析了当代语境下全球传播的发展,并在结尾处对世界传播和宣传的未来进行了展望。

Williams, R. (ed.) (1981). *Contact*: *Human Communication and Its History*. London and New York: Thames and Hudson.

人类传播的历史是通过语言、符号、非语言交流、书写、印刷、声音、图像和技术完成的。该书最后一章讨论媒体的未来。此书插图丰富。

新闻的历史

Smith, A. (1979). *The Newspaper*: *An International History*. London: Thames and Hudson.

本书有助于深入了解报纸在全球的发展。史密斯追溯了技术发展进程，描绘了新闻业的重要人物，并分析了新闻业的政治学。该书的其中一章涉及"煽情主义恶魔"。在结语部分，作者讨论了在报纸的日常运作中始终存在的环境影响。该书的阅读清单很有用，插图也很丰富。

Stephens, M. (1988). *A History of News*: *From the Drum to the Satellite*. London: Penguin Books.

本书是对新闻的收集与扩散的全面历史叙述。该书论及新闻文体的历史。这项研究从信使和呼喊者的口语新闻写到17世纪咖啡馆的作用，从书面和印刷新闻写到现代电子新闻。

网络资源

本书配套网站链接是 https: //study.sagepub.com/hamelink，在这里能够看到作者对本章主题"全球传播：历史与规则"的讨论。

访问 https: //study.sagepub.com/hamelink 可以免费下载以下学术文章：

Adolf, M. (2011). Review of Refiguring Mass Communication: A History, by Peter Simonson. Champaign, IL: University of Illinois Press (2010). *Contemporary Sociology*: *A Journal of Reviews*, 40 (4): 489–491.

Peters, B. (2011). Review of Marshall T. Poe, A History of Communications: Media and Society from the Evolution of Speech to the Internet. Cambridge: Cambridge University Press. *New Media & Society*, 14 (2): 356–359.

Tunstall, J. (2003). Review of Asa Briggs and Peter Burke (2002). A Social History of the Media: From Gutenberg to the Internet, Cambridge: Polity Press. *Journalism*, 4 (1): 132–136.

Wei, R. (2013). Mobile media: Coming of age with a big splash. *Mobile Media & Communication*, 1 (1): 50–56.

延伸阅读

Franco, G.L. (editor and publisher in collaboration with the International Telecommunication Union)

（1987）. *World Communications*：*Ways and Means to Global Integration*. Uxbridge: Novy Eddison & Partners.

Hauser, M.D.（1997）. *The Evolution of Communication*. Cambridge, MA: The MIT Press.

Huurdeman, A.A.（2005）. *The Worldwide History of Telecommunication*. New York: John Wiley & Sons.

Poe, M.（2011）. *A History of Media and Society*：*From the Evolution of Speech to the Internet*. Cambridge: Cambridge University Press.

Williams, R.（ed.）（1981）. *Human Communication and Its History*. London: Thames & Hudson.

Winseck, D.R. and Pile, R.M.（2007）. *Communication and Empire*：*Media, Markets, and Globalization, 1860-1930*. Durham, NC: Duke University Press.

课外研究

如果时光机把我们带回第一个远距离传播的阶段，国际政治将如何运作？

你如何研究这个问题？你会用什么方法？什么理论视角可以使用？

如何撰写你的期末报告？

第四章

全球传播的经济

赫伯特·席勒是我多年挚友,他对全球传播发展背后的经济驱动力进行了明晰而深刻的批判,对我来说,这是一个重要的灵感来源。

赫伯特·席勒(Herbert I. Schiller, 1919—2000)

1960年代,席勒在纽约大学学习并获得博士学位。他是加州大学圣地亚哥分校的传播学教授。他是对美国和世界媒体进行批判性政治经济分析的核心人物。他的大部分作品和极具启发性的演讲都集中在公共空间的私有化和美国企业利益对文化表达的全球性控制上。

在席勒的众多著作中,全球传播研究者一定能从《生活在世界第一的国家》(2000)这部对美帝国的回忆录式反思之作中获益。这本书的核心观点是，通信产业作为美国经济的核心是维持资本主义制度最为关键的基石。

席勒的其他重要作品包括《思想管理者》（1973）；《谁晓得：财富500强时代的信息》（1981）；《信息与危机经济》（1984）；《文化股份有限公司：企业接管公众表达》（1989）。

研究全球传播，赫伯特·席勒教给我们的是，要批判性地反思跨国公司资本在全球传播中的重要作用。

66 本章介绍全球传播的经济因素，分析全球传播中的三个关键性经济因素：
- 基础设施
- 服务
- 内容

本章在结束部分讨论了如何研究全球传播的经济，以及指导研究的分析性和规范性视角。

全球通信产业的发展

20世纪下半叶，全球通信业开始兴起，并于21世纪初成为世界经济的重要一环。

1950年代初，为寻求廉价劳动力和新市场，西方开始将其工业生产向南方国家转移。劳动力成本攀升，而集装箱和卫星通信等技术亦蓬勃发展，使得工业跨国化既有必要性又有可能性。

由于工业投资的激增，星罗棋布的跨国公司机构需要相互协调。为了让分散于全球的子公司适应于大型跨国公司的市场，现代电信不可或缺。

一个销售额为10亿美元的大公司每年仅电信支出平均达1 400万美元之巨。广布于全球的生产中心和市场足以印证这一点。"全球购物中心"出现了，世界各地的广告和营销活动也随之激增。1970年代，各主要的跨国公司开始整合其信息供应渠道，以满足自身在全世界的营销、推广和公关需求。最大的跨国公司（即所谓"财富500强"）[1]强化自身能力，使电影、电视节目和视频得以在内部生产，以轻而易举地与各大国际视听网络竞争。质疑现代企业业务合法性的批评浪潮因此而兴起波澜。为了回应这股浪潮，服务于"国际形象建设"的技术创新大受青睐。从1975年到1984年，美国公司的企业广告预算从3.05亿美元提高到10亿美元以上（帕夫利克[Pavlik]，1987：49）。到1985年，超过四分之三的美国大公司购买国际公关公司的服务，主要

---

[1] 《财富》是由时代公司出版的商业杂志。每年它都会列出世界上最大的公司——"财富500强"。

作市场营销之用（Wilcox et al., 1989: 397）。

自1950年代早期以来，工业生产向国际扩张，也促进了相关服务如旅游、金融、市场营销和广告行销海外。此外，银行业务的跨国化大大助长了对国际信息网络的需求。实际上，第二次世界大战后全球经济发展的一个基本特征是服务业的不断扩张。服务业在大多数西方工业国家的国民经济中有所增长，且在世界贸易中占比甚高。因为服务业部门的许多活动或立足于信息贸易，或受惠于信息技术，使得跨境信息流量悄然增长。及至1980年，世界服务贸易总额约4 000亿美元，占世界贸易总额的20%以上。世界富裕地区的经济发展也意味着私人消费支出的增长，以及教育和娱乐需求的激增，这使跨国界信息猛增。

全球通信产业紧随经济全面扩张的步伐，开始在世界范围内增长。

1980年，电信设备及其相关服务在全世界的市场约为800亿美元。如果再算上电子元件和消费性电子产品的销售，估计全球通信市场总额约为3 500亿美元①，约占全球贸易总额的18%（Hamelink，1984：23）。这一行业具有几个显著特征：整个行业内部团结，对外与各工业强国的国防机构等结盟；需要大量金融资本；行业大亨扮演重要角色；企业合并为大型集团。

互相联结的利益

整个1970年代，大约80家利益牵缠的大型跨国公司组成网络，控制了通信产业。从表面上看，似乎有一群利益各异、竞争激烈的小型组织进行着国际通信产品和服务的生产和分配。然而，如果细加分析就会发现，信息产业是错综复杂、环环相扣的网络，其形式亦多种多样。大型通信公司主要通过如下形式建立直接联系：合资企业、合资子公司（如飞利浦与西门子合办宝丽金 [Polygram]；安讯公司 [NCR]、控制数据公司 [Control Data] 与国际电脑有限公司 [International Computers Limited，ICL] 合办计算机外围设备公司（Computer Peripherals，Inc.，CPI）；霍尼韦尔 [Honeywell] 与控制数据公司合办旺矽科技股份有限公司 [MPI]）、持股（如通用电气持有东芝11%的股权；飞利浦持有根德 [Grundig]24.5%的股权），签订许可、供应、销售，或生产协议（如富士通与西门子、霍尼韦尔与日本电气、施乐与三菱、好利获得 [Olivetti] 与日立、德律风根 [AEG/Telefunken] 与汤姆森—布朗特 [Thomson-Brandt]）、组建联合董事会（如IBM与时代、霍尼韦尔与通用电气、埃培智集团 [Interpublic] 与哥伦比亚广播公司、麦格劳－希尔 [McGraw-Hill] 与斯帕瑞－兰德公司 [Sperry Rand]、国际电脑有限公司与普莱西公司 [Plessey]）。除了这些直接联系之外，重要的间接联系主要通过董事会建立。例如，甲公司的董事在丙公司的

---

① 原文误为"3.5亿"美元。——译者注

董事会会议桌上与乙公司的董事会面。

正如美国参议院一个小组委员会的报告所言，这些联系意味着信息产业中像 IBM 和美国电话电报公司（AT&T）这样的主要竞争对手之间，有 22 条迂回路径，可以"提供便利渠道，在暗地里为电信行业中关于垄断和竞争的公共辩论提供解决方案"（Hamelink，1983 b：24）。正如报告所评论的那样，间接联结的利益"提供了重要机会，让主要竞争对手之间实现直接的政策讨论和潜在的理解"（Hamelink，1983b：24）。这样的讨论和理解将真枪实弹的竞争降格为所谓的"点到为止的竞争"。真正的自由市场无法发育，新来者也没有多少空间。

硬件和软件部门的利益结合也是一大特殊的发展。据业内统计，许多公司在这两大领域都很活跃，比如美国的美国无线电公司（Radio Corporation of America，RCA）、施乐（Xerox）公司、IT&T 公司、利顿（Litton）公司、辛格（Singer）公司、洛克希德（Lockheed）公司；英国的 EMI 集团、朗科（Rank）公司、迪卡（Decca）公司；德国的西门子公司；以及荷兰的飞利浦公司。

硬件和软件头部企业之间也有或直接或间接的联系，其佼佼者有：IBM 公司，其与时代公司、哥伦比亚广播公司、美国广播公司、纽约时报、麦格劳 – 希尔公司、华盛顿邮报、埃培智集团和美国音乐公司（Music Corporation of America，MCA）相互联结；通用电气公司，其与时代公司、哥伦比亚广播公司、美国广播公司、《纽约时报》和麦格劳 – 希尔公司相互联结；美国无线电公司，其与哥伦比亚广播公司、美国广播公司、时代公司、埃培智集团和迪士尼制作公司相互联结；EMI 公司，其与汤姆森公司（Thomson）、培生集团（Pearson）、瑞德公司（Reed）和美国校园社区公司（ATV/ACC）相互联结；飞利浦公司，其与美国音乐公司和宝丽金相互联结；西门子公司，其与宝丽金和贝塔斯曼公司（Bertelsmann）相互联结。

就外部关系而言，通信业与军方之间的联系也值得细谈。军方领导层在信息技术尚未崛起之前就对其表现出浓厚兴趣，这绝非逢场作戏。在近来大部分的通信技术创新中，军方的支持都发挥了重要作用。这在电子计算机、集成电路、雷达、激光、计算机软件（面向商业的通用语言 [COBOL]）、光电系统集成（此技术可以促进光学计算机替代电子计算机，以开发出超高速计算机）以及所谓的"超级芯片"的发展中可见一斑。1984 年，美国国防部向 IBM、TRC 和霍尼韦尔投资 1.702 亿美元（截至 1989 年），开发 0.5 微米芯片，以用于武器系统。在某些情况下，军方会采取主动，要求工业开发特定技术。在另一些案例中，部分研究项目会得到大量资金补贴，以缩短从商业供应转向军事应用之间的时间跨度。这使军方领导层和军事项目大型承包商你中有我，我中有你。

在大型承包商中有几家主要的国际通信公司。1982 年，美国国防部在军用产品的民事合同上花费共计 1 250 亿美元，约有 140 亿美元的拨款用于电子及通信系统。1982 年，大约有 140 亿美元用于研发，其中有 28 亿美元用于电子和通信系统。1982 年，在美国最大的 100 家国防项目承包商（它们提供了超过三分之二的军事装备）中，通信公司包揽了过半的国防合同。在控制着世界大部分信息生产和传播的 100 个跨国通信企业中，至少有 30 个与军方过从甚密。它们是最大的设备和科研项目承包商。

军事项目采购者和工业供应商之间的紧密联系产生了许多影响。其中包括：

● 研发何种技术在很大程度上由军事利益决定。技术创新所需要的研发投入是高资本密集型的，这使得技术产品的工业制造商很大程度上依赖于外部资金。军方既已慷慨解囊，显然也会对其所需设备的类型做出指示。第一次世界大战期间，美国军方需要发射机、接收器和探测器。电子行业提供了这些设备，赢得了大量国防合同，并因此而蓬勃发展。

● 选定行业内公司并助其研发加大了工业集中度。资金被划拨给为数不多的大公司，使其在市场中比其他竞争者更具优势。于是，市场日益被少数公司所主导。

● 军事研发所催生的民用"副产品"（例如，陶瓷烤箱就是太空研究的产物）通常有助于将高企的国防开支合法化。但是往往被忽略的事实是：如果没有军事研究，所有这些副产品都可以以更低的成本开发出来。

资本密集型

在通信产业的电信部门中，资本密集型很大程度上取代了劳动密集型。电信部门过去雇用大量的工人、维护员和系统操作员。新技术日益使他们变得多余。例如，电话系统的电子交换机由一小部分具备专业计算机技能的人来制造、维护和运营就已足够。1974—1977 年，飞利浦、西门子和西方电气（Western Electric）等大型电信设备制造商裁员 5%~25%。

研发费用是推高电信部门、数据处理部门和电子元件业资本需求的关键因素。探索光纤、激光和微处理器等技术并使之落地开销不菲。1977 年，美国航空航天、数据处理和电子产品的研发支出占销售额的平均比例为 4.1%，而这个比例在另一个研发密集型行业——化工行业仅为 2.5%。1979 年，美国数据处理部门的研发支出远高于整个制造业的研发支出。1978 年，德意志联邦共和国电气/电子行业将 6.4% 的销售额用于研发，而化工行业用了 4.7%，汽车行业用了 5.7%，工程和采矿行业用了 3%。联邦德国的一些头部企业在研发上花费更多，比如西门子的研发费用占总营业额的 10%，德律风根的研发费用占总营业额的 7%。

据估计，在世界范围内，用于信息技术的研发支出约占世界研发预算的 30%。这个烧钱的行业吸引了大量来自私人和政府的投资。大投资商对企业研发金额的兴趣日益浓厚。

在通信产业中，传统的大众传媒部门也成了资本密集型部门，其固定成本需要追加投资。出版业需要大量固定资本，用以填补纸张和油墨的花销。过去10年来，大多数杂志所用的纸张价格翻了一番，印刷油墨的价格上涨了约40%。一些公司无法满足这一需求，被迫退出这一业务。合众国际新闻社（United Press International）的案例就佐证了这种市场淘汰机制。早在20世纪80年代，合众国际新闻社就已赤字高企（高达约700万美元），其所有者爱德华·威利斯·斯克里普斯（E. W. Scripps Co.）不得不寻找买家。岁月无情，合众国际新闻社最终破产并被拍卖。1992年，该机构被中东广播公司（Middle East Broadcasting Co.）收购。

产品推广是唱片业的一项主要支出，摇滚乐等畅销音乐种类的推广预算在1970年代增长了三倍。唱片业的资本密集型特征又表现为快速增长的前期投资，例如，在1970年代末，一张摇滚唱片的前期投资从10万美元上升到25万美元。精密录音设备、音乐家的高额版税和制作人的佣金推高了成本，例如，1970年代中期，美国音乐公司与艾尔顿·约翰（Elton John）签订5年合同，向其支付800万美元。1978年，华纳兄弟与保罗·西蒙（Paul Simon）达成协议，用1300万美元让他从哥伦比亚广播公司跳槽。1979年，哥伦比亚广播公司与保罗·麦卡特尼（Paul McCartney）签订了一份价值800万美元的合同，发行了3张专辑。像普林斯（Prince）和麦当娜这样的顶级巨星则"狮子大开口"，获得了天价报酬。

电影业的制作投入也在增加。随着固定资本额的上升，投资电影制作的风险也随之增大。这增强了资方的控制力，而小型独立制作人获得信贷的希望更加渺茫。1980年代，故事片的平均制作成本开始突破1500万美元大关。制作成本的上升是因为行业固定资本——投资于生产资料，如工作室、技术设备，以及特效等——迅速扩张。此外，市场营销、明星聘请和产品发行的成本也在上升。后者只有通过花钱如流水的国际网络才能实现。随着豪华电影院的出现，电影展出需要更多资本。好莱坞的制作成本持续飙升。1990年，故事片的平均成本约为3000万美元。明星的片酬也越来越高：例如，史泰龙出演《洛奇V》获得了2000万美元。

通信产业是一个蓬勃发展的经济部门，一项资本密集型业务，一门利润丰厚的生意。该行业的盈利能力吸引了新的投资者：那些往昔甚少或未曾涉足信息领域的大公司。例如，波音、麦克唐纳·道格拉斯公司（Mcdonnell Douglas）、菲亚特（Fiat）、可口可乐、埃克森（Exxon）和迈特勒（Matra）。当信息生产者被并入大型工业集团时，经济考量将主导其行业政策。

所有权结构

和其他工业部门一样，在通信产业中，机构投资者是关键玩家。这些机构包括养老基金、保险公司或银行。在过去的几十年里，通过持股和参与董事会，机构投资者在公司的管理中日益活跃。在许多大型通信公司中，这些机构投资者掌握了超过半数的股权。其中，跨国银行最为显眼。显然，机构投资者最感兴趣的是利益最大化。

通信产业的一大特点是，一个人或一个家族集团（通常与创始人步调一致或有密切关系）持有大量投票股（voting stock）。如果一个人或一个家族集团持有10%以上的投票股，且其他股东都难以望其项背，那么这些公司就存在明显的所有者控制。在100家最大的通信公司中，有近四分之一的公司采用了这种控制方式。这些"大亨"或"媒体巨头"包括：已故的罗伯特·麦克斯韦（Robert Maxwell）、鲁伯特·默多克（Rupert Murdoch）、罗伯特·赫森特（Robert Hersant）、雷欧·基尔希（Leo Kirch）、西尔维奥·贝卢斯科尼（Silvio Berlusconi）或萨姆纳·雷石东（Sumner Redstone）。

这种控制的特点是个体所有者直接参与媒体的日常运作。然而，许多迹象表明，这些"大亨"的生死存亡系于一线。为了在当今的世界市场上具备竞争性，需要吸收大量投资，但随之而来的是巨大金融风险。事实上，许多大公司都负债累累，只有与其他公司合并才能避免破产。从纯粹的经济角度来看，信息公司若成为大型工业集团一部分，生存机会将更大。但是，需要指出的是，预期的"协同作用"并不总是能够实现。例如，日本的索尼和松下制造硬件之余也投资了大量软件业务，但迄今为止，其电子产品的销量并没有因为收购而出现显著增长。媒体巨头时代华纳仍在为巨额债务而苦苦挣扎，其旗下子公司之间也是冲突频仍，例如，家庭影院频道（Home Box Office）和华纳兄弟（Warner Brothers）之间剑拔弩张。

集　中

全球通信产业的一大特点是各部门高度集中。在大多数行业的发展早期，这种情况就已存在。两次世界大战期间，主要国际广告业务已落入两家公司之手：智威汤逊广告公司（J. Walter Thompson）和光明广告（McCann）。自20世纪20年代以来，电影行业就高度集中，当时主要有8家公司（派拉蒙、华纳兄弟、20世纪福克斯、勒夫公司 [Loew's Inc.]、联美公司 [United Artists]、环球影业 [Universal Pictures]、雷电华影业公司 [Radio-Keith-Orpheum] 和哥伦比亚电影公司）实际上控制了电影的制作、发行和展出。从一开始，电影业发展趋势就是：为了维持和扩大利润而任由市场施加决定性影响。

> 这种寡头垄断结构，不仅控制了美国产业，而且主导了世界产业。这些公司的很大一部分收入和利润来自美国以外的市场。（Hamelink, 1983 b：34）

对于唱片业，查普尔（Chapple）和加罗法洛（Garofalo）指出：

这个行业并不是由一些小公司白手起家，然后逐渐被少数大公司垄断。从一开始，少数几家大公司或者两三家大公司就占据了行业总量的大部分。其中的主要原因是，最大的两家唱片公司从1900年起就与留声机公司过从甚密，从1930年代起又与大型广播和电子公司紧密关联。（Chapple and Garofalo，1977：92）

自19世纪末以来，国际新闻的生产和发行一直由四大通讯社主导。

数据处理部门的集中化近些年才启动。1950年代初，美国的数据处理部门占全球市场份额的95%以上。在这些美国公司中，有一家公司独占鳌头：IBM。1960年代，其市场份额估计在66%~72%。1978年，13家电信制造商在世界电信设备市场上占了大约90%的份额。这个市场的估值为340亿美元，3家美国公司 [西部电力、国际电话电报公司（International Telephone and Telegraph Corporation，ITT）和美国通用电话电子公司（General Telephone and Electronics Corporation，GT&E）] 的份额占了52%以上（Hamelink，1984：36）。1970年代，少数公司的市场控制力由于并购浪潮而得到巩固。在整个1980年代，其控制力随着大企业集团的发展进一步加强。1990年代，其在全球市场中的地位已经稳固。

1980年代，传媒行业的许多公司要么成为更大的工业集团的一部分，要么演变为传媒集团。此类传媒集团有贝塔斯曼（经营图书、唱片、电视、视频和印刷）、鲁伯特·默多克的新闻集团（经营报纸、杂志、电视和电影）和时代华纳公司（经营杂志、书籍、唱片、有线电视和电影）。工业集团对传媒行业投资颇大，例如通用电气（生产洗衣机、灯泡、陶瓷、武器部件、计算机、电信产品，它运营着全美广播公司 [NBC]）和西尔维奥·贝鲁斯科尼的菲宁维斯特（Fininvest）（从事房地产、保险、百货商店、电视网、广告和报纸业务）。

因其繁荣的娱乐产业，美国成为全球最大的文化产品出口国。联合国教科文组织2005年的报告《特定商品和服务的国际流动》估计，文化和创意产业的全球市场价值为1.3万亿美元，而且正在迅速扩大。这份报告中称，1994—2002年，国际文化商品贸易从380亿美元增长到600亿美元（UNESCO，2005）。欧洲地区已成为美国媒介产品出口的最大市场。

产业集中对产品与服务的多样性起到了促进还是阻碍作用？

三大部门

全球通信产业由三个各自独立但又相互关联的部门发展而来：基础设施制造、联通和信息服务、内容的生产和分发。

- 基础设施部门：制造全球基础设施
- 服务部门：提供全球通信服务
- 内容部门：创造全球性内容

基础设施部门囊括了全球通信需要的所有技术设备的制造商。这包括海上电缆、卫星、计算机网络和消费性电子产品等生产公司。在提供全球基础设施方面，由于智能手机和平板电脑数量的激增，供应无线宽带通信的部门迅速壮大。根据经合组织（OECD）的统计，到 2010 年年底，经合组织国家的无线宽带订阅户数超过 5 亿（OECD，2011）。服务行业包括所有提供联接的公司，如电信运营商，以及为获取信息源提供便利的公司。内容部门包括所有生产和分发全球新闻、娱乐和广告的公司。以下各段将对此进行讨论。

基础设施部门

第一个全球通信的基础设施是用于电报传输的长途电缆。电报由塞缪尔·F.B. 莫尔斯（Samuel F.B. Morse）发明于 1837 年，其主要生产者有：西门子和斯拉柏–阿尔科（Slaby-Arco）公司，以及后来的德律风根（德国）、法国汤姆森公司、西方联盟电报公司（Western Union）、美国电话电报公司、美国无线（United Wireless）、荷兰飞利浦、英国的大东电报局（Cable and Wireless），还有美国通用电气公司和美国无线电公司。第一条海底电缆（1851 年铺设，连接多佛和加来之间的电报传输）是由电力电报公司（Electric Telegraph Company）和磁力电报公司（Magnetic Telegraph Company）铺设的。1852 年，电力电报公司在伦敦、阿姆斯特丹和鹿特丹之间铺设了电缆。第一条横跨大西洋的电缆于 1866 年投入使用。在美国，西方联盟电报公司和美国电话电报公司（1854 年）是主要推动者。1899 年，古尔亚莫·马可尼（Guglielmo Marconi）发明了无线电报。19 世纪，随着电话和电报机的问世，全球性的通信硬件产业出现了。在 20 世纪的头 10 年中，马可尼无线电报公司（Marconi Wireless Telegraph Company）（分别于 1897 年和 1899 年落地于英国和美国。该公司还受英国邮局和劳埃德海上保险公司 [Lloyd's Marine Insurance] 的支持）以及由西门子和德国通用电力公司（Allgemeine Elektrizitäts Gesellschaft，AEG）（在德国政府支持下）共同创立的德律风根（1903 年）是无线通信业的巨头。

近 80 年来，正在催生和更新着以人为中心的"传感器"（transducers）信息传输技术，例如，电话、传真机和电视等。在电信业发展过程中，交换技术使联网成为可能，传输过程和传感器因之获益不小。电子数据处理技术成熟后也被应用于电信行业，特别是交换系统，以提高效率。

1950 年代，有两种技术被整合在一起：以机器为中心的传感器既彼此连接，又与人连接。这种网络传输方式最先应用于国防系统和航空公司订票业务，并于 1960 年代和1970年代在国际银行、信贷监管、数据库和政府间合作等领域遍地开花。

一些新技术大大提高了计算和通信设施的可容量、便利性和兼容性，推动了计算机通信网络的广泛应用。调制解调器和多路复用器等技术大大增加了传统电话网络的数据流容量。光纤技术的发展进一步提高了电话网的数据传输能力。这些技术使玻璃纤维光缆能够传输数字信号。

通信卫星实现了数据的非地化传输是另一重大进步。1950年代，卫星技术让全球电信业务获得长足发展。1957年，苏联发射了第一颗人造卫星（Sputnik）。1965年，建立于1964年的国际通信卫星组织（International Telecommunication Satellite Organization）向太空发射了第一颗地球同步卫星。

1969年，阿帕网（美国高级研究计划署网络，Advanced Research Projects Agency Network）问世，这是第一个以远程电信通信形式连接计算机的全球性网络。该网络由美国国防部运营，也是互联网（Internet）的先驱。随着计算机软硬件的发展，数据网络更显诱人。自1970年代初开始，微电子技术成型，微处理器问世，计算机从此运用广泛、价格低廉。1960—1988年，全世界计算机用户从9 000个增加到1 750 000个（Hamelink，1984）。

2005年，移动电话网络开始取代固定电话网络。

基础设施部门的一大特点是其利益与银行和国防工程紧密联结。汉姆林克（Hamelink，1983b，1986）将这些联系秉笔直录。

关于全球通信基础设施产品贸易的最新数据可见于经合组织的出版物，例如《2011年通信概览》（*Communications Outlook 2011*）。据记载，2009年最大的通信设备出口国是中国（870亿美元），韩国、墨西哥、荷兰和美国（约220亿美元）紧随其后。有趣的是，加拿大、芬兰、法国和德国等在历史上名列前茅的出口国，出口额在21世纪初明显下降。在贸易方面表现最亮眼的国家是匈牙利、韩国和墨西哥，它们都有很高的贸易顺差。传送和接收声音、图像和数据的设备在出口中占最大份额（占所有电信设备出口额的72%），例如手机。

2009年，全球通信设备贸易总额为5 890.12亿美元。在过去10年里，全球最大的通信设备制造商和运营商占世界最大公司（财富500强）的20%。

服务部门

通信服务指电信业务和邮政速递业务。2009年，通信服务的主要出口国是美国、英国、德国、法国和荷兰。它们也是通信服务的最大进口国。有趣的是，小国卢森堡通信业服务的贸易数据排名甚高，其部分原因可能是该国拥有Skype软件。"金砖四国"（巴西、俄罗斯、印度和中国）的通信服务贸易的增长尤为迅速（OECD，2011：372）（见表4.1）。

目前，通信业务增长最快的是移动业务。2009年，这些服务的收入达到5 270亿美元，占全球通信业总收入的45%（OECD，2011：100）。

表4.1 金砖四国通信服务贸易额迅猛增长

	2000年（单位：百万美元）	2008年（单位：百万美元）
巴西	36	466
俄罗斯	385	1 293
印度	599	2 423
中国	1 345	1 570

在全球通信服务行业，像国际航空电讯集团公司（SITA）或环球银行金融电讯协会（SWIFT）这样的封闭性用户网络，或像敦豪（DHL）这样的快递服务公司，以及像Facebook这样的社交网络能够扮演什么角色？

内容部门

内容部门在全球范围内制作和发行新闻、音乐、电影、电视节目和广告。文化产业通过新闻、娱乐和广告在全球范围内生产和传播故事，这些故事构成了全球传播的内容。

文化产业"参与了文本产品的制造和流通，影响着我们对世界的理解"（赫斯蒙德霍[Hesmondhalgh]，2007：3）。它们有助于我们理解世界，左右着全世界民众的日常体验。这一部门迅速发展的重要原因有：明智地使用新技术（如鲁伯特·默多克按时段租赁阿斯特拉[Astra]卫星）、内容的数字化以及互动电视的应用。成功的内容通常是三个"S"——丑闻（scandal）、体育（sports）和性（sex）的组合，古今皆然。

企业很大程度上要通过垂直整合向内容部门扩张，使得随时随地开展新闻业务成为可能。政治上解除管制也促进了该行业的发展。

你能找出这三个部门中最大的公司吗？

如何从经济视角研究全球传播

传播政治经济学是从经济视角研究全球传播的最典型路径。

政治经济学

概述而言,政治经济学可以视为对经济因素(如所有权)和政治因素(如政治权力的行使)之间关系的研究。文森特·莫斯可在其著作《传播政治经济学》中,将政治经济学定义为"对社会关系,尤其是权力关系的研究,探讨各类关系如何与包括传播资源在内的各类资源的生产、分布和消费互构"(Mosco,2009:2)。政治经济学研究方法的关键概念是权力,尤为关注权力与财富之间的关系。

政治经济学作为经济研究的一大领域出现在18世纪末19世纪初,维也纳大学为其设立了一个教席(1763年)。1805年,英国东印度公司学院(East India Company College)也设立了一个教席。政治经济学的代表人物有亚当·斯密(Adam Smith)、大卫·李嘉图(David Ricardo)和卡尔·马克思(Karl Marx)。"政治经济学"概念一般是指对民族国家等政治实体的经济行为的研究。许多政治经济学学者都有志于分析经济和政治行为之间的结构关系。

1950年,哈罗德·伊尼斯发表《帝国与传播》,提出了传播领域的政治经济学研究方法。该著作"探讨了传播媒介从石碑到印刷机的演进,以及各种媒介如何直接影响埃及、希腊、巴比伦、欧洲和美帝国的存续与繁荣"(Innis,1950)。伊尼斯考察了特权群体对知识的垄断如何影响社会。霍克海默(Horkheimer)和阿多诺(Adorno)也是政治经济学方法的早期倡导者,他们的论著探讨了"文化产业"。后起之秀如斯迈思(Smythe)、席勒(Schiller)、加纳姆(Garnham)、默多克(Murdock)、戈尔丁(Golding)、西尔弗斯通(Silverstone)、曼塞尔(Mansell)、莫斯可(Mosco)和瓦斯科(Wasko)等人,都在他们的作品中使用了政治经济学方法。诸多政治经济学著作都涉及媒体行业所有权结构问题。

在全球传播领域,政治经济学方法试图理解这样一个问题:当故事跨境流动,其经济与政治意义之间有何结构关系?这可以通过观察全球传播参与者的经济政治行为来进一步解释。经济行为产出商品和服务,并进行分配。这些产物同时具备使用价值(如信息、知识和娱乐)和交换价值(金钱回报、利润)。政治行为涉及权力的行使和分配,关系到"谁得到什么"的问题。政治经济学研究的是价值和权力之间如何产生结构性关联(换言之,此种联系是必然发生的)。例如,如果人们经常基于对现实的理念行事,那么这些理念从何而来?谁出于何种目的生产并散播这些理念?

政治经济学分析方法试图揭示传播行业中的经济过程是如何被管理和组织的——这种方法亦可称为经济的政治学!它试图理解下述问题:产业是如何集中起来的?谁从中获利?企业系统如何将使用价值(获取信息与娱乐、愉悦身心、逃避日常生活中难以忍受的残酷)转化为交换价值,即带来利润的商品?(Mosco,1996:143-144)

> 如何从政治经济学和文化研究的角度出发分析全球化进程中的"东方化"

（Easternization）现象？中国正迅速成为IT产品的最大出口国，而印度的IT产业也在蓬勃发展。这两个国家的消费市场都异常庞大。它们的出口商品能取得多少文化和经济成果？

视 角

进化论视角

进化论视角可能是从经济层面理解全球传播的有用工具。脱胎于新古典主义的主流经济模型认为，在很大程度上，消息灵通、决策理性才能实现财富最大化。它们往往忽视制度经济学和个体经济学的动态复杂性，这无助于理解市场上各方的真实行为。正如维克斯特姆（Wikström）所言，"社会和经济系统经常处于不均衡状态，社会经济结构变化多端，有时甚至会发生沧桑巨变。此外，组织和个人经常难以做出理性决定。而且，这些决定通常偏颇且荒诞，与新古典主义经济理论的构想相去甚远"（Wikström，2009：36）。进化论视角立足于结构的变化和发展分析全球传播经济，而新古典主义方法却侧重于线性经济增长。如果我们把经济发展看作是一个具备复杂性、混乱性和自组织性的适应过程，那么就能很好地从经济层面理解全球传播。马奇和西蒙（March and Simon，1958）以及塞耶特和马奇（Cyert and March，1992）在发展企业行为理论时提供了一种可资利用的进化论研究方法（Wikström，2009：37）。他们用"有限理性"（bounded rationality）概念来解释组织内部决策，也就是说，决策者可能无法获得充分信息，也无法保持理性。事实上，决策者的选择甚至可能是非理性的。进化论视角有助于我们更好地理解传播机构的经济行为。

复杂性视角

文化产业可谓千头万绪、矛盾百出。和所有其他产业一样，文化产业需要盈利，但其产品可能不只服务于商业利益，有时还可能与商业利益相抵触。文化产业的特点是风险高、波动性大、生产成本高、再生产成本低。尼古拉斯·加纳姆表示，"文化与信息产品的问题在于，由于它们的使用价值几乎是无限的（它们不会因使用而被消耗或损毁），因此很难有交换价值。它们是典型的公共产品"（Garnham，1990：38）。与有形商品不同，信息产品的特有经济问题是同一种产品可以被许多用户使用。从活字印刷与书发明开始，这种情况就已存在。为谋盈利，必须通过版权法建立（暂时性）垄断。在数字世界里，丰富性取代了稀缺性，所有内容都可免费取用而不必支付任何代价。企业推动版权限制数字设备功能、引入广告业务以求应对，使得最初看起来能够极大促进集体福利的事物却转而助推私人财富的增长。而互联网所带来的丰富信息对私营企业的利益构成了威胁。

平等主义视角

文化工业组织以传播象征性创意的手段反映了当代资本主义社会中明显存在的极端不公不义（阶级、性别、种族等）。文化工业准入权的分配是不平等的。即便获得准入，也往往遭受不公对待，许多创作者为了生计而苦苦挣扎。（Hesmondhalgh，2007：6）

民主视角有助于找出在涉及通信设施和传播内容的公共决策中存在的不平等。因为，民主视角具有平等主义内涵。这种视角认为，有必要将民主扩展到社会生活的方方面面，包括传播领域，从而激发对控制和权力问题的研究。

全球传播在经济维度上的主要挑战是什么？

📖 焦点阅读

政治经济学

Garnham, N.（1990）. *Capitalism and Communication. Global Culture and the Economics of Information*. London：Sage.

作者在这本书中指出了后现代主义和信息社会理论所面临的根本挑战。他借理论反思和实证案例探讨了传播机构在资本主义社会中的作用。他尤其关注全球经济结构重构以及与之相关的电信技术增值问题。

Mosco, V.（2010）. *The Political Economy of Communication*. London：Sage.

本书全面介绍了传播政治经济学领域，展示了不同学派的思想，以及政治经济学在传播研究中的历史面貌。作者为研究全球传播的学生提供了关键的复杂概念，如商品化、空间化和结构化。

Smythe, D.W.（1981）. *Dependency Road：Communications, Capitalism, Consciousness, and Canada*. Norwood：Ablex Publishing.

尽管本书聚焦于加拿大，不过，斯迈思将"共识产业"（consciousness industry）视为垄断资本主义中枢机构的分析方法具备全球视野。其洞见的重要之处在于揭示出资本主义的生存"取决于是否能够培养出愿意长期支持它的人"。在这个过程中，大众传媒作为资本主义制度的产物，由少数大公司经营，设置"日常议程、话题、价值观和政策，并利用它们指导其他机构与全体民众。它们大量生产受众，并将其售卖给广告商"（p. xi）。赫纳特·席勒在前言中写道：这本书将"帮助学生、教师和普通读者更好地理解发达资本主义在日常生活中所遭遇的多重危机"（第20页）。

Wasko, J., Murdock, G. and Sousa, H.（eds）（2011）. *The Handbook of Political Economy of Communications*. Oxford：Blackwell Publishing.

这本小册子的概述、案例研究和理论反思涵盖了传播政治经济学领域。它介绍了传播政治经济学的重要争论，探讨了所有权、创造力、消费等要素，并以新话题总结全书。本书有助于理解媒体在现代社会中发挥作用所依托的政治与经济力量。

产业

Hesmondhalgh, D. (2007). *The Cultural Industries*. London: Sage.

本书超越政治经济学和文化研究方法，深刻分析了文化工业的变迁。它在广泛的政治、经济和文化背景中观察变革。它提供了关于版权、名人影响力和音乐数字发行等话题的有用材料。

Herman, E.S. and McChesney, R.W. (1997). *The Global Media: The Missionaries of Global Capitalism*. London: Cassel.

本书介绍了全球传播产业的概况。两位作者描述并分析了该产业成长为大型跨国集团网络的过程。他们认为，该产业的整合和集中化在很大程度上侵蚀了"公共领域"。在本书最后部分讨论了地方和民族国家对当前全球化进程的抵抗。

Schiller, H.I. (1989). *Culture Inc.: The Corporate Takeover of Public Expression*. Oxford: Oxford University Press.

作者分析了私人企业（无论是在美国还是在国外）在博物馆、剧院和公共广播等文化领域的影响力，并对此忧心忡忡。他揭示出私人企业如何将曾经廉价的信息转变为捞金的商品，将公共聚会场所（市场）转变为销售机器（购物中心）。席勒还讨论了这一过程对文化生产的近用性和多样性的威胁。

网络资源

本书的配套网站链接是 https://study.sagepub.com/hamelink。在此可以看到作者对本章主题"全球传播产业"讨论。

访问 https://study.sagepub.com/hamelink 可以免费下载以下学术文章：

Boyd-Barrett, O. and Rantanen, T. (2000). European national news agencies: the end of an era or a new beginning? *Journalism*, 1 (1): 86–105.

Chalaby, J.K. (2012). At the origin of a global industry: the TV format trade as an Anglo-American invention. *Media, Culture & Society*, 34 (1): 36–52.

Hesmondhalgh, D. (2006). Bourdieu, the media and cultural production. *Media, Culture & Society*, 28 (2): 211–231.

Leyshon, A., Webb, P., French, S., Thrift, N. and Crewe, L. (2005). On the reproduction of the musical economy after the Internet. *Media, Culture & Society*, 27 (2): 177–209.

Marshall, L. (2004). The effects of piracy upon the music industry: a case study of bootlegging. *Media, Culture & Society*, 26 (2): 163–181.

📖 延伸阅读

Anderton, C., Dubber, A. and James, M. (2012) *Understanding the Music Industries*. London: Sage.

Bagdikian, Ben H. (2004). *The New Media Monopoly*. Boston, MA: Beacon Press.

Boyd-Barrett, O. and Rantanen, T. (eds) (1998). *The Globalization of News*. London: Sage.

Gershon, R.A. (1997). *The Transnational Media Corporation: Global Messages and Free Market Competition*. Mahwah, NJ: Lawrence Erlbaum Associates.

Golding, P. and Murdock, G. (2005). Culture, communications and political economy. In Curran, J. and Gurevitch, M. (eds), *Mass Media and Society* (4th edn). London: Arnold. pp. 60–83.

Hesmondhalgh, D. (2007). *The Cultural Industries*. London: Sage.

Murdock, G. (1982). Large corporations and the control of the communications industry. In Gurevitch, M., Bennett, T., Curran, J. and Wollacott. J. (eds), *Culture, Society and the Media*. London: Methuen. pp. 118–150.

Murdock, G. (1990). Re-drawing the map of the communications industries: concentration and ownership in the era of privatization. In Ferguson, M. (ed.), *Public Communication: The New Imperatives*. London: Sage. pp. 1–15.

McPhail, T. (2002). *Global Communication*. London: Allyn and Bacon.

Wall, T. (2012). *Studying Popular Music Culture*. London: Sage.

📖 课外研究

分析作为世界产业活动一部分的全球传播业的重要性。

从各种产业和贸易文献中收集关于全球传播业业务规模的数据（销售和收入的数据）。

收集关于世界产业活动总体业务规模的数据。

计算传播业在世界全部产业活动中所占的比重。

第五章 内容的全球流动

就本章内容而言，我从乔治·格伯纳身上获益良多——我和他曾一起出席过很多次全球性会议。他长期研究"电视图像流"（flows of television）的涵化作用，启迪着人们对故事在全球观众中流动的持续思考。

乔治·格伯纳（George Gerbner，1919—2005）

格伯纳是美国费城大学城科学中心文化指标研究项目主任。1964—1989年，他担任宾夕法尼亚大学安南伯格传播学院的教授和院长。1997年，他离开安南伯格传播学院后，成为费城天普大学的大西洋贝尔电信教授。1990年，他发起"文化环境运动"，以促进大众传播媒体的内容多样性。

在全球传播研究方面，他的重要著作有：《传播技术和社会政策：作为第三种声音的文化指标》(与格罗斯和梅洛迪合编 [L. P. Gross and W. Melody, 1973])；《世界传播手册》(与西尔福特合编 [M. Siefert, 1984])；《图像的胜利：全球媒体视角下的波斯湾战争》(与莫拉纳和席勒合编 [H.Mowlana and H. I. Schiller, 1992])；《全球媒体辩论：兴起、衰落和复兴》(与莫拉纳和诺顿斯登 [Mowlana and Nordenstreng] 合编，1993)。

对全球传播研究而言，乔治·格伯纳教给我们批判性地反思媒介化的现实表征及其对我们日常生活的影响。

接下来，我想跟大家从内容层面探究全球传播，诸位可以关注三种主要故事的全球流动：
- 全球新闻
- 全球娱乐
- 全球广告

全球新闻供应商

全球传播业的一项重要服务是每日提供全球新闻。对全球新闻供应的理解需要结合历史背景。

在 16 世纪，欧洲贸易界在全球范围内追逐利益，并创建了自己的信息系统。在 16—17 世纪，欧洲最早的报纸诞生，以自己独有的方式促进了跨国传播。在整个 18 世纪到 19 世纪早期，报纸确实试图报道国外新闻，但依然受到战争和天气状况的阻碍，造成了大量报道的延误与失真。直到 19 世纪，国际新闻的采集和分发才成为一项大规模活动。

20 世纪的发展

在 21 世纪初，全球新闻行业的竞争异常激烈，主要的全球性新闻通讯社有美联社（美国）、路透社（英国）和法新社（法国）。这三大巨头可能提供了全球约 80% 的新闻，特别是路透社和美联社电视网（APTV）提供了大部分的全球电视新闻。美联社是"不可或缺的全球新闻网络"，是最大的文本、音频、图片和视频生产者和分销商，每天向超过 10 亿人提供服务。其他重要的视频新闻供应商还有英国广播公司世界频道（BBC World）和 CNN（见下页板块）。这些新闻通讯社的详细信息可从它们的官方网站获取。①

全球新闻的政治意义在于，在重大事件中能够"将世界各地的人们置于同一套叙事之下"，大家得以共享同一经验（Appiah，2002：7）。今天的世界公民"参与到同一个故事之中"（同上）。CNN 被称为"第 16 个联合国安理会成员"（语出前联合国秘书长布特罗斯·加利）。分析人士认为，对于全球政治，CNN 有时会直接影响政治行为（1992 年美国干涉索马里即为此中一例），有时虽略有效果却未能真正对决策产生影响（1991—1992 年的波斯尼亚冲突就未受干涉，参见葛文 [Gowing]，1994），有时只是设置了议程却不直接影响决策（雅各布森 [Jakobsen]，1996）。

那些将越战的失败归咎于电视报道的政客们经常拿 CNN 的影响力说事。乔姆斯基和赫尔曼（Chomsky and Herman，1988）提出的"制造共识"理论则表明，媒体通常是支持政府的。它们反映官方政策，而非操控这些政策。"CNN 效应"（CNN effect）理论认为，全球电视已成为外交决策的影响因素。

24 小时全天候实时报道

政治领导人总是借助其所处时代的媒体获取他国信息。全球电视新闻已经改变了信息收集的速度——如今，媒体实时性、戏剧化地呈现信息。正如美国总统老布什在 1990—1991 年海湾危机期间所言："我从 CNN 得到的消息比从中央情报局得到的更多"（弗里兰德 [Friedland]，1992：7-8）。

CNN

CNN 由泰德·特纳（Ted Turner）于 1980 年 6 月创立。麦克菲尔（McPhail，2002：118）认为："毫无疑问，CNN 是全球电视新闻报道的教父，24 小时不间断的新闻节目现在被超过 200 个国家的数百万人收看。国际新闻业很早就存在细分市场，历

---

① 全球传媒公司的官方网站：法新社（AFP）：www.afp.com；半岛电视台（Al Jazeera）：www.aljazeera.et/english；苹果（Apple）：www.apple.com；美联社（Associated Press）：www.ap.org；BBC 世界新闻网（BBC World Service）：www.bbc.co.uk/worldservice；贝塔斯曼（Bertelsmann）：www.bertelsmann.com；CNN：www.cnn.com；德国之声（Deutsche Welle）：www.dwelle.de；迪士尼：http: //disney.go.com；国际通信卫星组织（INTELSAT）：www.intelsat.com；国际新闻社（Inter Press Service）：www.ips.net；音乐电视（MTV）：www.mtv.com；新闻集团（News Corporation）：www.newscorp.com；微软：www.microsoft.com；路透社：www.reuters.com；索尼公司：www.world.sony.com；时代华纳：www.timewarner.com；维亚康姆：www.viacom.com；维旺迪：www.vivendi.com。

史上英国的《经济学人》(*The Economist*) 或《国际先驱论坛报》(*The International Herald Tribune*) 证实了这一点。CNN 所做的就是使细分电视新闻市场成为一种全球现象。"正如屠苏所言(Thussu, 2000: 136-137): "CNN 对全球事件进行现场报道从而获得了无可比拟的力量,于是能够塑造国际舆论,甚至影响其新闻报道所涉及人员的行为。"

虽然收看 CNN 的观众比例相对较小,但他们都属于 CNN 所说的"有影响力者",包括政府部长、高级官员、公司首席执行官、军方首脑以及宗教人士和学术精英(弗卢努瓦和斯图尔特 [Flournoy and Stewart], 1997)。更重要的是,世界各地的记者和新闻通讯社都一直在盯着 CNN,以获取突发新闻。2000 年,CNN 与时代华纳合并,成为全球最大的传媒娱乐集团的一员,其在国际传播方面的重要性进一步增强。它对世界事件的解读——不只解读美国的新闻事件,甚至还可能用本地语言发布当地信息——很可能决定着全球数百万观众的世界观。(欲知 CNN 的收视率情况,请参阅皮尤研究中心的研究:http:// stateofthemedia.org/2012/cable-cnn-ends-its ratings-slid-fox-falls-again/cable-by-numbers)

在全球领先的新闻供应商中,还有像 BBC、美国之音、法国国际广播电台和德国之声这样的全球新闻广播机构。它们的官网提供了自己有关业务的详细信息。提供全球金融新闻的主要机构是美联社—道琼斯通讯社、法新社、金融时报、彭博新闻社和美国全国广播公司财经频道。自 1960 年代末以来,总部设在罗马的国际新闻社(Inter Press Service, IPS)采取的是另一种全球新闻模式(见下方板块)。

国际新闻社

国际新闻社是一个非营利性的非政府组织,总部设在罗马,在 41 个国家设有办公室。专家、记者和其他传播界人士,无论是国际新闻社的员工还是这个机构的朋友,都可以加入。1997 年,国际新闻社的章程规定,其主要目标是"促进自由传播和信息的专业化流通,加强发展中国家之间的经济技术合作",从而推动发展(Inter Press Service, 1997)。

国际新闻社提供的一系列服务超越了新闻通讯社的传统功能。其产品可分为三大类:第一,国际新闻社的新闻服务是一条独立的全球新闻通道,它促进了发展中国家之间的信息流通,并将涉及这些国家的新闻分发给工业化国家的客户。第二,国际新闻社策划和管理各类项目，项目内容包括培训、信息交流和提高公众对全球性议题的认识。第三，国际新闻社电信部向那些通常被主流媒体忽视的地区和民众派遣技术专家，助其开设传播渠道。

半岛电视台（Al-Jazeera）无疑是全球新闻供应商中最重要的替代性声音，它的英语服务尤为重要（见下方板块）。

半岛电视台

半岛电视台是一家面向全球的阿拉伯媒体服务机构。以"意见和异见"（the opinion and the other opinion）为座右铭的半岛电视台，扮演着多元化论坛的角色。它有一套制度化的框架来探寻真相，坚守新闻专业主义原则。半岛电视台力图提高公众对涉及本地和全球利益议题的关注度，同时也希望自己能成为不同民族、不同文化之间的桥梁，保障个体知情权，并弘扬包容、民主、自由、人权的价值观（Al-Jazeera，2004）。

你认为CNN和半岛电视台的全球新闻生产上有何异同？

全球娱乐

- 音乐
- 电视娱乐
- 电影
- 儿童类电视节目

全球娱乐业包括电影、图书、唱片、电视节目、互联网娱乐产品的制作和发行，以及电视节目模式、计算机游戏的购买和销售。综合多种数据，包括《财富》杂志、《广告年代》杂志、影片出口协会、公司网站、公司年报、银幕文摘咨询公司、欧洲视听实验室，等等，2010年内容产业的销售额已达到12亿美元。

下面将对娱乐产业的一些产品进行梳理，建议在研究全球娱乐产业的其他部分时照此方法进行。

音乐

音乐产业具有高度的不确定性和波动性（Wikström，2009：22，23）。在音乐产业，要预测哪些产品会大卖，以及消费者会喜欢什么样的新型音乐并为之付费，虽说不无可能，但也是困难重重。而且，对于版权产品而言，还有另一个问题：维克斯特姆称，版权产品只有在"第一份拷贝"出品后消费者才能对其进行评价，（也许）只有到那时做市场研究才有意义。此外，版权产品的消费情形多变，难以预测（Picard, 2002: 7）。版权公司的决策层往往不得不依靠直觉投入资金（Hesmondhalgh, 2002: 23）。遵循投资组合理论原则是降低此种风险的常用方法（Picard, 2002; Reca, 2006）。投资商将资金投向几个多元化的市场和产品，希望各项投资的收益总和在一定程度上能够稳定，借此降低风险。赫斯蒙德霍（Hesmondhalgh, 2002: 23）将这种策略称为"广撒网，碰运气"。

维克斯特姆（Hesmondhalgh, 2009: 49）对音乐产业的定义是，"音乐产业由那些致力于发掘音乐内容和艺人的公司组成，这些音乐内容和艺人借助多媒体方式进行传播"。

音乐产业包括三个部分，分别是音乐录制、音乐版权代理和现场演出。现场演出的历史最为悠久。几个世纪以来，音乐家们设法通过演出来赚钱，由于这种赚钱方式并非工业化的，所以收入也总是不温不火。音乐版权代理随着印刷术的发展而兴起，并在19世纪后期成为一门生意。录音技术出现于19世纪末（爱迪生、哥伦比亚和维克多）。唱片公司的业务包括"发掘、培养艺人，以及制造、推介和销售实体产品等。音乐出版商以前是音乐行业的重要参与者，现在只能打理作曲家和作词人的版权，从唱片销售和各类音乐授权中收取版税"（Wikström, 2009: 63）。

1990 年代见证了数字技术的发展，唱片业的增长前所未有。全球音乐销量在 1998 年达到顶峰（Wikström, 2009: 64）。然而，在 21 世纪初，CD（1982 年才出现）的销量开始下降，数字技术开始兴起，互联网得到广泛应用。迄今为止，对音乐产业来说，数字技术和互联网与其说是机遇，不如说是挑战。

唱片业面临的另一大问题是盗版。盗版问题是由大规模的未经授权的点对点共享造成的。

唱片的销售额从 2000 年的 260 亿美元下降到 2009 年的 170 亿美元。实体销售额虽直线下降，数字销售额却在上升，公司开始更多地投资于在线订阅服务。例如，苹果的 iTunes 或手机制造商诺基亚的"乐随享"（Comes with Music）服务，或索尼爱立信的"PlayNow Plus"。电视对唱片公司来说越来越重要。2009 年，苏珊·波伊尔（Susan Boyle）在西蒙·考威尔（Simon Cowell）主持的电视选秀节目《英国达人秀》（*Britain's Got Talent*）中演唱了一首《我曾有梦》（*I Dreamed A Dream*），震惊了观众。索尼音乐发行了她的第一张专辑，全球销量达到 840 万张。

2010 年，全球音乐市场的收入超过了 180 亿美元，近 80% 的收入由五大唱片公司创造：法国维旺迪公司旗下的环球音乐集团、日本索尼公司旗下的索尼音乐娱乐公司、美国华纳音乐集团、英国泰丰资本控股有限公司旗下的 EMI 集团、德国贝塔斯曼下属的 BMG 娱乐公司。（详情请浏览公司网站，相关信息也可在 www.musicinthecloud.net 网站和 BillBoard Soundscandata 上找到。）

音乐电视（MTV）

维亚康姆的音乐电视频道是唱片和电视最成功的结合，它覆盖了超过 160 个国家的 5 亿家庭和民众（尤其是年轻人）。音乐电视频道成立于 1981 年，它 24 小时不间断地宣扬消费主义生活方式，对许多艺术家来说，他们的成败系于音乐电视。麦克菲尔（McPhail，2002：113）写道："如果一个音乐家跻身于音乐电视频道，他就可以被全球观众看到，在一夜之间功成名就；否则，他成为知名音乐艺人的机会将大大减少。"音乐电视频道是第一个 24 小时不间断播出的音乐视频网络。它依赖广告，是大多数有线电视网络的基本服务内容。音乐电视频道的国际卫星音乐节目针对 12 岁至 34 岁的受众，通过全球 9 000 多个分支机构送达 7 100 万订户。它的最大市场在亚洲，第二大市场在欧洲。尤其值得一提的是，音乐电视频道迎合当地音乐口味，这让它对可口可乐等广告商非常有吸引力。它也是唱片公司和好莱坞电影公司的主要推广媒介。由于受众偏好高度本地化的音乐，音乐电视频道超过 90% 的时间都在播放本地制作的节目。尽管如此，世界各地的青少年基本上都在看同样的音乐视频。音乐电视频道在全球范围内是一个庞大而无处不在的商业广告网络。音乐视频不仅是为了提高专辑销量而设计的"商业广告"，它们自身也被其他产品的广告所包围，比如许多艺人在音乐视频中公开推广商业产品。

资料来源：

Sources McPhail，Th.（2002）. *Global Communication*. London：Allyn and Bacon.

Sirois，A. and Wasko，J.（2011）. The political economy of the recorded music industry. In Wasko，J.，Murdock，G. and Sousa，H.（eds），*The Handbook of Political Economy of Communications*. Oxford：Blackwell Publishing. pp. 331-357.

Thussu，D.K.（2000）. *International Communication：Continuity and Change*. London：Hodder.

全球网民已可以用点对点方式免费下载音乐。在这种情况下，唱片行业还能够存活吗？

电视娱乐

电视娱乐已经成为世界各地人们休闲娱乐的主要手段。世界经济发展对该行业影响巨大,全球市场对它来说举足轻重。这个行业的关键环节在于发行。发行渠道多种多样,包括影院、家庭录像、卫星传输、付费电视和租赁等。

该行业的另一个特点是差异化定价,即产品在不同的市场有不同的价格。卖家会设定一个买家愿意支付的价格。值得注意的是,大多数国家的音乐产品都依赖进口。这导致了进口限制,如配额制度。这种情形多少有点自相矛盾:在解除管制和私有化的时代,管制措施却在增加。一集60分钟的电视节目的平均成本有时高达150万美元,而出口时价格却比它要低。[关于电视节目出口价格的更多信息可查询《国际电视商务》(*Television Business International*)、《综艺》(*Variety*)、《视频时代》(*Video Age*)和《电视世界》(*TV World*)。]

电影

电影,尤其是好莱坞电影,是销往世界各地的商品。这是一个高风险产业!这个产业的问题之一是观影者在观看之前并不知道自己是否喜欢它。电影产业高度集中,具有规模经济效应,对新进入者有很大壁垒,少数几种产品差不多就拿走整个行业的全部收入。

电影发行至关重要,但其成本异常高昂,一些电影甚至在广告和营销上耗资5 000万美元。为了行业的生存和发展,植入式广告(演员戴的手表、抽的香烟、喝的威士忌、开的汽车)越来越重要,甚至发展成了一个产业。为了增加收入,电影制作公司还会进行商品推销:有时在电影上映前就出售周边产品。电影《侏罗纪公园》的周边产品达1 000多种,包括拳击短裤、牙刷等。制作、发行和放映情况的变化,以及全球市场上的盗版行为,都严重影响着电影业。尽管好莱坞电影在全球范围内遭遇阻力,而且本土电影层出不穷,但好莱坞公司的表现依旧亮眼。美国仍然是主要的电影娱乐出口国,而美国电影的最大进口方是欧洲。中国对好莱坞电影的需求也在不断增长(Thussu, 2006:158)。(若想对电影产业做进一步研究,可参考欧洲电视行业收入的信息——数据来源为欧洲视听观察组织,亦可参考美国电影行业的信息——数据来源为美国电影协会,其网站为www.mpaa.org。)

儿童电视节目

儿童电视频道的数量在激增(相关信息可参考《屏幕文摘》的资料)。其中最重要的电视网络有:维亚康姆和哥伦比亚广播公司在1979年共同创立的尼克频道(Nickelodeon)(这可能是首家儿童电视频道)、卡通电视网(Cartoon Network,美国在线时代华纳所有)、迪士尼频道和福克斯全球儿童频道(Fox Kids Worldwide,新闻集团所有）等。很大一部分儿童电视节目都是动画片。美国是出口儿童电视节目最多的国家，《芝麻街》就是其中一档节目。

这个产业与玩具业关系紧密，"商业性儿童频道具有强大的营销资源和庞大的节目库，能够以低成本提供新服务——这是当地公司难以与之匹敌的"（Thussu，2000：149）。

全球广告主

广告是连接全球传播业与全球经济的重要纽带。全球广告代理商已经成为全球传播不可或缺的一部分。

广告是一种典型的北美现象。跨国公司（如全球最大的广告主宝洁公司，以及可口可乐、福特、壳牌、联合利华和雀巢公司）对外扩张，追求全球份额，需要刺激世界消费者的需求，广告业也随之在全球范围壮大。全球广告增长的重要原因，除了大公司的全球化，还有全球自由市场经济的发展、新型通信技术的普及（从卫星广播到网络）、传播解除规制政策（始于1989年之后）。传播解除规制政策推动了渴求广告收入的全球商业媒体的兴起。

1960年代，广告业发展非常迅速，因为许多跨国公司需要广告代理商助其开拓外国市场。因此，这些代理商（其总部大多设在美国）在世界许多国家设立了办事处。按照诺琳·杰纳斯（Noreene Janus）的说法，"现在的广告代理商为跨国客户提供一整套的传播服务，包括产品设计、包装、检测和市场定位。这种'一揽子传播方案'展现了代理商过去10年间在全球范围内积累的营销经验"（Janus，1981：306）。这使得大型广告主倾向于同全球性广告代理公司合作。

在全球扩张与整合的过程中，代理商内部发生了大量的并购。正如阿芒·马特拉所言，"集中会导致更多的集中。对竞争对手的恐惧使得各方握手言欢，专门购买广告空间的公司的形成过程就揭示了这一点"（Mattelart，1991：17）。并购案何以如此之多？托马斯·麦克菲尔（Thomas McPhail）的解释是，"首先，一些公司想要网罗公司内部所没有的创新性人才。其次，一些公司想要获得战略优势，以增强当前实力。最后，还有一些公司意识到，它们必须主动出击，赶在竞争对手吞掉它们或在竞争对手之前扩张"（McPhail，2002：164）。公司之间的并购也并非一路顺风，问题通常始于"关于客户信息保密性的质疑，当客户开始担心自己与竞争对手做事的代理商产生交集，就很容易发生冲突"（辛克莱尔[Sinclair]，2012：18）。

广告支出占GDP的比重在全球范围内上升，而且似乎还有进一步增长的空间，这反映了广告的全球化。但是，1990年代末的全球经济问题在一定程度上减缓了广告额的增长。例如，即使在西欧发达市场，多数国家的人均广告支出仍不及美国的一半。

(McChesney, 2000：192) 21世纪初，在巴西、俄罗斯、印度和中国，即所谓的"金砖四国"（BRIC countries），新的广告市场迅速崛起。

全球性品牌的崛起让全球广告业获得最大关注（摩尔 [Moor], 2007；德摩基 [de Mooij], 2013）。这些品牌包括阿迪达斯、苹果、可口可乐、麦当劳、耐克、拉夫·劳伦和宜家等，它们都已经几乎取得了标志性地位，助推现代化理念和生活方式的传播。

试着找出在你的国家最受欢迎的国际品牌，并讨论它们为什么如此受欢迎？

全球广告业的顶层由四大全球集团主导，分别是宏盟媒体集团（Omnicom）、WPP集团、埃培智集团（Interpublic）和阳狮集团（Publicis Groupe）。

宏盟媒体集团

天联广告（BBDO）是宏盟媒体集团内部的关键网络之一。这家广告代理商以高水平创意产品而闻名，经常在全球广告节上摘金夺银。恒美广告（DDB Worldwide）是宏盟旗下另一个重要的广告网络。1990年代，宏盟收购了法国广告公司腾迈广告（TBWA）。宏盟的客户包括宝马、大众和奔驰等。

WPP集团

著名的扬雅广告公司（Young & Rubicam）自2000年起成为WPP集团的全资子公司。由广告业传奇人物大卫·奥美（David Ogilvy）创立于1948年的奥美广告，也是WPP的一部分。1987年之后，WPP还拥有智威汤逊（James Walter Thompson）。智威汤逊是广告史上最著名的品牌之一，可能也是世界上第一家广告公司。WPP集团的客户有福特、IBM、强生公司、宝洁和微软等。

埃培智集团

埃培智集团的前身是麦肯－埃里克森公司（McCann-Erikson）。自1961年以来，它在全球100多个国家提供消费者广告、市场营销、公共关系和媒体购买方面的服务。2011年，集团总收入为70亿美元。埃培智集团的客户包括通用汽车、微软和联合利华。

阳狮集团

2003年，阳狮集团收购了大型全球营销公司Bcom3。Bcom3由李奥贝纳广告公司（Leo Burnett）创建。李奥贝纳广告公司是"本叔叔"（Uncle Ben）和"万宝路男人"（Marlboro Man）等品牌形象的传奇创造者。自2000年起，著名的盛世长城广告公司（Saatchi & Saatchi）被收罗到阳狮集团旗下。阳狮集团的客户包括丰田、雀巢和可口可乐等。

挑 战

广告业面临的一个特殊挑战是监管。在美国、英国和澳大利亚，广告商和广告机构受到法律法规约束，同时它们在世界其他国家也面对着来自消费者、社区和环保团体的压力，它们拼尽全力将法律监管的影响降到最低，以行业自律取而代之（Sinclair, 2012：90）。辛克莱尔总结道，这样的安排更能让广告业而非消费者以及消费者组织满意（2012：91）。[1]

广告对全球文化有何影响？根据下面这段话来讨论此问题："跨国广告带来了特殊的问题，因为促销信息的内容有时承载着文化内容，会对东道国的价值观、经济和政治产生重大影响"（豪沃达 [Holwerda] 和格申 [Gershon]，1997：61）。全球品牌会说服世界各地的人们购买同样的产品吗？它们会因此创造出统一的全球消费文化吗？

📖 焦点阅读

广告

Klein, N.（1999）. *No Logo*. Toronto: Knopf Canada.

作者关注全球品牌问题，并讨论了诸如亚洲血汗工厂、文化反堵（culture jamming）和企业审查言论等话题。她重点关注耐克、麦当劳、壳牌和微软等公司。这本书分为"没有空间""没有选择""没有工作"和"没有标识"四大部分。

音乐

Wikström, P.（2009）. *The Music Industry*. Cambridge: Polity Press.

该书是关于 21 世纪初音乐产业变化的一项重要研究。作者向我们介绍了全球音乐产业的概况，并分析了全球音乐公司、独立音乐公司和受众之间的互动是如何制造音乐的。

---

[1] 辛克莱尔（Sinclair, 2012）的案例研究提供了儿童肥胖症和绿色广告（Green Advertising）之间具有关联的证据。

新闻

Van Ginneken, J.（1998）. *Understanding Global News*. London：Sage.

在这本通俗易懂且资料翔实的书中，作者对全球新闻的建构进行了批判性分析。他讨论了诸如"谁在新闻中发言""什么时候某个件事成为新闻"以及"新闻从何而来"等问题。这本书关注的是北美和西欧的新闻媒体如何呈现世界。

网络资源

本书的配套网站链接是 https://study.sagepub.com/hamelink，在这里能够看到对本章主题的讨论：**国际新闻**（Global News）。

访问 https://study.sagepub.com/hamelink 可以免费下载以下学术文章：

Abramson, B.D.（2002）. Country music and cultural industry: mediating structures in transnational media flow. *Media, Culture & Society*，24（2）：255-274.

Boyd-Barrett, O.（2000）. National and international news agencies: issues of crisis and realignment. *Gazette*，62（1）：5-18.

Cottle, S. and Rai, M.（2008）. Global 24/7 news providers: emissaries of global dominance or global public sphere? *Global, Media and Communication*，4（2）：157-181.

Fuchs, C.（2009）. Information and communication technologies and society: a contribution to the critique of the political economy of the Internet. *European Journal of Communication*，24（1）：69-87.

Nanwawy, M. and Powers, S.（2010）. Al-Jazeera English: a conciliatory medium in a conflict-driven environment? *Global Media and Communication*，6（1）：61-84.

Smythe, D.（1960）. On the Political Economy of Communications. *Journalism & Mass Communication Quarterly*，37（4）：563-572.

Wilke, J., Heimprecht, C. and Cohen, A.（2012）. The geography of foreign news on television: a comparative study of 17 countries. *International Communication Gazette*，74（4）：301-322.

延伸阅读

全球新闻

Boyd-Barrett, O. and Rantanen, T.（eds）*The Globalization of News*. London, Sage.

Hachten, W.（1999）. *The World News Prism: Changing Media of International Communication*. Ames, Iowa State University.

Mattelart, Armand（1991）. *Advertising International*. London：Routledge.

McPhail, Th. (2002) The Roles of Global News Agencies. In McPhail, Th. *Global Communication*. London, Allyn and Bacon, pp. 145–160.

全球娱乐

Guback, T.H. (1985). Hollywood's international market. In Ballo, T. (ed.), *The American Film Industry*. Madison, WI: University of Wisconson Press. pp. 463–486.

Hoskins, C., McFadyen, S. and Finn, A. (1997). *Global Television and Film: An Introduction to the Economics of the Business*. Oxford: Oxford University Press.

Sirois, A. and Wasko, J. (2011). The political economy of the recorded music industry. In Wasko, J., Murdock, G. and Sousa, H. (eds), *The Handbook of Political Economy of Communications*. Oxford: Blackwell Publishing. pp. 331–357.

Wasko, J. (1997). Hollywood meets Madison Avenue: the commercialisation of US films. In Sreberny, A., Winseck, D., McKenna, J. and Boyd-Barrett, O. (eds), *Media in a Global Context*. London: Arnold, pp. 113–130.

全球广告

Ewen, S. (1976). *Captains of Consciousness: Advertising and the Social Roots of the Consumer Culture*. New York: McGraw-Hill.

Ewen, S. and Ewen, E. (1982). *Channels of Desire: Mass Images and the Shaping of American Consciousness*. New York: McGraw-Hill.

Moor, L. (2007). *The Rise of Brands*. London: Bloomsbury Academic Publishers.

课外研究

选取你们国家的一份高人气报纸，看看其全球新闻的主要信源是什么？
选取你们国家的一档大家都在看的电视新闻节目，看看其全球新闻的主要信源是什么？
你会用什么方法来识别相关新闻源？
你将用什么方法来分析报纸和电视的新闻来源之间是否存在差异？
对这些问题进行有效调查需要多少时间和金钱？

第六章

全球传播政治的出现

通过海瑟·哈德逊，我了解到全球通信卫星对政治、经济和社会的影响。她在理解现代通信技术与制度政策之间的相互作用及其潜在风险和收益方面的真知灼见对我启发甚大。

海瑟·哈德逊（Heather Hudson，1947—　）

哈德逊详细分析了卫星技术在发展中国家的作用，并探讨了（国家）决策如何形塑这种技术对商业、健康和教育的影响。1987—2009年，哈德逊在旧金山大学担任电信管理和政策项目主任。2010年，她前往安克雷奇（Anchorage），成为阿拉斯加大学社会和经济研究所的教授和主任。她是国际传播政策领域的专家，深谙如何为农村发展制订规划与传播政策。

她关于全球传播的重要作品有:《当电话抵达村庄：电信在农村发展中的作用》（1984）、《通信卫星：发展和影响》（1990）、《技术融合和现实变动：让发展中国家享受电信普遍近用权》（1997）；以及《从农村到地球村：信息时代的电信》（2009）。

对全球传播研究而言，海瑟·哈德逊教我们批判性地反思什么人出于何种目的制定政策。

本章介绍全球传播政治，其发展可以追溯到19世纪早期至20世纪晚期。① 下一章将讨论全球传播政治在21世纪早期的变化和趋势。

治　理

当各种文献和会议讨论传播政治（国家的、地区性的或全球的）问题时，"治理"（governance）一词就不可避免地浮现出来。不过，它的频繁使用不无混淆和争议。

伴随联合国全球治理委员会（UN Commission on Global Governance）于1995年发布报告，"治理"概念得到了广泛认可。在这份名为《我们的全球家园》的报告中，该委员会提出，"治理是个体和组织、公共与私人管理共同事务的各种方式的总和。这些方式包括有权实施强制力的正式制度与政权，以及受民众和机构认可或被他们认为可以代表其利益的非正式机制"（UN Commission on Global Governance，1995：2）。联合国开发计划署（UNDP）1999年的《人类发展报告》遵循这一方向，强调"治理并非政府管理"，而是"一套由规则、机构和惯习组成的框架，为个人、组织和企业的行为设限并给予激励"（UNDP，1999：8）。其实，联合国开发计划署对治理的这段描述还应补充如下内容：最好将"治理"理解为一种过程，而不是一套制度化安排。

正因为"治理"这个概念含义广泛，所以它可以被运用在各种语境之中。在目前的文献中，其不同用法如下：

● 世界银行和西方捐助国用"治理"表达"善治"的含义，即要求发展中国家证明其社会认可民主实践、尊重人权和法治。

● 在关于商业管理的文献中，"治理"意为"企业治理"，是指企业要保证对股东的透明度。

● 随着公民社会组织的兴起，"治理"常被用作"全球治理"，用以指涉一种全球公民伦理。这种伦理是管理无政府的全球社会的基础。

● "治理"还可以指"企业公共管理"，意指将公共机构当作企业来管理的新型公共管理形式。

---

① 更多历史细节，请看：Hamelink，C.J.（1994）. *The Politics of World Communication*. London：Sage.

- 新自由主义经济学派认为,"治理"就是"市场治理",即市场力量的自我调节潜力。

"治理"概念的不同应用有其共同点,即它们都指涉处理现代社会的公共、半私人和私人领域的重要事务的方法。在过去几十年里,处理这些事务的体制机制发生了重大变化,出现了涉及大量政府和非政府机构的新治理机制。在一些机制中,政府保留了基本的决策权。其他的利益攸关方可能会被征询意见,或在辩论中成为合作伙伴,但民族国家仍是领头羊,而其他行为体被边缘化了。在另一些机制中,市场的供求力量受到限制,只有自愿设立的、非强制性规则可以进行干预。然而,还有一些机制是由利益攸关方驱动的,意指所有利益攸关者共同参与治理的各种形式,如国家、商业公司和公民社会组织之间的三边机制。

国家层面上的治理可被描述为管理国家社会的一种方式。这种方式的出现是为了应对传统代议制民主的失灵,并适应新行为体的利益需要。由于在国际层级上没有全球政府,国际社会已开始探索由多个利益攸关方处理共同问题的新方式。

就"在现代社会中如何管理媒体事务"这一问题而言,相关治理机制通常面临多样挑战:如近用权的不平等、内容的多样性、杜绝有害内容、传播自由、对交叉持股的限制、媒体市场的企业集中化、媒体产品的全球贸易、知识产权保护、公众知情权、公共广播服务的未来。为了管理这些共同事务,民主社会的治理机制必须用合法性和问责制的基本规范性标准来衡量。

治理的合法性是指所有利益攸关方就规则达成共识,统治者与被统治者之间相互信任,具备让利益攸关方在任何时候质疑决策的机制。治理的问责制是指决策者要对其行为所遭遇的质询、投诉和抗议做出回应,以及设立补救和赔偿机制。

在商定邮政通信、电报通信和著作权保护的规则之时,全球传播治理就已具雏形。20世纪初,关于大众传播媒介的社会影响的规则也受到关注。

邮政通信

从16世纪开始,欧洲发展出了服务于数个国家的邮政系统。该系统通过双边机制来管理,这些机制考虑到了有关国家的具体需要。随着铁路运输和蒸汽化航运技术的发展,那套按照不同尺度计算不同货币汇率的复杂双边规则亟须改变。19世纪,人们开始意识到,交通运输既已现代化,行政程序也必须标准化。

1862年,美国邮政部长蒙哥马利·布莱尔(Montgomery Blair)首次召集了针对这一问题的国际会议。该会议于1863年5月11日在巴黎正式举办,来自奥地利、比利时、哥斯达黎加、丹麦、法国、英国、汉萨诸镇、意大利、荷兰、葡萄牙、普鲁士、桑威奇群岛、西班牙、瑞士和美利坚合众国的代表云集席上。会议通过了几项一般性原则,迈出了统一邮政协定的第一步。这些原则意在规范邮政管理机构之间缔结的公约。但是，在双边协定内引入各方普遍接受原则未能应对不断变化的国际关系。1868 年，北日耳曼联邦邮政管理部门的高级官员海因里希·冯·斯蒂芬（Heinrich von Stephan）提出建立国际邮政联盟的建议。1874 年 9 月 15 日，他的建议经由本国政府提交给全权代表大会。此次全权代表大会由瑞士政府邀请，在伯尔尼举行。出席会议的 22 个国家签署《伯尔尼条约》（Treaty of Berne），成立了邮政总联盟（General Postal Union）[①]。该条约于 1875 年 7 月 1 日生效。1878 年，该组织更名为万国邮政联盟（Universal Postal Union，UPU）。1874 年的伯尔尼会议提出了至今仍然适用的基本规则，其中包括联盟内部的过境自由，以及各国对寄往联盟任何地区的信件收取标准化费用。

电报通信

19 世纪早期电报的发展带来了标准化和跨境合作的需要。最早的电报线路被国家边界所分割，信息必须转录后人工送出边境。早期的铁路交通也面临着类似的问题，当时各国铁轨的尺寸各不相同。

除了标准化，为了保证信息的自由传递和安排国际关税事务，国家间的合作也是必要的。

截至 1865 年，人们感到有必要用多边协议取代双边、三边和四边的机制。当年，法国邀请欧洲国家参加国际会议，成立了国际电信联盟（International Telecommunication Union）的前身——国际电报联盟（International Telegraphy Union）（1865 年 5 月 17 日）。国际电报联盟通过了第一个关于全球传播的条约——《国际电报公约》（International Telegraphy Convention）。该公约的原始文本宣称，订约国希望确保在电报传输业务上简化和降低关税方面的优势，改善国际电报的条件，并在保证电报业务合作自由的同时推动各国之间的长期合作。[②]

条约将莫尔斯电码确定为第一套国际电报标准。条约确认了如下基本准则：保护通信的机密性、人人有权使用国际电报，以及国际电报业务的责任豁免权。缔约各方还为自己保留了权利，即各国可以制止任何它们认为危害国家安全、违反国家法律、公序良俗的信息传播。

无线电是第一次世界大战期间的重大技术发明，它在战后几年突飞猛进。广播不但

[①] 出席会议的国家有奥地利、比利时、丹麦、埃及、法国、德国、英国、希腊、匈牙利、意大利、卢森堡、荷兰、挪威、葡萄牙、罗马尼亚、俄罗斯、塞尔维亚、西班牙、瑞典、瑞士、土耳其和美国。
[②] 出席会议的国家有：奥地利、巴登、巴伐利亚、比利时、丹麦、法国、汉堡、汉诺威、意大利、荷兰、挪威、葡萄牙、普鲁士、俄罗斯、萨克森、西班牙、瑞典、土耳其和符腾堡。英国被排除在外，因为其电报网络是私有的。1858 年，联盟还决定将法语和德语作为国际电报的官方语言。

是诱人的商品，还是重要的宣传工具，导致战后对其国内和国际监管的需要。尤其是随着短波广播的出现，国际无线电通信标准也亟待制定。第一次世界大战后的第一次无线电广播会议于1927年在华盛顿举行，80个国家参与起草一套新的《无线电公约》和《无线电管理规定》。

"国家在电信事务中扮演何种角色"这一问题在会上聚讼纷纭。虽然"美国企业不希望出台文件进一步扩大政府对电信事务的管控，不管这种管控是名义上的还是实际上的"，但大多数与会政府认为，"为了最大限度地公平利用这种媒介，国家管控必不可少"（卢瑟 [Luther]，1988：28）。1932年，第十三届国际电报会议和第四届国际无线电电报会议同时在马德里举行，联席会议通过了一份公约，国际电信联盟（International Telecommunication Union）也在会上成立。

著作人权利保护

19世纪，国际贸易日益扩张，在一国创作却在另一个国销售的作品亟待保护，这需要设立多边机制来处理著作人的版权事宜。国际联系的扩展使著作人日益面临的境况是，如果不能获得国际承认，以及"如何对待外国著作人"这一关键问题悬而未决，那么知识产权的价值就非常有限。

早期双边条约承认"国民待遇"或"同化"（assimilation）原则。外国人被给予与本国国民同样的保护。然而，这一原则逐渐转变为"对等"（reciprocity）原则。也就是说，外国人在母国享有什么样的权利，在本国也只能享有这样的权利。慷慨让位于世俗，外国人所获得的待遇不会比在母国更好。1861年，法国与俄国订立的条约体现了毋庸置疑的"对等"原则。条约规定："对等权利只会赋予那些在本国也享有相同权利的著作人。"（卡瓦利 [Cavalli]，1986：77）双边条约有助于"著作人权利受法律保护"，但与此同时，条约的不断增多导致局面异常复杂，而且，并不总是对著作人有利，因为他们通常无法把握多如牛毛的条约的全部法律含义。

然而，更重要的问题是，不少条约主要以国家间的贸易关系为基础，而版权机制的效力在很大程度上取决于商业关系的好坏。除此之外，国家间爆发战争的可能性也使著作人的法律权益得不到保障。国家间政治能够轻易破坏国际性保护。由于"对等"原则的推行，而且许多国家优先保护本国著作人的商业利益，而不是在国际范围内普及文学作品，对外国著作人的保护是有限的。

双边机制的缺陷推动了伯尔尼联盟（Berne Union）的建立。各种文学和艺术会议不停地强调建立多边机制的紧迫性，推动了联盟的成立。1858年，在布鲁塞尔举行的第一次关于版权保护问题的国际会议为伯尔尼联盟做了重要铺垫。会议的事项之一，就是认定国际公认的关于文学艺术作品著作权的原则应作为一种国民待遇推行。1878年

6月,由"法国作家协会"组织的国际文学大会在巴黎举行。该协会成立于1838年,巴尔扎克、雨果等著名作家都是它的会员。协会借1878年巴黎世界博览会的契机召开会议,主要关注国际层面的文学作品著作权保护。

大会的一项具体成果是建立了国际文学艺术协会(ALAI)。该协会至今仍然存在,它的首要目标是捍卫"文学作品的知识产权"。与会者在决议中强调了国民待遇原则,并发起倡议,要求订立一项关于文学作品著作权的多边公约。向伯尔尼联盟迈进的下一步是1878年9月在巴黎举行的"国际艺术著作权大会"。国民待遇原则再次得到支持,但更重要的是,大会提议建立一个多边联盟,用于为文学作品著作权统一立法(Cavalli, 1986: 138)。

在著作人权利发展的过程中,以下基本原则得以确立:为了保证著作权人的收入,需要保护其作品不被翻印(保护期限为著作权人在世及其去世后50年);创作者要恪守诚信原则;鼓励艺术、文学和科学的发展;促进文学、艺术和科学作品的广泛传播。

对大众媒体的社会关切

随着印刷媒体、特别是广播媒体(在19世纪末和20世纪初)的快速增长,人们开始严重关切大众媒体的社会影响。新闻媒介能够为国际和平做出建设性贡献的积极影响让人们深感振奋。这种正面的期许见于《促进教育类电影国际流通公约》,该公约于1933年10月11日在日内瓦签署,并在国联秘书处备案。《公约》缔约国认为,在国际上发行有助于"增进各国人民相互了解、符合国际联盟之目标、鼓励道义裁军"的教育性影片是十分可取的。为了促进这类影片的流通,签约方同意免除进口、过境和出口的所有关税和附加费用。

但是,人们也严重关切大众传播媒介的负面社会影响。有人对淫秽出版物的跨境传播表示了道德和教育上的担忧。出于这种担忧,1910年和1924年各国签订了关于贩运淫秽出版物的条约。1924年的《禁止淫秽出版物的流通和贩运的国际公约》这样写道,"制造、生产或(以商业交易或公开展示为目的)持有淫秽的文字作品、素描作品、版画、彩绘作品、印刷品、图片、海报、徽章、照片、影片或者其他淫秽物品"是应受惩处的罪行。以商业交易或公开展示为目的进口或出口上述淫秽物品也应受到惩罚,罪犯"若在缔约国境内触犯此条约,则应受该国法院之辖制"。

人们对大众传播媒介负面影响感到担忧的另一原因是:大众传播媒介在19世纪越来越多地充当外交手段。报纸的情况即是如此,而无线电台的发展为这种新的外交形式增添了更多可能。越来越多的外交官放弃传统的沉默外交形式,采取公共外交策略,直接向他国民众传递信息。在大多数情况下,这实质上是滥用媒体进行宣传。第一次世界大战期间，宣传手段得到广泛使用。宣传心理战在战争结束和国际短波无线电普及之后仍在继续。

1923年，美国无线电爱好者发现了高频信号的远距离传播特性，并进行了横跨大西洋的双向通信。不久之后，一些国家开始使用高频信号来进行国际广播。1926年，在欧洲有26家电台进行国际广播。荷兰在1929年开始向东印度殖民地广播，法国在1931年开始向海外广播，英国广播公司紧随其后，在1932年开始向整个英国广播，比利时在1934年启用国际广播。1930年，苏联开始使用短波广播向外国听众传递信息。

"一战"结束不久，国际联盟就开始讨论国际新闻界对和平的贡献的议题。1925年9月25日，国际联盟大会通过一项决议，其字里行间洋溢着对新闻界在国际关系中作用的关切。这项决议呼吁建立一个由各大洲新闻界代表组成的委员会，"研究增进和平的办法，尤其是：（一）确保新闻传播更加快捷、更低成本，以减少国际误读的风险；（二）对所有技术性问题加以讨论，以促进公众舆论的平和"（库布卡[Kubka]和诺顿斯登[Nordenstreng]，1986：71）。该决议称新闻界是"引导公众舆论走向与实质裁军相伴而生的道义裁军的最有效手段"。

1927年8月，联盟在日内瓦召开第一次新闻专家会议，处理诸如提供信息以"使各国舆论趋于冷静"等问题（Kubka and Nordenstreng, 1986：54）。会议呼吁新闻界"尽其所能地为巩固和平作出贡献，打击对和平构成最大威胁的民族和阶级仇恨，并为道义裁军铺平道路"。1931年9月，国联大会通过了一项决议，要求国联理事会考虑在新闻媒体的帮助下研究"那些可能威胁和平或扰乱国家间友好理解的信息扩散"这一难题。国联日益关注道义裁军，显然反映了这一时期的历史现实，比如德国纳粹主义的抬头。

1932年2月世界裁军会议召开，新闻界在引导公众舆论支持道义裁军方面受到极大重视。

第二次新闻专家会议（1932年）于哥本哈根召开，会议通过了一项要求处理新闻失真问题的决议。哥本哈根会议之后，1933年11月在马德里举行了一次政府新闻办公室和新闻界代表的会议。这次会议通过了一项决议，申明了纠正不实信息的权利。

1931年，国联决定邀请"知识合作研究所"（Institute for Intellectual Cooperation，联合国教科文组织的前身）对"利用无线电增进国际关系"所涉之全部问题进行研究。1933年，研究报告《广播与和平》（*Broadcasting and Peace*）发布。报告建议起草一项具有约束力的多边条约。1933年之后，德国整军备战，战争迫在眉睫。条约真正起草并缔结的时间是1936年9月23日，签署国共28个，法西斯国家未参与。在巴西、英国、丹麦、法国、印度、卢森堡、新西兰、南非和澳大利亚9个国家批准或加入后，这份《关于在和平事业中利用广播的国际公约》于1938年4月2日生效。公约各项条款的基础是，认识到有必要通过共同协议制定规则，以防止使用广播破坏国际间友好理解。这些商定的规则包括：禁止传送可能煽动任一国土的民众做出"不符合缔约国国内秩序或安全的行为"的信息以及可能以不当言论损害国家间友好理解的信息。缔约各方还同意确保"任何可能因不当言论而损害国家间友好理解的信息传递都应尽早予以纠正"。直到1994年，该公约仍然有效，并已得到联合国26个会员国的批准。

20世纪早期对公共传播的社会关切与今天对公共传播的社会关切是否有根本不同？

"二战"之后的发展

历史发展进程中的关键构成部分往往难以确认，总是存在主观偏好和难以觉察到的歪曲事实的因素。在全球传播的实质性问题中，考察过去几十年的世界政治可以发现，多边机构似乎是影响其发展进程与方向的最重要因素。这些多边机构在很大程度上成了国家和非国家行为体、南北对抗和东西对抗、日益重要的非国家行为体以及世界经济和技术变革的谈判平台。

多边主义的出现

随着联合国及其下属专门机构的成立，国际体系中出现了一些致力于推进多边政策和政策协调的关键机构。联合国大会（尤其是其下的国际法委员会和另外几个小组委员会）和联合国国际法庭推动着构成现行国际法体系的各项标准、规范的发展进步。

如何解决广播信号干扰？如何保护执行危险任务的记者？如何应对卫星直接广播以及科技对人类权益的影响？为了解决这些争议性话题，联合国大会通过了大量决议，为全球传播政治做出了贡献。联合国各专门机构制定多边政策，其中一些机构已成为传播领域的重要管理者，国际电信联盟、万国邮政联盟、教科文组织和世界知识产权组织等尤其如此。

另外一些组织也为全球传播政治做出了些许贡献：国际劳工组织介入传播从业者的就业问题；世界卫生组织和联合国粮食及农业组织为保健和粮食产品的广告营销制定标准；国际民用航空组织和国际海事组织也制定了影响世界通信的标准，前者确立了航空电信系统的规则，后者解决了海事通信问题。

除了作为联合国专门机构的现有多边论坛，还出现了新的监管机构，比如已经停止运行的政府间信息局（Intergovernmental Bureau for Informatics，IBI），以及为知识产权和技术转让等领域设定标准的联合国贸易和发展会议（United Nations Conference on Trade and Development，UNCTAD）。

一个不属于联合国大家庭的重要多边组织是关税和贸易总协定（关贸总协定于1995年被世界贸易组织所取代）。在各国政府参与的其他重要多边机构中，还有为空间电信技术的应用而设立的组织，其中主要有国际通信卫星组织（INTELSAT）和国际海事卫星组织（Inmarsat），这两大组织通过条约建立政府间卫星系统。

此外，还有3个政府间多边机构应被提及，虽然它们的代表性不那么广泛，而且实际上侧重在区域层面，但它们对全球传播政治做出了非常重要的贡献。这3个机构分别是：欧洲经济合作组织、欧洲安全与合作会议以及欧盟委员会。这些组织制定标准，促进信息自由，保护跨境流动，对全球传播治理产生了重要影响。

联合国及其专门机构从一开始就让非政府组织参与其决策过程。例如，国际非政府组织为推动国际人权法的发展做出了重要贡献。在国际电信联盟、世界知识产权组织和联合国教科文组织等联合国机构中，国际非政府组织为世界传播政治的形成贡献良多。

非政府组织的壮大

在1945年后的全球传播政治演变进程中，国际非政府组织迅速成长，独当一面。就其成员和活动而言，国际非政府组织部分是国际性的，部分是以国家为基础的。显然，这些国际非政府组织没有法律权力，无法做出约束性决策，但它们可以作为专家小组或游说团体影响政府间组织的决策过程。它们还可以为自身行为制定标准，这些标准的政治意义可能超越了其所代表的团体成员，比如新闻业中的国际专业机构、国际公共关系协会和国际广告协都会努力达成自律性行为准则。

联合国及其专门机构从一开始就让非政府组织参与其决策过程。例如，在国际人权法的发展历程中，非政府组织就发挥了重要作用，如国际非政府组织向世界卫生组织检举跨国公司违反世卫母乳代用品营销守则的行为。在发展合作领域，国际劳动组织就妇女、人口、健康和环境问题向公共机构施加压力，使其接受新的政策见解。在联合国大会关于跨国公司行为准则的协商中，代表科学家、雇主和工会的非政府组织被奉为上宾。

东西冲突

东西方对抗对多边谈判产生了重大影响。整体而言，政治议程中的大多数问题都处于"超级大国"冲突的背景之下，这使得解决这些问题变得复杂，且往往无法实现。例如，冷战时期的猜疑和不信任造成关于无线电频谱管理的不同立场难以调和，并在很大程度上阻碍了对高频波段的规划。一些特殊的监管问题也被提上了议事日程，比如"信号干扰"（jamming）问题。1947年，当美国之音开设俄语和东欧语言服务时，苏联决定开始对其进行全时段干扰。随着冷战升温，干扰也更频繁，一直延续到整个20世纪五六十年代，多边谈判也未能找到解决之道。关于信息自由的基本辩题颇受东西方对立的影响，造成第三世界要求重组国际新闻供应结构的辩论也就难逃厄运。在过去几十年里，苏联集团和第三世界社会的立场在许多情况下都是一致的。一方面，这意味着西方集团（尤其是美国）的霸权地位可以被挑战，至少被"一边倒"的投票所挑战（这基本上是理论上的）。另一方面，这种一致性并不一定对发展中国家有利，因为它们最合理的要求很容易被置于互不相容的世界观之间毫无意义的两极对立中。

南北冲突

除了东西对峙之外，殖民帝国的衰落也必然对全球传播政治产生影响。战后，亚洲和非洲出现了大量新兴的后殖民国家。它们在争取成为主权国家的斗争中，除了要面对政治经济上的依附性，还要面对之前殖民关系所留下的文化遗产。

第一代后殖民国家的民族主义领导人致力于在国家结构中推动民族融合。在内部，他们因为多民族的存在（这些民族通常被人为拼凑在一起）而面临着威胁；在外部，他们因西方外交界和商业利益集团所推行的强力文化外交政策而陷入困境。1950年代初，后殖民国家第一次集体登场。1955年万隆会议表明，亚洲和非洲国家之间的政治合作，在那段岁月里实际上危如累卵。在1960年代，拉丁美洲国家也加入亚非国家的大合唱，并特别把经济问题提上了议程。其实，自1960年代中期以来，不结盟运动越来越重视发展南方国家之间的经济联系。在1964年联合国贸发会议的第一次会议上，"七十七国集团"成立，与不结盟运动国家交相辉映。这两个相互重叠的国家集团，一方面加强横向关系，另一方面又被与前宗主国藕断丝连的联系所深深地影响。

后一种联系具有重要的文化影响，这一点在1970年代已是非常明显。特别需要注意的是，在阿尔及尔举行的不结盟国家首脑会议（Algier non-aligned Summit，1973年）开始将南南合作扩大到文化发展领域。

在整个20世纪70年代，关于信息问题的辩论（主要在联合国教科文组织内进行）是在南北经济对话的背景下展开的。南北双方在石油价格问题上剑拔弩张，为应对爆发冲突的风险，联合国大会（1974年）通过了《关于建立国际经济新秩序的宣言和行动纲领》。同年，《各国经济权利和义务宪章》通过。1976年，联合国第四次贸发会议在内罗毕通过了《商品整合方案》，并设立了新的金融机构——商品共同基金，以帮助稳定世界商品市场。在世界政治的现实中，上述种种意义甚微。

事实上，到1970年代末，随着石油危机的消退，北方国家退出了这场对话。1979年在马尼拉举行的第五次联合国贸发会议，标志着南北国家关于世界经济根本性改革的本轮谈判名存实亡。1980年代初，为恢复对话所作的一些努力（比如1981年的坎昆首脑会议，或1983年的第六次联合国贸发会议）均未取得成功。

1958年，联合国大会要求经济及社会理事会（Economic and Social Council, ECOSCO）"为国际性的具体行动和措施制定规划，以促进欠发达国家信息企业的发展"。联合国各专门机构受邀促成此项倡议。

联合国教科文组织受托调查通信业务发展所涉及的问题。国际电信联盟是在南北问题上发挥积极作用的专门机构。事实上，早在1959年，《国际电信联盟公约》就已提及在发展援助方面进行合作协调之必要。此外，万国邮政联盟也提供了发展援助，以促进邮政服务的组织和发展，并促进国际邮政合作。通过联合国开发计划署，万国邮政联盟为邮政部门的各种培训项目和机构，以及发展中国家间的技术合作做出了贡献。

其他在传播领域提供发展援助的联合国机构有：联合国粮食及农业组织（特别是协助发展援助性传播项目）、世卫组织（媒体和健康/营养项目）、联合国人口活动基金会（联合国人口基金的计划生育宣传项目）、联合国儿童基金会（促进社会发展项目的传播），尤其值得一提的是联合国开发计划署。

发展中国家不仅为国家间合作注入动力，还向现有的国际工业产权制度和传统的版权公约发起挑战。占主导地位的电信管理机制也遇到了类似的挑战。例如，发展中国家对资源分配按照惯例实行"先到先得"（first come, first served）的政策原则提出了异议。

在空间资源领域，发展中国家推动"共同遗产"这一概念写入1979年的《月球条约》（*Moon Treaty*）。此前，1967年的《外层空间条约》（*Outer Space Treaty*）确定了如下原则："探索和利用外层空间，包括月球和其他天体，应服务于所有国家的福祉和利益，而不论其经济或科学发展程度如何，这应是全人类的事业。"此后，公平利用空间资源的要求也被提出。

全球经济

1945年之后，跨境贸易呈指数级增长，增加了全球范围内商品、服务、资本、人员和信息的流动。世界出口额从1948年的630亿美元增加到1977年的4 000多亿美元。规制世界贸易的需要促使关贸总协定、国际货币基金组织和经合组织等重要贸易和货币谈判平台成立。跨国公司成为世界经济中至关重要的角色。自1950年代初期以来，跨国企业和金融公司迅速崛起，它们的子公司遍布全球，并开始在许多发展中国家进行营销、广告和贸易。作为蒸蒸日上的世界商业体系的一环，传播通信集团发展成为一个重要组成部分。

新闻和娱乐的世界性流动日益被少数公司所控制，这些公司往往互为奥援且与其他工业、金融利益集团过从甚密。工业活动范围的扩大导致对广泛性信息网络的需求迅速增加。电信行业成为协调跨国公司分散活动的关键所在。为了支持市场营销、广告和公共关系事务，大型公司开始培育自身的媒体生产能力。于是，跨国商业系统在多边谈判中成为强大的游说力量。

世界经济也为全球传播政治创造了新环境。民众加大了对商品和服务的消费，推动了信息密集型活动的增长，如机票预订、酒店预订、娱乐、消费性电子产品和信用卡的使用。这些服务及其跨境交易的日渐重要，引发了新的监管问题。

技术创新

随着通信技术领域的迅猛发展，多个领域亟需填补监管真空，技术愈见其经济重要性。于是，国家经济利益保护与知识产权立法的呼声日益高涨。国际专利制度对跨国公司日益重要。

第二次世界大战后，国际电话系统开始兴盛，它是在国家电话系统协调不灵和支离破碎的情况下发展壮大的。继电话（以及后来的数据通信）实现国际化之后，电视又成为重大技术进步。

科技扮演着双重角色。它引起了新的监管争议，例如地球同步轨道的分配，但也解决了这些问题，比如无线电频谱容量的扩展。空间技术、复制技术和计算机技术的创新对全球传播政治的发展影响巨大。

我们可以从全球大众媒体政治的关键项目中学到什么？

1970年代，一个由政治家、媒体活动家和传播研究者组成的联盟致力于创建"国际信息新秩序"（NIIO），或曰"国际信息传播新秩序"和"世界信息传播新秩序"（NWICO）。此概念将在第八章中详述。

这个联盟渴望建立一个民主的新秩序，以支持经济发展，加强国际思想交流，与全世界人民分享知识，提高生活质量。这一愿望在1973年的阿尔及尔不结盟国家首脑会议上首次公开表达。会议开启了一个项目，项目激起了数年的喧嚣与怒火，却一无所成，最后从世界政治议程中黯然退场。在导致国际信息新秩序失败的诸多因素中，最关键的是缺乏民众参与。

1970年代，"传播民主化"的事业从来就谈不上"民主化"。这场辩论主要是政府和商界的交锋，普通民众并没有参与。整个计划是由政治精英和知识分子策划的，民众的利益甚少或根本没有得到关注，也没人想有必要让普通人参与辩论。国际信息新秩序的辩论牢牢植根于国际关系的现实主义范式中。

现实主义范式将世界设想为一个以国家为中心的体系，而不认真考虑大量非国家行为体，但是后者已是世界政治的重要力量。因此，国际信息新秩序辩论从未明确提出这样一种观念，即传统的民族国家制度无法有效保护民主权利。一个关键的问题是，现实主义范式关注国家主权的外部因素，却对其内部因素视而不见。因此，民族国家被视为使其公民自由免受外国掠夺的保护者。然而，主权国家也会在此过程中对公民施加主权控制。这种范式将哲学家托马斯·霍布斯（Thomas Hobbes, 1638—1709）的观点奉为圭臬：只有国家的绝对主权（他称之为利维坦）才能控制公民行为者之间的永恒冲突。这种观点未能认识到：国家主权不只是将民众从皇帝、教皇和贵族的权势中拯救出来的解放者。

合法主权国家与平等主义的发展亦步亦趋。平等主义让臣民成为公民。法国和美国的革命既助产了独立民族国家,也塑造了享有基本权利的公民。事实上,法国大革命宣告了人民主权的首要地位。世界信息新秩序项目未能认识到这一点。这不是一场人民运动,即便它向往所谓"民主秩序",那也是一种"自上而下的民主化"。

与世界信息新秩序项目一样,由克林顿/戈尔政府大力推动的全球信息基础设施(GII)建设项目,也同样受到政企利益集团操纵。此外,这个项目在1990年代成为"天潢贵胄"(princes)和"富商巨贾"(merchants)的角力场。普通民众偶尔被冠以"公民"或"消费者"之名,但不被认为是重要参与者。

支持"全球信息基础设施"的精英们所真正担忧的是,民众可能不像他们那样为数字化未来欢呼雀跃。普通人很可能不会立马相信虚拟世界可以解决他们日常生活中的问题。因此,许多关于信息社会的官方报告都在强调提高消费者意识的必要性。信息高速公路的建设者们最关心的一个问题是,如果必须为之付费的话,消费者可能会对在现有的媒体供应中增加数字服务犹豫不决。因此,"全球信息基础设施"计划需要使民众相信,信息社会将给他们的生活娱乐以及总体福祉带来巨大改善。

因此,民众成为宣传和营销的重要对象。然而,民众运动并不在考虑之列。各国政府、实业家和社会并未开展三边谈判,集思广益地规划更好的未来。与1970年代的项目一样,1990年代的全球信息基础设施项目也是"自上而下的民主化",不太可能有效地使世界传播更加民主。

焦点阅读

全球传播政治

Hamelink, C.J.(1994). *The Politics of World Communication*. London: Sage.

本书考察了决定全球传播环境的政治进程和决策,从国际人权角度分析了谈判进程及其结果。

Siochru, S.O., Girard, B. with Mahan, A.(2002). *A Beginner's Guide to Global Media Governance*. Boulder, CO: Rowman & Littlefield.

本书是初学者指南,简单易读。然而,这不仅仅只是一本"傻瓜式"教科书。它有助于理解哪些行动者塑造了全球传播的未来,以及他们如何做到这一点。对于学生、决策者和实践者来说,本书是特别好的素材。本书介绍了全球媒体规制的主要治理机构、操作形式与发展趋势。

信息社会

Webster, F.(1995). *Theories of the Information Society*. London: Routledge.

作者质疑了"信息社会"这一流行概念的有效性。为了论证观点,他对丹尼尔·贝尔,安东尼·吉登斯,赫伯特·席勒,尤尔根·哈贝马斯和曼纽尔·卡斯特尔斯的理论命题做了批判性分析。他总结道:尽管信息爆炸,但谈论社会关系的信息化比谈论信息社会更明智。

网络资源

本书的配套网站链接是 https：//study.sagepub.com/hamelink，在这里能够看到作者对本章主题"全球政治"的讨论。

访问 https：//study.sagepub.com/hamelink 可以免费下载以下学术文章：

Padovani P. and Nordenstreng, K.（2005）. From NWICO to WSIS: another world information and communication order? *Global Media and Communication*，1（3）：264–272.

Raboy, M.（1998）. Public broadcasting and the global framework of media democratization. *International Communication Gazette*，20（2）：167–180.

Voorhoof, D. and Cannie, H.（2010）. Freedom of expression and information in a democratic society: the added but fragile value of the European Convention on Human Rights. *International Communication Gazette*，72（4–5）：407–423.

Zhao, Y.（2004）. Between a world summit and a Chinese movie: visions of the "Information Society". *Gazette*，66（3–4）：275–280.

延伸阅读

Frau-Meigs, D.（2011）. *Media Matters in the Cultural Contradictions of the "Information Society": Towards a Human Rights-based Governance.* Strasbourg: Council of Europe.

Hamelink, C.J.（1994）. *The Politics of World Communication.* London: Sage.

Vincent, R.C., Nordenstreng, K. and Traber, M.（eds）（1999）. *Towards Equity in Global Communication.* Cresskill. NJ: Hampton Press.

Wells, C.（1997）. *The UN, UNESCO and the Politics of Knowledge.* London: MacMillan.

课外研究

你可能会想知道：在自己的国家里，哪些重要角色（政府、企业、媒体从业者和社会运动）在过去百年间推动了全球传播政治的问世？在关键的国际谈判中都有谁在场？它们都采取了什么立场？

全球性协议对国家传播决策有什么影响？

讨论如何进行此项历史研究。哪些资源可供使用？哪些档案可供查阅？

第七章

全球传播政治：21世纪议题

这一章（其实所有章节皆是如此）的灵感来源是约瑟夫·海顿。

约瑟夫·海顿（Joseph Haydn，1732—1809）

你可能会感到惊讶：我为什么要在这里提到18世纪维也纳作曲家约瑟夫·海顿？他写过什么关于全球传播的学术论文吗？我不知道。不过，我知道他的曲子精湛细腻、变化无穷。他的音乐（尤其是他的钢琴三重奏和弦乐四重奏）一直是我思考全球传播并进行著述的伟大灵感来源。

在过去的几十年里，我有幸起草了一系列文件，这些文件在一定程度上促进了全球传播政治的发展，其中包括《人民传播宪章》《21世纪声音》和《传播权宣言》。人们经常问我在写这类文件时听什么音乐。我总回答道：约瑟夫·海顿的音乐。

全球传播政治的转变

在过去的10年里，全球传播政治的舞台发生了重大变化。其中最重要的是以下几点：

在过去100年里，国际传播治理体系的运行主要是为了协调主权国家各自独立制定的政策。当今的全球治理体系在很大程度上决定了各国政府拥有的超国家自主决策空间。

全球传播政治越来越多地被贸易与市场标准所决定，越来越少地被政治考量所决定，明显从以政治话语为主转向了以经济贸易话语为主。

这个转变的一大例证是知识产权的经济意义日益受到重视，投资者和企业生产者获得优先保护。在电信领域，普遍性公共服务和交叉补贴的标准已让位于基于成本的关税结构。在跨境电子数据流动领域，政治已从国家主权和文化自治的政治论争转向为贸易壁垒和市场准入等概念。

大型私营企业已是权势滔天。经济利益一直指引着政府，这只"看不见的手"近年来越来越显而易见。跨国公司成为这一舞台上表现突出的参与者，并在前台毫不掩饰地发挥着自己的作用。政策制定的重心从政府转移到由私营企业组成的协会。

最近全球传播政治的变化是否也反映在你自己国家的国内传播政治中？

世界贸易组织

全球传播政策通常是由联合国教科文组织、世界知识产权组织和国际电信联盟等政府间组织制定的。这些组织以相对开放的心态看待信息通信技术的发展对社会文化的影响。此外，它们为发展中国家提供发声平台。近年来，主要参与者开始倾向于一个更有利于实现其具体利益的组织，导致这些国际政府组织或政府间组织的地位大大削弱。这个组织即关税和贸易总协定的后继者——世界贸易组织。1993年12月的关贸总协定乌拉圭回合多边贸易谈判落下帷幕，世界贸易组织是其谈判成果之一。

总体而言，世界贸易组织比其他政府间机构更有利于实现主要工业国家的贸易利益，其主要政策原则包括世界市场自由化和不歧视原则。不歧视原则规定，外国竞争者在本国享有国民待遇和最惠国待遇。其实，鉴于通信网络和信息服务日益增长的经济价值，传播政治转向这个贸易论坛也就不足为奇了。

案例：世界贸易组织电信条约

1994年，《马拉喀什建立世界贸易组织协定》（*Marrakesh Agreement Establishing the World Trade Organization*）签订，完成了关贸总协定框架下的第八轮多边贸易谈判（乌拉圭回合）确定的任务。《服务贸易总协定》（GATS）是这份终局性协定的一部分。

在《马拉喀什协定》的125个签署国中，约有60个国家承诺开放其电信服务市场，而大多数国家没有就基础电信的问题作出承诺。因为这些承诺种类繁多，包括保证所有电信服务的充分竞争，以及将基础电信服务、移动电话服务或本地服务作为例外情况等。

马拉喀什会议设立了基础电信谈判小组（Negotiating Group on Basic Telecommunications, NGBT），负责处理电信服务。至1996年4月该小组结束其工作时仍未能达成协议，好多问题依然悬而未决，例如卫星服务的自由化和国际电信费率的结算机制。不过，谈判确实确立了一些基本规则，写入了一份所谓的《参考文件》（*Reference Paper*）中。这些规则涉及竞争保障、互连互通、普遍性服务义务、许可标准的透明度、监管机构的独立性以及稀缺资源的分配和使用。

一个名为基础电信小组（Group on Basic Telecommunications）的新组织在1996年7月以后继续这项工作。该组织向所有世界贸易组织成员开放，它的任务是每月举行会议，鼓励更多的国家做出承诺，处理卫星服务自由化的问题，并解决涉及电信服务供应的各项事务。

这一系列新谈判主要集中在外资所有权限制的问题上。为了让外资最大限度拥有国内电信业务，美国政府费尽心机。许多国家在作出承诺时完全放弃了对外国所有权的限制；然而，其他国家则保留了25%~80%的国内控制权。有些国家认为放宽外国所有权限制可以吸引外国投资（ITU，1997：102），另一些国家则认为这是对国家主权的威胁。虽然各国政府对其承诺的范围、步骤和时间安排拥有绝对控制权，但承诺一旦做出，将来就不能食言而肥。卫星移动服务问题变成了谈判中的一个复杂问题。虽然分配卫星频率是国际电信联盟的责任，但若各国政府在本国的频谱分配程序上做文章，就可以设置贸易壁垒，从而引发贸易争端。《服务贸易总协定》规定，此类程序不应具有歧视性。

1997年2月25日，72个世界贸易组织成员（约占世界电信服务贸易额的93%）签署了《服务贸易总协定》第四项议定书。该议定书名为《世界电信协定》（*World Telecommunications Agreement*），于1998年2月5日生效。议定书要求参与国放开市场。这些国家被允许以它们认为可取的方式实现普遍准入，但协定中的重要条件严重限制了国家的政治空间。

这项协定对电信基础设施治理具有深远的影响。对于普遍性服务问题，它指出"任何成员国都有权确定它所希望承担的普遍性服务义务的类型。只要这些义务以透明、非歧视性和竞争中立的方式加以管理，而且不超出成员国所规定的普遍性服务的必要负担,则这些义务不会被认定为是反竞争性的"(WTO,1998)。这严重限制了国家自主决策的空间。

因为不能使外国企业处于不利地位,所以必须以一种竞争中立的方式来管理有关普遍性服务的国家标准。它们不能"过于繁重,超出必要"。如果一项国家公共政策考虑以交叉补贴办法而不是基于成本的关税手段提供电信服务,可能会更符合小规模用户而非电信运营商的利益。外国企业可能会认为,这一义务"过于繁重,超出必要"。如此,这项政策将被视为违反国际贸易法。国家政策的合法性将取决于世界贸易组织对模糊不清的仲裁机制的判定。

该协定着重于强调外国供应商应有权进入本国电信服务市场,而非本国公民应有权使用电信服务。这背后是简单化的假设,即不同形式的近用权是一样的。因此,社会政策被限制在商业人士所划定的范围内。

决定国家电信政策的是贸易利益,而不是社会文化愿望。2004年,大多数贸易伙伴已经同意将会放开国内市场。然而,建立各类服务的世界自由市场并不一定意味着大家都能享受到服务,或所有可能从中受益的人都能公平地享用这些服务。

各国政府推行私有化/自由化政策的原因各不相同。这些政策——尤其是在较贫穷的国家——可能更多的是因为捉襟见肘的经济状况,而不是出于改善电信服务的愿望。它们可能是当时的政治思潮(例如,新自由主义)的产物,也可能寄托着决策者获得技术转让的希望。新政策既不是救灾救难的灵丹妙药,也不能保证经济和技术一飞冲天。国家不同,政策结果也会不同。只有加大研究力度才能弄清哪些社会条件决定收益和成本。

鼓吹私有化的论点往往会提及网络的扩展和升级、服务的改善和网络费用的降低。然而,现实并非一成不变。私有化往往会带来电信网络的扩展。在一些国家(例如,1997年的秘鲁和1997年的巴拿马),私有化大大提高了电信密度。电话线的增加固然有利于能够负担这项服务的用户。然而,私有化方案不一定能让有足够购买力使用电信网的公民群体扩大。

在一些国家,关税虽然是降低了,但受益的却是大型企业用户,而普通消费者的话费单却一分未减。大家的服务体验各有不同,部分是因为人们虽期望私有化能带来更多的竞争和选择,却并不总是能够实现。事实上,在一些小国弱国,国家电信运营商在与大型全球联盟的竞争中已经落败,后者成为了新的垄断者。这不免让人怀疑由少数几家全球运营商控制的市场是否真的能使消费者受益?还能有多大的竞争?调低价格和增加技术投资,往往会把竞争对手赶出市场,于是几乎所有地方的市场自由化政策都加剧了市场集中化。历史经验即是如此:自由市场必然导致垄断的形成,因为竞争者会将对手逐出市场,或者与之合而为一。

改变账户费用结算制度

所谓的账户费用结算制度（account rate settlement system）是全球传播政治的重要一环。传统的电信系统建立于电信运营商间的双边关系之上。《国际电信条例》（*International Telecommunication Regulations*）提供了解决运营商（往往是垄断电信运营商）间费用结算问题的一般性规制框架。这份条例由国际电信联盟管理，并在1988年世界电报电话管理大会上做了最后修订。在过去几年里，随着技术革新、自由化和私有化的发展，这一制度承受了巨大压力。今天，不仅越来越多的私营商业公司同时在信源国和信宿国充当运营商，而且它们还提供绕过结算系统的新服务（如电话卡或互联网电话）。

电信监管的重要目的之一，正如第一个《国际电报公约》（*International Telegraph Convention*，1865年）所确立的，即建立一套适当的体系在信源国、过路国和信宿国之间分配国际电话收入。一般而言，信源国的公共电信运营商会先向客户收费，然后与信宿国运营商商议支付给后者的费用比例（信宿国运营商提供国际线路及本地用户的转接和传送服务），这就是账户费用（account rate）。信宿国运营商向信源国运营商收取的费用，就是建立在这一比例基础之上。这些费用被称为账户结算费用（account settlement rate）。

国际电信联盟一般建议运营商之间"五五分账"。若各大垄断企业相互合作，联合提供国际服务，这种结算办法将很有效。不过，随着越来越多的私营运营商的出现，竞争愈发激烈，绕过现有系统的技术选择也更多了，一切都在改变。

一段时间以来，经济合作与发展组织（自1991年开始）、国际电信联盟（自1992年开始）与世界贸易组织一直在讨论现行账户费用结算制度的改革问题。现有体系对发展中国家有利。发展中国家在完成国际通话时通常收取较高费用，因而账户结算费用是外汇的一个重要来源。根据国际电信联盟的数据，发展中国家每年可以收到高达100亿美元的净支付额。这些收入——至少在理论上——可以用来支持农村地区的民众接入电信基础设施，否则他们将无法接入网络。

改革谈判进展迟缓，美国政府决定宣布自己的首选解决方案。美国联邦通信委员会称，美国每年损失数十亿美元，用于支付给其他国家的结算费用。因此，美国于1996年11月推出了《规则制定建议公告》（*Notice of Proposed Rulemaking*）。该公告于1998年1月生效。按照《公告》修正后的结算制度重新设定了美国运营商向外国运营商支付的费用。平均而言，是过去支付金额的一半。欧盟委员会倾向于效仿美国。支付账户费用的未来政治格局无疑对贫穷国家普及其电信服务构成了障碍，因为降低账户费用款项将抬高这些国家本地用户的成本。

知识产权

目前，知识产权领域主要由世界知识产权组织和世界贸易组织负责管理。世界贸易组织的作用日益重要，因为它负责监督《与贸易有关的知识产权协定》（*Agreement on Trade-Related Aspects of Intellectual Property Rights*，TRIPS）的执行。这项全球性协定是在关贸总协定谈判中产生的（1993年多边贸易谈判乌拉圭回合将其写入《关贸总协定》附件1C）。该协定内含当下最重要的知识产权保护规则，在世界贸易组织的规制框架内实施，在经济层面加强了知识产权保护。正如文图雷里（Venturelli，1998：63）所总结的那样："天平已经完全倾斜，偏向于有利于第三方剥削者的经济利益，而不顾公民的公共近用权以及作为宪法权利和人权的创造性劳动权益。"由于知识产权在世界最重要的贸易商品中占有突出地位，目前以贸易为导向的知识产权制度有利于企业生产者（出版商、广播公司、音乐唱片公司、广告公司），而不利于个人创作者。总体而言，《与贸易有关的知识产权协定》更多地保护了投资者的经济权利，而非创作者的道德权利或一般公众的文化利益。为了传播他们的作品，越来越多的表演艺术家、作家和作曲家将他们的权利转让给与他们签约的大企业集团。最终，这些公司决定如何处理、包装和销售创意产品。

当前的知识产权保护趋势带来了严重的问题，新的规制框架扼杀了世界各地创造性生产的独立性和多样性。这种制度无助于保护创意产品的"小型"独立原创者。它对"合理使用"的概念加以限制，极大阻碍了创意产品的使用，这些产品原来可以依据"合理使用"的概念被自由地用于各种教育目的或其他目的。当前，狭隘的经济学视角更多地关注企业财产的损失，而不是文艺创作的创新性。

尤其令人担忧的是，现行规则规定，一旦公共领域的知识被收入电子数据库，它就会受到知识产权保护。这意味着可供自由获取的资源将受到极大限制。此外，目前的治理体系可能会将网络空间（通过新的数字技术）提供的新型全球论坛转变成为一个交易少量创意产品的市场。

谈判场所逐步从世界知识产权组织转向世界贸易组织，对版权保护商业性的单向度强调随之加强。在此过程中，知识产权保护成为全球自由贸易议程的一部分。这意味着，公共利益让步于最大的知识产权生产者的经济利益。文化产品的社会价值和公共利益不在跨国公司的议事日程中。

这些产品（比如知识）往往被视为可由私人占有的商品。有反对意见指出，知识是人类共同财产的一部分，不能只由少数社会成员专享。当下的制度特别关注知识生产者的权利，却几乎完全忽略了权利持有者的义务。这些义务包括披露义务，即提供在外国申请专利、获得授权的相关证明文件的义务。权利持有人可以在专利授予国使用专利，同时也应避免滥用权利或实施限制性或反竞争的行为。

目前的知识产权制度虽然往往只对发达工业国有利，但它们也能刺激贫困国家开拓创新。知识产权制度应该加强发展中国家的技术能力，而不是加强跨国公司对技术的控制和技术提供者的垄断性权利。建立统一的全球知识产权保护体系的压力，限制了发展中国家使知识产权体系适应其具体需求和利益方面所需的灵活性。

可以预料，在未来几年，知识产权领域将继续成为利益冲突的关键战场。

大众传媒

大众传媒的主要议题是所有权集中和传媒产品贸易。1980年代和1990年代初，大型媒体的合并在许多国家重新引起了对媒体集中化的关注。在国际层面，却很少有人对此表示关心。决策者似乎以解除市场规制为基本指导方针。支持者认为解除市场规制的信息供应保护了创造性和竞争性，提供了多元化内容。然而，大量经验性证据表明，大众媒体的集中化促进了少数公司对市场的控制，而这些公司往往只生产有限的商业化内容。

例如，世界贸易组织的规则强调了竞争的必要性。然而，其主要关注点在于，公共政策不应为了限制竞争妨碍外国企业自由进入本国市场。目前的竞争规则主要涉及公共服务拆分以及市场自由化的问题，对寡头垄断市场，以及市场强势方的行为却不闻不问。

1997年2月15日，世界贸易组织的《基础电信服务协议》（*Basic Telecommunications Agreement*）对市场准入做出规定，但对各市场主体的行为只字不提。它不能保证商业行为体之间有效和公开地竞争。给予外国竞争者最惠国待遇的不歧视原则尚不足以确保国内市场的竞争性。

世界贸易组织关于反竞争做法的规定，无法排除地方性媒体市场只被三四个外国供应商控制的可能性。竞争性政策的缺乏使市场集中化不受限制，并加强了外国对主要市场领域的所有权，这在发展中国家尤为明显。

政策面临的一个主要问题是，信息通信市场是否与其他商品（如汽车或洗涤剂）市场有本质上的差别，因而应以不同方式对待。公共政策对文化产品的干预是否应不同于对食品的干预？如果说购物中心在国家不干预的情况下运作得井井有条，那么如果这个购物中心提供的是信息和文化，情况还会如此吗？

反对限制媒体集中化的人给出的论点是，没有经验证据表明集中化确有负面影响。相反，可以认为，与较小的公司相比，合并后的大公司可以提升多样性，在与政府打交道时也更加独立。此外，资金雄厚的媒体可以"拯救"连年亏损的媒体，使其不至于烟消云散，从而可以继续为多样性做贡献。不过也有人认为，竞争加剧并不能保证更多的多样性，因为竞争者可能试图以相似产品争取市场份额最大化。即便反对企业合并的措施成功地刺激了更多的竞争,也不能保证产品多样性的增加。因为企业要使自己的商品触及尽可能多的买家,尽管市场商品略有不同,但还是会不可避免地趋于同质化。问题在于,允许市场竞争并不一定促进多样性。已有证据表明,在西欧国家,虽然广播系统已解除管制且具备一定竞争力,但其内容多样性反而不如此前公共垄断之时。这种情况在很大程度上是因为竞争性市场中的行为体都试图迎合细分市场中的相似品位和偏好,以攫取最大份额的蛋糕。

媒体服务贸易已成为全球性业务,市场不断扩大,利润不断增长。预计未来几年,国际媒体市场规模将达到3万亿美元。这个市场的不断扩大在很大程度上是由于广播方面的放松管制与传媒机构的商业化。这些变化意味着娱乐需求在增长。与此相关的一个重要进程是全球化,不仅是市场,还包括产品和所有权,都在经历全球化。

在全球范围内,人们对美国娱乐产品的需求明显增加。全球化的一个重要特征是,大型公司的贸易行为已不再局限于本地产品的国际交换,而是扩展到为全球市场生产商品。

当今的全球传播政治

当前的全球传播政治由8个基本议题所主导,这些议题将在很大程度上决定全球传播的未来。对这些议题的治理并非易事,因为国际社会的政治议程严重分裂并强烈冲突,看待这些议题的方式也各不相同。新自由主义的政治议程以商业为导向,以市场为中心。

新自由主义政治议程要求国家市场自由化、取消贸易限制和强化投资者权利。与此相反,还有一种人道主义政治议程,将公民利益置于全球决策的中心,并希望人权在全球传播政治中像财产权和投资权一样得到重视。

近用权

新自由主义议程将人主要视为消费者,并希望为他们提供享用基础通信设施的渠道,使其融入全球消费社会。人道主义议程主要将人视为公民,并希望他们具备足够的文化素养,以便利用基础通信设施进行民主参与。

知识

在新自由主义议程中,知识是一种可以由私人加工和拥有的商品,知识生产者的产权应大力保护。在人道主义议程中,知识是一种公共产品,不能被私人独占。

全球广告

新自由主义议程对全球广告的扩张兴致盎然,这意味着在媒体(大众媒体和互联网）中有更大的商业空间、有新的目标群体（尤其是儿童）、有更多的赞助（电影、管弦乐队、展览），以及更多的广告场所（无处不在的广告牌）。人道主义议程关注的是消费社会向全球推广所导致的生态影响，以及那些能在全球（电子）购物中心一掷千金的人与那些只能默默旁观的人之间日益拉大的鸿沟。此外，人道主义政治议程还有志于让公共空间免受商业剥削。

隐私

新自由主义议程对数据挖掘有着浓厚兴趣。所谓数据挖掘，即系统性地收集、存储和处理大量个人数据，以创建用于市场营销的客户画像。人道主义议程的兴趣点则在于：捍卫民众隐私，培养消费者的批判态度，以更充分地保护他们的个人信息。

知识产权

新自由主义议程强烈要求严格执行以贸易为基础的知识产权保护制度，这一制度让跨国商业版权所有者获取巨大自由，从中牟利。同样，这些知识产权所有者对延长保护期限以及扩大保护范围也有兴趣。人道主义议程关注的是，现行制度造成对贫穷国家基因信息资源的大规模掠夺（生物剽窃），且更符合企业所有者的利益，而非当地社会或个体艺术创作者的利益。这一议程立志于捍卫作为公共财产的文化资源以及保护公共资源不受私营公司剥削。

文化贸易

新自由主义议程想将国际贸易法规则施加于文化产品进出口。根据这些规则，各国不得将限制文化产品进口作为其国家文化政策的一部分。人道主义议程的兴趣点在于使文化免受贸易条款的限制，并允许国家采取措施保护文化自治和地方公共空间。

集中

新自由主义议程强烈希望与合作伙伴建立商业联系（收购、并购、合资），从而巩固其在世界市场上的控制地位，并希望创造一个足够大的规制真空，以便自由行动。人道主义议程关注的是，当下的全球并购活动对消费者和专业人员都产生了消极后果，它减少了多样性，并使专业自主权丧失。

公有资源

新自由主义议程希望电视广播等公共资源为私人所用，并力促将这些资源拍卖给私人。人道主义议程希望保留作为公共财产的人类共同遗产，以确保公共责任和社会需求。

公民倡议活动

目前,新自由主义议程和人道主义议程水火不容,斗争力量悬殊。新自由主义商业议程得到世界贸易组织主要成员国和强大的商业游说团体(如商业软件联盟和全球商务对话组织)的支持。人道主义议程虽然在经济领域日益活跃,但仍在全球传播领域苦寻支持者。尽管面对强大的对手,但全球性的公民倡议活动可能会给新自由主义议程带来严重的政治挑战。公民倡议活动为公民权利张目,因此比商业公司更具号召力。由于它受到普遍人权等基本概念的加持,故自带道德权威,格局高于那些受商业利益驱使者。它可以比企业更有效地利用舆论法庭,并以此让商业对手做出重大让步。全球性的公民运动由公民们组成,这些公民是消费者,因此也是媒体的客户,使其成为强有力的游说团体。

2000年12月20日,《国际先驱论坛报》在一篇文章中使用了这样一条导语:"小型倡议组织是全球经济的良心。"同样,我们也可以这样说:"小型倡议组织是全球传播政治的良心。"公共利益联盟不会自发涉入全球传播政治舞台,而是需要组织和动员。传播和民主化合作平台(Platform for Cooperation on Communication and Democratization)已经为实现此目标温和起步。这个平台成立于1995年,其组成机构有世界社区无线广播协会(World Association of Community Radio Broadcasters, AMARC)、进步传播协会(the Association for Progressive Communications, APC)、"第十九条组织"(Article 19)、国家社会传播中心(Centro National de Comunicación Social, CENCOS)、文化环境运动(Cultural Environment Movement)、绿网(GreenNet)、八国集团(Grupo de los Ocho)、欧盟纪律监察办公室(IDOC)、国际新闻工作者协会(International Federation of Journalist)、国际妇女论坛中心(International Women's Tribune Center)、麦克布莱德圆桌会议(MacBride Round Table)、MedTV、"寰宇在线"(OneWorld Online)、帕诺斯(Panos)、人民传播宪章(People's Communication Charter)、联合国发展账户(United Nations Development Account, UNDA)、国际视听促进发展与民主联盟(Vidéazimut)、世界基督教传播协会(World Association for Christian Communication)、全球访问电视台(WETV-Global Access Television)和世界观国际基金会(Worldview International Foundation)等。为了让传播权得到承认,平台成员已同意为此不懈努力。它们强调有必要建立一个用于辩论和行动的开放性公共空间,然后捍卫并深化之,促进对传播伦理、民主政策以及公平有效获取信息的批判性理解。

传播权也是《人民传播宪章》(People's Communication Charter, PCC,官网:www.pccharter.net)所关注的中心问题。《人民传播宪章》是由第三世界网络(Third World Network,马来西亚槟城)、传播与人权中心(Centre for Communication and Human Rights,荷兰阿姆斯特丹)、文化环境运动(Cultural Environment Movement,美国)、世界社区无线广播协会(World Association of Community Radio Broadcasters, AMARC)和

世界基督教传播协会于 1991 年发起的一项倡议。《人民传播宪章》为那些认为人民应是社会事务积极而重要的参与者、且能自我管理的人提供了共同框架。《人民传播宪章》在催生一场提高文化环境质量的永久性运动方面迈出第一步。

最终，这场运动可能发展出一个执行《人民传播宪章》的常设机构。这个机构也许会以"传播和文化权利监察员办公室"的形式出现。这一想法基本上遵循了联合国教科文组织世界文化与发展委员会在 1995 年报告《我们的创造性的多样性》（*Our Creative Diversity*）中提出的建议，当时由哈维尔·佩雷斯·德奎利亚尔担任委员会主席。委员会建议拟订一项《国际文化行为守则》（*International Code of Conduct on Culture*），并在联合国国际法委员会的主持下，设立一个国际文化权利监察员办公室（World Commission，1995：282）。正如委员会所书：

> 这样一个独立自主的实体可以听取含冤负屈的个人或团体的请求，代表他们与各国政府进行和解，寻求争端的和平解决。它可以充分调查和记录案件，鼓励当事各方对话，为它们提供仲裁程序，协助各方达成解决方案，从而有效地纠正错误。这些解决方案酌情而定，包括建议以司法、立法方式修正前愆，或支付补偿性赔偿。

理想情况下，提议中的这个监察员办公室会完全独立于政府和商业协会。作为一个独立机构，它具备专业知识，业绩良好，有民众和社会组织的支持，有强大的道德权威。由于全球传播领域日益重要，以制定人道主义议程为其政治当务之急，故而建立这个新型全球机构是 21 世纪最令人兴奋的挑战之一。

21 世纪声音（Voices 21）

1998 年 12 月，希斯·汉姆林克和西利亚·伦德斯特姆（Cilla Lundstrom，时任进步传播协会总管）撰写了《21 世纪在媒体和传播领域为人民发声的运动的呼吁和建议》（*A Call and Proposal for a Movement for People's Voices in Media and Communications in the 21st Century*）的初稿。这项题为"声音"（Voices）的倡议，旨在号召发起一场运动，公民社会与非政府组织组成国际联盟，解决公众关切，在媒体与传播事务上齐头并进。写作者认为，需在这一领域开展新型社会运动，并应在国际上采取行动。利用媒体和传播网络推动社会变革的公民社会组织，可能就以下问题达成一致：

- 认识到大众媒体和传播网络对其孜孜以求的目标日益重要；
- 关注当前信息传播领域的集中化、商业化、私有化和自由化趋势；
- 无论是在发达国家还是在发展中国家，在民主国家还是在威权国家，公众都无法影响上述趋势。

这场运动的中心焦点是解决我们这个时代面临的最大挑战之一：让世界各地普通民众的声音和关切不再被漠视！

这份呼吁建议那些参与这场运动的民众和组织在如下议题上采取联合行动：近用权与易用权、传播权、多样化表达权、安全、隐私权以及文化环境保护。

你认为动员世界各地的消费者运动，在建立全球传播领域的公共问责制上有多大可能性？

联合国信息社会世界峰会

1996年，联合国教科文组织执行理事会论证了与国际电信联盟等联合国机构共同于1998年召开信息与传播发展国际会议（International Conference on Information and Communication for Development）的可能性。可惜的是，由于国际社会计划召开另一场由国际电信联盟主持的信息社会世界峰会，这场会议未能如愿召开。在此过程中，模糊且有争议的概念"信息社会"（information society）替代了具体的国际谈判主题。联合国教科文组织在文化和传播领域已获得广泛授权，且深谙与非国家行为体打交道的方式，竟被国际电信联盟这个信奉技术决定论和鼓吹"信息社会"的组织压过一头。批评人士无须惊讶的是，美国克林顿/戈尔政府大力宣传"全球信息基础设施"的普遍近用性，在这些进程中发挥了关键作用。

联合国在2001年宣布举办信息社会世界峰会（World Summit on the Information Society，WSIS）。彼时，批评声音称，联合国在匆忙介入这一全球传播政治领域的第三个重大全球外交事件之前缺乏周全考虑。第一个事件是1948年的联合国信息自由会议，第二个事件是联合国介入1970年代关于国际信息新秩序的辩论。出于不同的原因，这两个事件基本上都失败了。它们的失败应该为21世纪初的第三次尝试敲响警钟。即便如此，一些外交官和公民倡议者还是期望这次峰会能够产生积极的建设性作用——他们希望信息社会世界峰会能够提供一个全球性论坛，解决传播政治中的热点问题。此外，他们也希望这样的全球会议可以成为多方利益攸关者真诚对话的场所。

经过一系列筹备委员会会议后，信息社会世界峰会的第一阶段于2003年12月在日内瓦举行，与之前的联合国首脑会议只有部分不同。在"信息社会传播权利"的大旗下，组织良好且行动积极的公民运动做出了众多贡献。然而，信息社会世界峰会在很大程度上仍然是一个国家间的外交会议，非国家行为体未能参与最后的决策过程。峰会以两份相互独立的宣言告终，一份是《国家原则宣言》（参见 www.wsis.org），另一份是《为人类需要塑造信息社会的公民社会宣言》（参见 www.wsis-cs.org）。但是，有两个最紧迫的全球性问题没有得到解决，在2005年11月峰会的突尼斯第二阶段依然被提及，分别是弥合全球数字鸿沟提供资金的问题和互联网全球治理问题。如果人们对信息社会世界峰会的结果持积极态度，可以得出的结论是，这个会议首次有效地动员了全球公民运动来解决全球传播政治的关键问题。许多公民倡议者将信息社会世界峰会视为一个持续过程，认为这些问题仍将出现在公共议程之中，并有望吸引全球公民的政治关注，甚至影响到那些由公民选举产生的国家议会和超国家机构，如欧洲议会。

信息社会世界峰会创造了一个难得机会，让国际社会得以在信息和传播领域申明了设立全球治理机构的需要。然而，不幸的是，这次峰会准备不足，没能处理有关传播内容的问题，主要针对的是基础设施和资金问题，受到技术中心主义话语的强烈影响。当前，这一话语依然充斥在关于"信息社会"的讨论和谈判中。①

关于信息社会世界峰会的大部分表述都基于一个共同的假设，即信息与通信技术具有促进人类发展的能力，信息与通信技术和知识获取能激发人类潜能。这种说法太过笼统，令人费解。他们似乎认为，信息与通信技术在任何条件和环境下都具备这种建设性的力量。这是一种最为原始的技术决定论。信息社会世界峰会称，技术发展促进生产力和经济增长，进而提高生活质量，但并无令人信服的经验证据证明此因果关系，而且人们还可以反驳称，技术发展和经济增长破坏了生活质量。这完全取决于人们如何定义"生活质量"，如果分别从物质和精神意义上衡量"质量"，其结果显然南辕北辙。

信息社会世界峰会的最终官方文本有一大硬伤：对政治经济背景缺乏严肃的和批判的结构性分析。信息社会世界峰会的话语似乎诞生于社会真空之中，对信息与通信技术及其可能应用的政治经济环境视而不见。在会议筹备过程中，各方利益攸关者对信息社会的展望，大都令人暖心和振奋。大多数文件将信息社会的前景描述为应包容、开放，从而尽可能广泛地落实参与权和近用权；应营造良好环境，支持信息能力建设；应以民主方式治理；应以可持续发展、文化多样性和性别敏感性为主要目的。这些描述给人的总体感觉是，信息社会可以造就一个前所未有的双赢局面，让所有公民都过上更美好的生活。

虽然所有这些设想都可圈可点，但必须指出的是，它们只是愿景而已。没有任何经验证据表明信息社会为什么能具备这种潜力。在峰会筹备工作中，人们徒劳地期望对社会政治背景进行严肃的批判性分析，要求信息社会的所有承诺都必须在这些背景中实现。这可真让人头痛不已，因为国际上早有"建设更美好世界"的著名议程，而大多数值得称赞的、大谈特谈信息社会是什么或应该是什么的愿景，不过是其中一部分而已。

---

① 关于信息社会世界峰会的批判性分析，见：Hamelink, C.J.（2004）."Did WSIS achieve anything at all？" *International Communication Gazette*（*special issue*），66（3-4）：281-290.

过去几十年的流行语又回来了：民主、多样性、能力建设、参与、性别、缩小差距。然而，令人困扰的是，为什么国际社会迄今没有认真对待这些愿景？为什么在过去几十年里，国际社会一直不愿真正努力落实自己所鼓吹的东西呢？

信息社会世界峰会的话语避开了这些政治问题，对权力和控制问题仍不置可否（这可能是有意为之）。这些理念不是信息社会世界峰会官方话语的一部分。然而，我们要说，关于全球传播治理的讨论若要有意义，那么对政治、经济和军事权力的分配和执行问题，以及这些权力实施控制的问题就至关重要。

信息社会世界峰会是否可能演变成一个对各方利益攸关者来说真正民主的全球传播政治舞台？

全球传播政治的观点

在过去 150 年里，全球传播的参与者（通过立法或自我监管的方式）设计和采用了一系列规则、制度和实践，限制和激励自身行为。在所有这些年里，这个领域的实质性内容基本未变，包括电信（现在包括数据通信）、知识产权和大众传播等。总的来说，当今传播政治的核心问题仍然存在于这些内容中。显然，技术发展给这些问题增加了新维度。

在电信领域，主要问题仍是近用性、分配和保密性。今天，近用性问题不仅涉及基础性电话技术，也涉及先进的计算机网络。分配问题除了广电频率和费用结算之外，还有互联网域名这个新领域。由于数据网络和数据采集活动在全球的激增以及新型电子监控方式的出现，保密性问题日益紧迫。

新技术的应用使得大规模复制非常容易，知识产权领域的问题因此变得更加紧迫。商业内容供应商希望严格执行以贸易为基础的知识产权保护制度，它为知识产权所有者提供了很大程度的牟利自由。同样，这些知识产权所有者对延长保护期限以及扩大保护范围也有兴趣。然而，人们越来越担心，目前的制度更符合企业所有者的利益，而不是艺术创作者的利益，甚至有激进者主张废除知识产权保护制度。

- 这一制度让近用权实现代价高昂，相当于剥夺了世界上大多数人的近用权！
- 它扼杀了创造力，因为它集中在数量有限的明星文化生产者身上，一旦知识产权制度消失，更多有创造力的艺术家将会大显身手。
- 它对公共领域构成了严重威胁。越来越多的免费文化产品（这些产品属于公共领域，意味着用户不会因它们受到版权指控，例如莎士比亚和莫扎特的作品）以数字格式存储在受版权保护的电子数据库中，公众近用权将因此受限。

在大众传媒领域，关于内容的基本争论仍然集中在有害内容与言论自由之间的紧张关系上。对互联网内容的监管是当今通信监管机构迫切需要解决的新问题。1865年，第一个关于全球传播的国际条约（《国际电报公约》）确保了跨国界通信的自由（在"保密性"的意义上）。但是，与此同时，各国政府为自己保留了权利，它们有权干涉它们认为危害国家安全或违反国家法律、公序良俗的任何信息。多年来，自由和干预之间的紧张关系一直在政治家、监管机构、内容运营商和用户中众说纷纭。全球流动的自由与干预这种自由的必要性之间存在模糊地带，对全球治理构成了挑战。对支持自由的一方来说，传统的关于公民权利和政治权利的论述即可用以支持"言论自由"。对支持干预的一方来说，"国家主权"和言论者对他人的权利和名誉负有责任的说法也可以用来论证自己的合理性。"言论自由论"倡导信息畅通无阻地进出各国。"国家主权论"则推动保护性措施的出台，防止可能妨碍社会文化发展自治性的信息流动。"言论负责论"主张应当保护人们免受信息自由流动的有害影响。多年来，国际社会和各国政府一再尝试建立治理机制（规则和制度）来处理人们对"自由与干预"的关切。但是，没能制定出令人满意的、用以平衡自由与干预的规则，也没有出现相关的全球机构来处理这一问题。

在这些领域，不同的监管尺度和范围仍是争议性问题。规制、再规制与解除规制的问题让人眼花缭乱，频生龃龉。参与者可能希望在一些领域（例如知识产权保护）严加监管，而在其他领域（例如电信服务贸易）则完全放开，这加剧了事态的复杂性。此外，也可能出现新的政治联盟，例如在加密领域，商业公司和个人用户都希望机密信息保护业务不受安全机构、执法部门和税务当局的影响。

全球传播治理通常代表着一个由参与者、机构、规则和实践组成的复杂系统。这意味着有关治理问题的决策在很大程度上是在不确定和无知的状态下进行的。那些可能改变许多人生活的选择将如何影响未来？没有人可以确切得知。未来之所以是开放的，恰恰是因为我们对它知之甚少。如果信息充分，就不会有真正的选择了。正如布莱恩·拉斯比（Brian Loasby，1976：5）所言："如果真有选择，未来就是不确定的；如果未来是确定的，就无所谓选择。"

这种不确定性给那些治理者带来的最大挑战是犯错的可能性。正如大卫·科林格里奇（David Collingridge，1982：17）所言："如果错误的可能性是不可避免的，我们必须学会与它共存。我们必须做好发现错误并加以改正的准备。在不知情的情况下做决定，有两件事必不可少：一是有能力发现证明决策错误的信息，二是有能力在发现这些信息的第一时间就做出反应。"要做到这些并不容易，因为人们对错误漠然处之——政府部门尤其如此。这种持续的错误被芭芭拉·塔奇曼（Barbara Tuchman）称为"低能政府"。她写道："政府人士们继续沿着错误的道路走下去，好像被巫术师梅林控制了心智。"（Tuchman，1985：480）对于这种冥顽不灵的行为，总有诸如"这是我们的唯一选择""等到我们回过神来，为时已晚"等借口做辩护。然而，"如果决策者真有道德勇气，改弦更张或者悬崖勒马的自由总是有的"（Tuchman，1985：481）。全球传播治理需要发现和承认错误并改弦更张的道德勇气。

互联网的治理是否需要特殊的治理措施和制度？

焦点阅读

全球媒体政策

Chakravartty, P. and Sarikakis, K.（2006）. *Media Policy and Globalization*. Edinburgh: Edinburgh University Press.

本书适合全球传播专业的学生，结构良好，论证严密，通俗易懂，材料翔实，案例丰富。本书共有三大关键部分，分别是语境、领域和范式。通过描绘世界传播政治的历史转变，作者展示了政界、商界和民间行动者如何就电信和广播的治理规则进行谈判。在关于政策范式的部分中，本书作者对"信息社会"的概念提出了质疑，并论证了这个概念如何为政策制定提供一种合法化的话语，这种话语颇受20世纪霸权斗争的影响。作者还讨论了全球治理问题，并关注政策制定领域的新公民社会行动者。

Mansell, R. and Raboy, M.（2011）. *The Handbook of Global Media and Communication Policy*. Oxford: Blackwell.

这是一份有助于理解全球传播的关键性政策问题的综合性指南。

网络资源

本书的配套网站链接是 https://study.sagepub.com/hamelink，在这里能够看到作者对本章主题"全球政治"的讨论。

访问 https://study.sagepub.com/hamelink 可以免费下载以下学术文章：

Dakroury, A. and Hoffmann, J.（2010）. Communication as a human right: a blind spot in communication research? *International Communication Gazette*, 72（4-5）: 315-322.

Hamelink, C.J.（2004）. Did WSIS achieve anything at all? *International Communication Gazette*, 66（3-4）: 281-290.

Padovani, C.（2004）. The World Summit on the Information Society: setting the communication agenda for the 21st century? An ongoing exercise. *Gazette*, 66（3-4）: 187-191.

Raboy, M.（2004）. The World Summit on the Information Society and its legacy for global governance. *Gazette*, 66（3-4）: 225-232.

延伸阅读

Raboy, M. (ed.) (2001). *Global Media Policy for the New Millennium*. Luton: University of Luton Press.

Raboy, M. and Landry, N. (2005). *Civil Society, Communication and Global Governance: Issues from the World Summit on the Information Society*. New York: Peter Lang.

课外研究

设计一个汇集各国政府代表、企业高管和公民社会组织成员的多边全球传播治理机构。

分析现有多边机构，从优势、劣势、机会和威胁（即SWOT分析）探讨它们能为全球传播的利益攸关者提供多少谈判空间。

你将如何确定这项作业的相关数据？怎么收集它们？

第八章

不平等与全球鸿沟

他是批判传播学发展议题研究的奠基人,也是本章的重要灵感来源。

路易斯·拉米罗·贝尔特伦(Luis Ramiro Beltran, 1930—)

贝尔特伦曾任记者、电影剧本作家,任教于美国俄亥俄州立大学和斯坦福大学,并担任联合国教科文组织等组织的顾问。他获得了许多奖项,包括麦克卢汉-加拿大环球电信奖(McLuhan-Teleglobe Canada Award)。

他的主要著作包括:《拉丁美洲的传播:说服是为了保持现状还是为了国家发展》(密歇根州立大学博士论文,1970);《拉丁美洲发展传播:四十年评价》(1976年);《传播：国家发展中被遗忘的工具》(1997);《什么是发展传播》(1993a);《拉丁美洲发展传播》(1993b)。

对全球传播研究而言，路易斯·拉米罗·贝尔特伦教给了我们批判性地反思南方国家和北方国家对"发展"概念的不同理解。

本章将让你看到全球传播长期存在的一个特征：不平等。我的研究思路如下：

- 从1948年的联合国信息自由会议到1970年代关于国际信息新秩序的辩论，再到2003年与2005年的联合国信息社会世界峰会，平等的标准一直是关于传播发展的国际辩论的核心。
- 自1940年代末以来，平等方面几乎没有取得任何进展，在传播社会政策和实践中，"平等"标准仍然充满争议与挑战。
- 国际社会没有能力也不愿意为不平等问题寻找令人满意的解决办法。

南北鸿沟

联合国经济与社会理事会最早的几次会议都强调了较不发达国家信息设施不足的问题。不发达国家的外交官强调，由于存在明显差距，全球传播中不可能有互惠和平等。

理事会和联合国大会的几个决议都表示，需要促进欠发达国家信息行业的发展。1957年，联合国大会要求联合国经济与社会理事会下属的人权委员会"特别考虑欠发达国家发展新闻媒体的问题"。

一年之后，联合国大会要求经济与社会理事会制定"国际层面的行动和措施方案，以便在欠发达国家发展信息企业"。各专门机构也受邀推动这一倡议。

联合国教科文组织被要求研究欠发达国家的大众传播媒介，以调查传播发展所涉及的问题。这对该组织来说并不是什么新鲜事，在其早期历史中，它就曾努力在饱受战乱蹂躏的国家重建和发展大众传播媒介。1948年的联合国第三次大会通过了一项决议，增加了"为欠发达地区提供原材料、设备和专业培训设施"的条款，这是向第三世界国家提供援助的开端。1958年，大会明确要求教科文组织总干事"帮助欠发达国家发展新闻媒体"，进一步推动了对这些国家的援助。联合国教科文组织应大会要求，组织了一系列专家会议（1960年在曼谷、1961年在圣地亚哥、1962年在巴黎），评估欠发达国家的传播需要并设计满足这些需要的方法。教科文组织还向1961年的联合国大会上呈了一份题为《发展中国家大众传媒》的报告，它制定了传播能力的最低标准，并总结称约有70%的世界人口没有达到这一最低标准（联合国教科文组织，1961）。

该报告建议，应将传播发展视为联合国整体发展事业的一环，并纳入联合国技术援助方案。作为对该报告的回应，联合国经济与社会理事会于1961年建议发达国家协助发展中国家"发展独立的国家新闻媒体，同时兼顾每个国家的文化"。同年，经济及社会理事会向联合国大会建议，教科文组织的方案应在"联合国第一个发展 10 年"中占有一席之地。

1962 年，联合国大会认可了这一点，称"传播媒介的发展是整体发展的一部分"，并启动了一项多边技术援助计划，以发展大众传播能力。该计划得到了联合国会员国的一致支持。在整个 1960 年代，技术援助方案的主要目标是实现资源和技能的转让。

不难理解，由于北方工业化国家和南方第三世界国家在传播能力方面的巨大差异，人们对第三世界获取传播技术相当关切。这个议题必须放到第三世界国家想要实现去殖民化并在一定程度上独立自主发展的广泛背景下予以解读。

只有在 1970 年代，获取技术知识才成为第三世界国家关心的问题。早些时候，大多数新独立的国家主要对吸引外资——特别是跨国公司——感兴趣，期望投资者能转让自己急需的科技知识。1950 年代，人们认为，科技将发达工业国家的物质财富提升到前所未有的水平，也会对第三世界产生同样的影响。在工业革命之后，北美和西欧经历了非常迅速的经济增长，科学技术是关键因素。

多少年来，发达国家殚精竭虑，通过不惜代价地试错取得了科技进展，对于姗姗来迟的国家来说，利用现成技术似乎是一个明智策略。"各国在决策的各个阶段，很少去思考这些基本问题：本国有技术吗？它能开发出新技术吗？它能改进引进的技术吗？需要多长时间？需要何种资源？进口现成技术和自主开发技术之间如何协调？为什么不立刻引进技术，而是纠结于能不能重复进口相同技术？"（UNCTAD，1985：162）。总的来说，发展中国家的决策者关心的是最大数量地获得技术产品，而非政治、经济和文化融合等更复杂的问题。他们很少或根本没有注意到，若受援国想要行之有效地吸收引入的科学技术，基础设施还需达标。

在联合国"第一个发展 10 年"规划的整个过程中，发达国家向第三世界转让最新的和最好的技术似乎是促其迅速发展的最佳工具。1960 年代，发达市场经济国家向发展中国家的技术转让数量大大增加。在此过程中，许多受援国发现发达国家转让的通常是终端产品，而不是技术本身；大部分转让发生在公司内部；转让的条件通常不利于受援国；转让的技术或不合国情，或已被淘汰，或价格昂贵，或三者兼而有之。

1970 年，在联合国贸发会议第 10 次会议上，贸易和发展理事会决定设立"政府间技术转让小组"。第一次小组会议上为贸易和发展会议拟订了一个技术转让的工作方案。其后，贸发会议开始大力涉入技术问题，很快促进了各类活动的开展，包括关于技术转让国际行为守则的谈判和对工业产权制度的修正。

随着科学和技术问题在多边谈判中日益重要，发达国家和发展中国家所采取的立场差异日渐巨大。这主要是来自"作为私有财产的知识应予以保护"以及"作为公共资源的知识应该共享"两者之间的利益冲突。在联合国贸发会议的《技术转让行为守则》的早期谈判中，第三世界国家开始要求对科学和技术信息的近用权，强调科学和技术信息是人类公共利益，主张知识资源应该转让给它们。这些要求在联合国大会《关于建立国际经济新秩序的决议》中得到明确阐述。

决议称，"技术进步的好处并没有公平地被国际社会所有成员共享"，因此必须"使发展中国家有机会取得现代科技成就，并按照适合发展中国家经济情况的形式和程序，创造有利于它们的本土技术"。发达国家反对发展中国家的诉求，不支持国际经济新秩序的方案和宣言。

尽管西方国家反对，联合国大会《关于国际经济新秩序决议》还是促成了联合国科学和技术促进发展会议的筹备工作。这次会议最终于1979年在维也纳举行，并于当年8月31日通过了《科学和技术促进发展行动纲领》。维也纳的这份纲领响应了第三世界对知识获取和知识转让的诉求，并创造条件使发展中国家能够改善其自主研发能力。这份纲领在缩小科技信息南北差距方面提供了一系列行动建议，其基本构成是加强发展中国家的科技能力，调整当前国际科技关系格局，加强联合国在以科技促发展方面的作用，并为此目的提供财政拨款。

国际信息新秩序与国际信息传播新秩序

1970年代，不结盟国家开始认识到，技术援助并没有改变它们的依附地位，信息不平等继续存在，它们的文化主权实际上日益受到威胁。因此，它们开始激辩是否需要制订大众传播媒介的规范标准，辩论议题是建立国际信息新秩序。这个议题表达了第三世界在三个方面对传播能力不平等的关切。

第一个方面，南北间扭曲的传播关系对第三世界国家文化独立发展造成了影响。事实上，1955年在印度尼西亚万隆举行的第一次不结盟国家首脑会议上，就已经提到了殖民主义对文化的影响。"在亚洲和非洲的许多地方，殖民主义，无论其形式如何，都不仅阻碍了文化合作，而且还压抑了各国人民的民族文化……一些殖民国家剥夺了其属民在教育和文化方面的基本权利"。1973年在阿尔及尔举行的不结盟国家首脑会议表达了对文化殖民主义的关切。在它们看来，文化殖民主义是早期领土模式殖民主义的延续。

第二个方面，北方几乎单方面地向第三世界国家出口信息，北方媒体关于南方国家的报道要么歪曲事实，要么只字不提。阿尔及尔首脑会议呼吁"改组现有的传播渠道，这些渠道是殖民时代的孑遗，阻碍了发展中国家间自由、直接和迅捷地传播"。不结盟国家开始批判在少数西方跨国信息公司操纵下的南北信息交换不平衡，并称其为文化殖民主义的工具。

不结盟运动1976年突尼斯会议称："由于世界上的信息不平衡有利于部分国家却

忽略了其他，不结盟国家和其他发展中国家有责任改变这种情况，争取信息的非殖民化，建立国际信息新秩序。"《新德里信息去殖民化宣言》指出，建立国际信息新秩序同建立国际经济新秩序一样必要。

第三个方面，涉及媒体技术的转让。总而言之，1970年代初，宝贵技术很少被转让，工业国家基本只出口技术制成品，而且，转让条件往往不利于受让国，因此最后受让国的技术与金融依赖只会日渐加深。延续1973年在阿尔及尔举行的首脑会议精神，不结盟运动不断表明坚决支持发展中国家媒体解放和发展的立场。联合国教科文组织逐渐成为这场辩论最重要的论坛。

早在1970年，联合国教科文组织大会的会议记录就写道："一些发展中国家的代表强调，必须确保信息的自由流动和国际交流是双向的。他们声称，该方案必须继续强调弱势国家的权利，以保护它们的文化。"

在第一阶段（1970—1976年），辩论的突出特征是"去殖民化"。在这一时期，政治和学术项目的发展从根本上批评了现有的国际信息秩序，并提出了根本性变革的建议。彼时，各类宣言、决议、建议和研究同声响应，为国际信息新秩序而呐喊。

国际信息新秩序的概念出现在1976年3月的突尼斯信息研讨会上。这一概念（在1976年8月的斯里兰卡不结盟国家首脑会议上得到正式承认）与1974年提出的对国际经济进行根本改革的建议（国际经济新秩序）交相辉映，都深受人权平等原则的启发。虽然国际信息新秩序的确切含义没有得到界定，但很明显，它希望为国际信息交流营造公平的竞争环境。

1976年在内罗毕举行的联合国教科文组织第19次大会，讨论并通过了突尼斯提出的一项决议草案。决议要求教科文总干事"对本机构负责的协调和执行不结盟国家信息计划的那些活动给予特别关注……适当提高拟议中的新闻传播活动的增长率，增加常规计划所提供的知识、技术和金融资源……"

1978年，在巴黎举行的联合国教科文组织第20次大会，要求麦克布莱德委员会（MacBride Commission）提出措施，以"建立一个更加公正和有效的世界信息秩序"。事实上，此次会议是这场辩论的一个转折点，因为会议上对新秩序想法的敌意有所缓和。各国几乎一致认为，第三世界国家的诉求是合理的，工业化国家必须做出让步。最初由不结盟运动创造的模式——国际信息新秩序，被"更公正、更有效的世界信息和传播新秩序"所取代。根据美国大使约翰·莱因哈特（John Reinhardt）在1978年联合国大会上的解释，新秩序需要"更有效的行动计划，不仅在公共层面，也在私人层面，为发展中世界的广播和新闻业，建立合适的专业教育和培训中心……[以及]……尽力利用先进通信技术的优点……满足发展中国家农村地区的经济和社会需要"。联合国教科文组织所有成员国现在都接受的新秩序（国际信息传播新秩序）主要被解释为知识、资金和技术设备的转让计划。国际信息的结构问题被简化为单纯的技术问题。为此，1980年，在西方国家倡议下，一项支援传播事业发展的政府间计划启动。

1980 年在贝尔格莱德举行的联合国第 21 次大会协商通过了一项关于设立国际传播发展方案的决议。

在 1976 年、1978 年和 1980 年联合国教科文组织大会期间，虽然与大多数会员国意见不一，但少数西方国家还是设法实现了自己的大多数政策目标。最后，这场辩论没有产生发展中国家所要求的结果。发展中国家对过去失败的技术援助方案的批评得到的回应是又一个方案：《国际传播发展方案》。这个方案被许多第三世界代表视为落实世界信息传播新秩序标准的工具。1980 年的联合国教科文组织大会表示，新秩序标准包括消除不均衡、不平等的现状；发展中国家拥有改善自身状况的能力，而这显然需要通过为其提供基础设施、使其信息和传播工具符合自己的需求和愿望来实现；发达国家对发展中国家真心实意的帮助。《国际传播发展方案》无法满足这些期望。这个方案与生俱来的困难是，它对全球传播问题的界定在过去并不有利于第三世界国家，且方案甫一开始就缺乏资源。虽然 1989 年 9 月在贝尔格莱德举行的不结盟国家首脑会议重申对世界信息传播新秩序的支持，但联合国教科文组织大会难以在新闻自由、媒体多元化、言论自由和信息自由流动上达成共识。1989 年，联合国教科文组织总干事表示，该组织已再无建立国际信息新秩序的计划。

麦克布莱德圆桌会议

在整个 20 世纪八九十年代，只有一些国际非政府组织（在麦克布莱德传播圆桌会议上见面）继续表示："经济技术不平衡仍然是当前国际体系的特征。传播技术在世界富裕地区的迅速发展扩大了'信息富人'和'信息穷人'之间的差距。"（1989 年哈拉雷圆桌会议）1990 年布拉格圆桌会议对南方国家的传播状况表示关切：

> 传播技术的迅速发展大大提高了工业化国家的信息能力，但却忽视了许多南方国家。那里仍然没有最基本的通信技术基础设施，或大多数人无法接触到这些设施。与之相对的是，外国通信企业与许多政府和精英利益集团结盟，创造了一种只有少数富人才能接触的商业文化……必须为南北合作找到新基础和新方法，以实现更加平等、更加真诚的伙伴关系。

第六次麦克布莱德圆桌会议（1994 年 1 月 20 日至 23 日在夏威夷檀香山）特别注意到所谓"第三世界中的第四世界"——土著民族——的传播能力堪忧。圆桌会议与会者认识到"世界土著民族在世界及其国内的交流联系中处于边缘地位"。会议还讨论了美国、欧盟和日本的"信息高速公路"计划，最终文件中写道："没有'信息高速公路'

为发展中国家而设……新的信息高速公路很可能会拉大'信息富人'和'信息穷人'间的鸿沟，在一个国家的内部、在世界富裕区域与贫穷区域之间皆是如此，这种差距甚至会在可预见的将来达到无法弥合的地步。"

国际技术转让

在整个 20 世纪 80 年代和 90 年代，平等原则在许多关于信息/传播的论著和政策辩论中成为共识。例如，1991 年，联合国大会通过一项决议，将非歧视原则引入通信卫星的使用中："卫星通信应该为全球所用，并且是非歧视性的。"（Res. 1721 D [XVI] in 1961）

然而，与此同时，科学论著和公共政策声明普遍认为，发达国家和发展中国家的信息与通信技术差距正在扩大。正如联合国开发计划署 1999 年的发展报告所述："网络社会正在创建互无交集的传播系统：一个系统为那些高收入、受过教育并在实际上相互关联的人而设，低成本、高速率地提供丰富的信息；另一个系统为那些没能相互关联的人而设，延时长、成本高和不确定性巨大，且依赖于过时的信息。"（UNDP，1999：63）

在世纪之交，信息与通信技术资源在世界范围内的分布仍然极不平等。在设备和服务的可得性、近用性和可负担性方面，以及还有对技术和管理技能的掌握度方面，富裕国家与发展中国家之间，以及所有国家内部的不同社会群体之间，仍然存在很大的差距。

信息社会世界峰会和全球数字鸿沟

在 2003 年日内瓦和 2005 年突尼斯举行的联合国信息社会世界峰会上，信息/传播不平等是关键议题之一。在信息社会世界峰会的辩论中有一种倾向，即主要将数字鸿沟视为信息通信资源在全球分布不平衡的问题。这一鸿沟不被认为是总体性的全球"发展鸿沟"的一部分。由于这个更大的问题没有得到认真对待，一种浪漫主义的谬论甚嚣尘上。这种谬论认为，解决信息传播问题、弥合知识鸿沟或技术获取的不平等，有助于解决世界上最紧迫、最严重的社会经济不平等问题。这种观点将数字鸿沟从更广泛的发展鸿沟问题中孤立出来。事实上，数字鸿沟只是物质和非物质资源在社会间和社会内部不平等分配的众多表现之一，该问题的解决无关信息、传播或信息通信技术。这是一个政治意愿的问题，而大多数民族国家都缺乏这种意愿。信息社会世界峰会没有作出必要的和强有力的政治承诺，而是重点讨论了建立全球性的"数字团结基金"（Digital Solidarity Fund）的可能性。这一主张并无值得称道之处，因为自 1970 年代以来，由于缺乏政治意愿，所有为传播发展、电信基础设施或技术自力更生等事业筹措基金的努力,最终全部以失败告终。2003年9月在坎昆举行的世界贸易组织部长级会议再次表明,并非所有利益攸关者都致力于解决贫富差距问题。幸运的是,贫穷国家已经意识到,富裕国家(特别是美国和欧盟)打算强加给它们的另一套要求对自己的社会和人民有害无利。在这个意义上讲,坎昆会议取得了巨大成功。而在2003年12月的信息社会世界峰会上,贫穷国家的代表却并无类似的警觉。

根据卡斯特尔斯(Castells,2001:270)的说法,数字鸿沟是指"那些拥有物质文化条件,能够在数字世界中如鱼得水的个人、公司、机构、地区、社会与那些无能为力或不能适应变化速度的人之间的鸿沟"。教育能否有助于弥合全球数字鸿沟?

信息社会世界峰会关于数字鸿沟的话语并没有批判性质疑"贫富分化在当前发展范式的框架内能否得以解决"。据此,"发展"被认为是A社会已经达到而B社会尚未达到的状态。因此,资源必须通过干预项目从A社会转让到B社会。于是,"发展"指涉的是干预者和被干预者之间的关系。干预者将信息、信息通信技术和知识等资源当作一种能够产出"发展"的投入而转让出去。在这种行事方法中,"发展"不过是"资源的交付"(Kaplan,1999:5-7)。信息社会世界峰会的概念框架视"发展"为交付,即体现了这种立场。这一交付过程旨在将受援国整合到全球市场中。这种话语未能给不同的发展概念留出空间。其实,还有一种观点认为,"发展"是一个赋权过程,旨在"使人们能够参与管理自己的生活"(Kaplan,1999:19)。

还有一个问题也颇为棘手:即便确实能够让全球更平等地享有信息近用权,也还是不能保证改善人民的生活质量。"即使承认了这些不平等,并采用远程计算中心等新型组织模式,政策往往还是侧重于改善网络接入条件,而不是侧重于内容创造和社会进程,而只有经历后者,数字内容才可以转化为有利于社会或经济的知识"(Mansell,1999:8)。让人民享有基本公共服务并不能创造平等的社会。现有的社会不平等意味着人们对这些服务的享有是极不平等的。事实上,在许多社会中,读写能力的提高不能让社会关系更平等。它确实有一些赋权效应,但没有显著改变权力关系。追赶那些有明显社会优势的人并不现实,因为他们也会使用包括信息通信技术在内的新发展成果。至少,差距仍然存在,甚至可能增加。大多数技术都遵循着相同的路径,即强大的参与者最了解如何占用和控制新技术的发展,并令其为己所用。在这个过程中,它们往往进一步增大了自身优势。

互联网接入仍然存在巨大不平等,发展中国家尤其如此。例如,非洲的互联网普及率仍远远落后于世界其他地区。造成这种情况的一大原因众所周知,即最不发达国家连入互联网络骨干网费用高昂。人们提出了解决此问题的倡议,比如,考虑在运营商中建立新的金融交易模型；努力在发展中国家或区域内建立流量聚合点，替代像非洲和欧洲或北美洲间的洲际通信卫星或电缆发送这些流量。其目的是尽量保留这些地方的地区性和国内流量，从而减少对国际通信渠道的依赖。在欧洲，超过 75% 的互联网流量为区域内流量，而非洲等地区仅有 1% 为区域内流量，这足以印证这一问题的严重程度。

然而，信息／传播的不平等不仅仅是技术基础设施的近用权问题，因此不能通过提供平等的近用机会来解决。当新技术进入社会，从中获益的机会总是不平等的。一些人将受益，另一些人将承担负面影响，这种情况反复重现。在一个不平等权力关系盛行的社会，当一种有望带来经济利益的技术被引进时，一小部分人享有优势，而大多数人反而会今不如昔。加入全球网络社会的主要是那些受过良好教育的人和那些生活在经合组织国家且收入不薄的人。在大多数国家，男性主导着网络使用，年轻人比老年人有更多机会接入网络。种族也是一大重要因素。在许多国家，种族群体间的使用差距已经在扩大。"几乎 80% 的网站和通用用户界面——其图形和指令——都使用英语，但是全世界只有不到十分之一的人会说英语。"（UNDP，1999：62）

信息通信技术资源及其使用的不平衡分布还关系到世界各地妇女的地位。一个迫在眉睫的问题是，信息通信技能在很大程度上取决于读写能力。事实上，"……似乎绝大多数文盲将被排除在新兴的知识社会之外"（曼塞尔和韦恩 [Mansell and Wehn]，1998：35）。这对妇女的影响尤其大，因为世界各地妇女的文盲率高于男性。在享用信息通信技术知识方面，女性也处于不利地位，因为参加科技教育的女性人数远远低于男性人数。信息通信技术提供的新型传播方式展现出的潜力是女性能够突破孤立的社会处境，并为女性创造了新的就业机会，使其得以从事需要新技能的工作。然而，技术本身并不能实现这一点，除非制定强有力的政策并执行之，否则信息通信技术可能带来的好处将不会造福女性生活。理论上由信息通信技术所创造的机会能否成为现实，将取决于文化资本、阶级和年龄等社会变量。"尽管女性需要掌握日新月异的技能并不断精进，但很少有妇女能够获得相关的教育和培训"（Mansell and Wehn，1998：249）。

法国社会学家皮埃尔·布迪厄（Pierre Bourdieu，1985）指出，社会行动者的地位不仅由经济资本决定，也由其文化、社会和象征资本决定。文化资本是由对酒、美术、音乐和文学的了解，良好的举止，外语能力等特长和技能构成的。社会资本建立在社交网络基础之上。象征资本指的是社会声望和名誉。

在这些资本之外，还应加上"信息资本"的范畴。这一概念包括支付网络使用费用和信息服务费用的经济能力、操作网络基础设施的技术能力、过滤和评估信息的知识能力，以及主动搜寻信息的动力和将信息转化为社会实践的能力。

就像其他形式的资本一样，信息资本在社会中的分布是不平等的。它的平等分配需要广泛的教育、培训和启蒙。"互联网冲浪者"的增加并不等同于信息资本的平等分配。

然而，缩小这种不平等的期望是否现实尚且需要质疑，更遑论消除这种差距。所谓"缺乏信息通信技术的国家能够赶上北方国家的发展"，很可能不过是一种幻想。在北方国家，技术发展迅猛，并有相当多的资源支持。如果贫穷国家真的试图遵循"追赶"政策，那将是浪费稀缺资源，最终只是肥了信息通信技术的设计者和运营商。这并不是说贫穷国家不应升级自己的信息通信技术系统，而是说它们不应该抱有不切实际的期望，以为领先的人会等着它们。因此，贫穷国家的情况可能会有所改善，但贫富鸿沟不会消失。只要信息通信技术嵌入到公司资本主义市场经济的体制机制中，"平等享有信息与传播资源"只会是一种规范性标准。

在目前关于信息通信技术鸿沟的讨论中，并无令人信服的论据证明技术所有者将改变其国际技术转让的态度和政策。在过去几十年里，现行的国际技术转让政策为缩小南北技术差距设置了巨大障碍。今天，没有迹象表明当前技术转让的做法有根本变化。这意味着信息通信技术富国和穷国之间的关系在不久的将来不太可能发生改变。

通信基础设施（由卫星、电缆、固网和移动传输等电信运营商建立的电子高速公路系统）、计算能力（计算机、外部设备、网络）、信息资源（数据库、图书馆）和信息通信技术素养（能较好利用信息通信技术的知识能力和社会能力）的公平共享要求国际社会做出巨大努力。更新、升级和扩展发展中国家的网络、实施知识转让方案、培训信息通信技术技能，特别是妇女的信息通信技术技能，都需要大量资金。

技术效果的分布

关于信息通信技术有一个相当普遍的假设，即这些技术的效果主要是良性的，而且呈现为平均分布。信息发展及其支持性技术显然具有一定社会影响，商界和政界通常把所谓"技术的社会效果"挂在口边。从学术论著中可以清楚地看出，所谓"效果"远非一目了然的问题，实际上是非常复杂的。在传统的社会科学文献中，"效果"可被视作可观测的变量，因为研究者认为社会过程中存在规律与因果链，造成影响的原因是可以确认的。随着对社会现实的理解愈深，比如那些受混沌理论启发的概念，这种观念从根本上发生了改变。我们对于"效果"的了解远比我们愿意承认的要少。此外，有效、可靠地预测技术发展的未来影响是不可能的。社会现实的复杂性意味着，建立在预测之上的技术评估是装腔作势和误人子弟。我们可以也应该从未来的角度来思考问题，但要思考的是可能的未来（总是以复数形式出现），"未来"既有积极的、也有消极的。

用现实性的思维思考技术的未来影响，将不得不同时考虑利益和风险。信息通信技术可能有一些良性效果，但它们也同样可能有不良效果。对信息社会的盲目乐观似乎让政治和产业决策者对不良效果视而不见，比如隐私的丧失、愈演愈烈的数字依赖症，以及网络战。

技术效果平均分布的假设，暴露出历史洞察力的严重缺失。无论技术发展带来什么社会效果——比如18世纪的工业机械或20世纪的自动化——总是存在着不平等的分布。处于社会金字塔顶层的人通常比处于底层的人获益更多，而后者往往不得不承受大部分风险。

早在1975年，一场专家会议（当年9月在日内瓦）就建议联合国建立国际机制要从人权角度评价新技术。这种评价必须包括评估技术革新可能产生的副作用和长期影响，并权衡利弊。联合国大会从来没有将这项建议付诸实践，而这一建议在今天看来，与1970年代一样迫切需要。

包容性问题

信息社会应该具有包容性并对所有人开放，信息社会世界峰会的与会者似乎在这个提议上达成了强烈共识。"包容"概念并未得到界定与详细阐述，它不加质疑地假定"每个人都想要被包容"。"包容"何谓？它与"每个人都应该被纳入自由市场经济"的主张是一样的吗？乍一看，这个概念在本质上是良性的，但是，在"大家应被包容于何种实体之中"未得到解释的情况下，人们不清楚应该欢迎还是怀疑"包容"。"包容"在多大程度上是自由选择？会不会有人不愿生活在任何"信息社会"之中？例如，如果"信息社会"意味着社会依赖于频频犯错、难以信赖、深奥难懂、暗藏风险的技术，那么明智的人不立危墙之下，是否就说得通了呢？如果说信息社会意味着所有人都能获得更多的信息，但这些信息无非商业营销信息、虚假信息、宣传信息或仇恨言论，是不是有的人就会宁愿自己不在其中呢？

推动"包容"背后的真正动机是什么？对不谙数字技术的焦虑，与早期欧洲历史上的字母表普及运动的动机是否如出一辙？这些措施的动机往往不是为普通人赋权的强烈愿望，而是为了让一个系统不至于因为文盲太多而无法有效运转。

此外，一个依然存在的令人困惑的问题是，如果信息是一种关键资源，而这种资源近用权在历史上总是分配不均的话，那么"包容"的吹鼓手们所期望的，与今天又有什么不同？有没有什么社会经济和政治条件能使基本资源的普及成为21世纪初的现实诉求？

数字不平等与联合国开发计划署《人类发展报告》中所说的更广泛的社会不平等（如收入差距或职业结构）有何联系？

发展传播

本章开头致敬了路易斯·贝尔特伦。他在自己的工作领域中不断将平等问题提上议程。他的工作领域有许多不同的称谓,比如发展传播(Development Communication)、促进发展的传播(Communication for Development),最近又被称为"促进可持续发展和社会变革的传播"(Communication for Sustainable Development and Social Change)。关于这个领域的缘起与发展的著作汗牛充栋,你将在下面的"延伸阅读"中看到最为重要的部分(迈尔科特和斯蒂夫斯 [Melkote and Steeves], 2001; 嘎穆斯奥–达龙和塔夫特 [Gumucio-Dagron and Tufte], 2006; 瑟维斯 [Servaes], 2008; 麦克安妮 [McAnany], 2012; 以及维金斯 [Wilkins]、塔夫特和奥布雷贡 [Obregon], 2013)。在 21 世纪头 10 年,环境传播、健康传播、和平传播和农村传播等课题依然是非常高产的研究领域。给这些研究带来灵感的主要是人权(特别是传播权)、参与权和赋权。虽然全球传播的研究主要针对跨境传播实践,但(地方性和区域内的)发展问题已成为全球关注的问题,也需要全球传播、发展传播和跨文化传播的协同作用。莫汉·杜塔(Mohan Dutta, 2011)在其著作中提出了一种"促进社会变革的传播"的特别有趣的研究路径。他建议将研究路径置于后殖民研究领域[①]。循着这一思路,杜塔开启了观察压迫、剥削和反抗的新视角,用他自己的话说,他"创造了一个话语空间,让传播的作用得以发挥,从而带来社会变革"(2011:28)。

焦点阅读

传播不平等

Galtung, J. and Vincent, R.C. (1992). *Global Glasnost*: *Toward a New World Information and Communication Order*? Cresskill, NJ: Hampton Press.

本书在全球性问题的语境下探讨了传播不平等,分析了 1970 年代关于经济新秩序和信息新秩序的辩论。"公开性"(glasnost)这一概念指的是,有必要通过改善全球新闻流动来促进全球理解。

Hamelink, C.J. (1983). *Cultural Autonomy in Global Communications*. New York: Longman.

本书从文化维度探讨了全球传播鸿沟。作者基于"分离"(dissociation)理论提出了国家传播政策建议。

传播与发展

McAnany, E. (ed.) (1980). *Communications in the Rural Third World*: *The Role of Information in Development*. New York: Praeger.

在麦卡纳尼介绍了信息和传播在发展中的作用后,拉里·绍尔(Larry Shore)分析了大众媒体的近用、曝光和影响对于发展之意义。其后是三个案例研究:科特迪瓦、危地马拉和巴西。

---

① 我将第 13 章重新讨论后殖民主义问题。

Servaes, J. (1999). *Communication for Development*. Cresskill, NJ: Hampton Press.

本书从对现代化、依赖性和多样性的理论分析写到了社会变革的政策与规划。书中研究了参与式决策和研究的具体案例。

📖 网络资源

本书的配套网站链接是 https://study.sagepub.com/hamelink，在这里能够看到作者对本章主题"全球鸿沟"的讨论。

访问 https://study.sagepub.com/hamelink 可以免费下载以下学术文章：

Chakravartty, P. (2004). Telecom, national development and the Indian state: a postcolonial critique. *Media, Culture & Society*, 26 (2): 227–249.

Deursen, A. van and Van Dijk, J. (2011). Internet skills and the digital divide. *New Media & Society*, 13 (6): 893–911.

Padovani, C. (2005). Debating communication imbalances from the MacBride Report to the World Summit on the Information Society: an analysis of a changing discourse. *Global Media and Communication*, 1 (3): 316–338.

Servaes, J., Polk, E., Reilly, D. and Yakupitijage, T. (2012). Towards sustainability indicators for "communication for development and social change projects". *International Communication Gazette*, 74 (2): 99–123.

White, R. A. (2004). Is "Empowerment" the answer? Current theory and research on development communication. *Gazette*, 66 (1): 7–24.

Wilkins, K.G. and Enghel, F. (2013). The privatization of development through global communication industries: Living Proof? *Media, Culture & Society*, 35 (2): 165–181.

📖 延伸阅读

Bordenave, J.D. (1977). *Communication and Rural Development*. Paris: UNESCO.

Casimir, F. (ed.) (1991). *Communication in Development*. Norwood, NJ: Ablex Publishing.

Gumucio-Dagron, A. and Tufte, T. (eds) (2006). *Communication for Social Change Anthology: Historical and Contemporary Readings*. South Orange, NJ: Communication for Social Change Consortium.

Hancock, A. (ed.) (1984). *Technology Transfer and Communication*. Paris: UNESCO.

Hedebro, G. (1982). *Communication and Social Change in Developing Countries: A Critical View*. Ames, IA: Iowa State University Press.

Lerner, D. (1958). *The Passing of Traditional Society: Modernizing the Middle East*. New York: Free Press.

McAnany, E.G. (ed.) (1980). *Communications in the Rural Third World: The Role of Information in Development*. New York: Praeger.

McAnany, E.G. (2012). *Saving the World: A Brief History of Communication for Development and Social Change*. Champaign, IL: University of Illinois Press.

McPhail, Th. (2009). *Development Communication: Reframing the Role of the Media*. Oxford: Wiley-Blackwell.

Melkote, S.R. and Steeves, H.L. (2001). *Communication for Development in the Third World: Theory and Practice for Empowerment* (2nd edn). London: Sage.

Rogers, E.M. (ed.) (1976). *Communication and Development*. Beverly Hills, CA: Sage.

Schramm, W. (1964). *Mass Media and National Development*. Stanford, CA: Stanford University Press.

Servaes, J. (1999). *Communication for Development*. Cresskill, NJ: Hampton Press.

Servaes, J. (ed.) (2008). *Communication for Development and Social Change*. London: Sage.

Wilkins, K., Tufte, T. and Obregon, R. (eds) (2014). *The Handbook of Development Communication and Social Change*. Oxford: Wiley-Blackwell.

课外研究

探究你的国家（政府、外交官）在1970年代建立世界信息和传播新秩序的谈判中所起到的作用。

如何进行这种历史分析？在哪里可以找到相关信息资源？你能采访到哪些专家？你会问什么问题？

第九章 宣传、外交和间谍活动

诺姆·乔姆斯基是最有助于我们了解宣传运作方式的学者。

📚 诺姆·乔姆斯基（Noam Chomsky，1928—　）

乔姆斯基生于1928年12月7日，被誉为现代语言学之父，在麻省理工学院语言学和哲学系担任教授约50年。他的普遍语法理论意义非凡，对美国外交政策和现代资本主义的批判性分析则让他名声大噪。他与爱德华·赫尔曼（Edward Herman）一同发展了以批评性媒体分析为目的的宣传模式研究。

他的主要著作包括：《制造共识》(1988)，《必要的幻觉：民主社会中的思想控制》(1989)，《媒体控制：宣传的宏伟成就》(2002)。

对全球传播研究而言，诺姆·乔姆斯基教给了我们批判性反思全球宣传所造成的错觉和幻象。

本章将国际政治体系看作一个传播网络，在这个网络中，信息在全球范围内无休止地流动。这些流动对全球政治至关重要，其主要形式是：
- 宣传
- 外交
- 间谍活动

了解这些传播类型如何创造"软实力"非常重要。它们是讲故事的工具。宣传人员通过散播故事来管控认知，外交官交换故事，间谍收集和处理关于朋友和敌人的故事。

政治宣传简史

宣传作为一种外交政策工具有着悠久的历史。在古代，国际关系中使用宣传性信息就已司空见惯。亚历山大大帝有一个相当于公关机构的组织，"为达到他的目的而写的报告被送到马其顿王朝，在那里被大量复制，携带着宣传意图广泛传播"(Kunzcik, 1990：73)。自15世纪开始，宣传就系统性地开展起来了。

17世纪，教皇格雷戈里十五世（Gregory XV）在1622年建立了"传信部"（Sacra Congregatio de Propaganda Fide）。"传信部"在其简报中号召向新大陆传播天主教信仰。1627年，教皇乌耳班七世（Urban VII）建立了一个专门的培训中心——"乌耳班宣传学院"（Collegium Urbanum de Propaganda Fide），天主教宣传人员在那里接受培训，然后向世界各地传播宗教思想。

18世纪涌现了许多关于敌对宣传的案例。这个世纪见证了历史上最伟大的宣传家之一——拿破仑的宣传工作。"他与欧洲其他国家展开了一场名副其实的宣传战，一场吹牛皮、说大话的战役。……拿破仑有选择地向外国进行传播。向平民进行公开呼吁是一种新的宣传技巧，他在1796年向提洛尔人发表了一份宣言，呼吁他们放弃无可救药的皇帝"(Kunzcik, 1990：75)。

然而，直到20世纪，宣传才成为一个需要集体回应的问题。虽然宣传也通过报纸、杂志和电影进行，但无线电广播成了至关重要的媒介。"19世纪晚期广播的发明彻底改变了宣传实践"(Jowett and O'Donnell, 1986：82)。尽管有更先进的传播技术，无线电广播宣传直到今日仍活跃不已，在世界各地有大量资金投入其中。据估计，全世界有1亿到2亿广播听众。广播节目因各种原因被传送到国外，这些原因包括与外国国民的接触，新闻的国际扩散，对一国政治、经济、文化信息的传播，敌对性宣传。

第一次世界大战期间，宣传手段得到了广泛使用。

伍德罗·威尔逊与乔治·克里尔

1917年4月，美国总统伍德罗·威尔逊成立了公共信息委员会（Committee on Public Information, CPI），并任命报人乔治·克里尔（George Creel）为主席。克里尔力促总统使用真正意义上的宣传，即"信仰的宣传"。委员会的任务是引导舆论支持美国参加第一次世界大战。

克里尔在他的回忆录中写道："委员会绝不是一个审查机构，一个掩盖真相或镇压异己的机器。它强调的从来都是开放性和建设性。它从不依据那些限制言论出版自由的战争法来怙势弄权。从头到尾，由始至终，它都只是一个朴素的传播命题，一个巨大的推销事业，一个全世界最伟大的广告冒险。我们不称它为'宣传'，因为在德国人的手中，'宣传'一词已与欺骗和腐败联系在一起。一直以来，我们的事业既有教育意义，又能使人增进知识，因为我们对自己提供的事实非常有信心。我们认为，只要简单、直接地陈述事实，就不需要别的论据了。"（Creel, 1920）

即使战争结束后，心理战还在继续，国际短波无线电开始激增。德国在1915年就开始了国际无线电广播，苏联在1917年紧随其后。1920年代，各国对国际无线电广播的兴趣迅速增长，纷纷参与其中。到1939年，约有25个国家用多种语言积极向外国广播。这一时期的许多广播节目都含有宣传内容，而且大部分是敌对性的。这些节目诽谤他国政府或他国领导人，企图颠覆外国政权或煽动战争。

国际联盟（联合国前身）自成立以来就关注大众传播媒介在国际关系中的作用，并着手推进诸如让新闻界促进和平等事宜。1931年，国际联盟决定邀请知识合作研究所（Institute for Intellectual Cooperation）（联合国教科文组织的前身）研究如何利用无线电广播增进国际关系。1933年，题为《广播与和平》的研究报告出版，建议起草一项具有约束力的多边条约。这个条约确实起草了并于1936年9月23日缔结，28个国家签署了该条约。法西斯国家并未参与其中。在巴西、英国、丹麦、法国、印度、卢森堡、新西兰、南非和澳大利亚9国批准或加入后，这份《关于在和平事业中利用广播的国际公约》于1938年4月2日生效。公约各项原则的基础是，承认有必要通过共同协议制定规则，防止以不利于国际友好理解的方式使用广播。商定的规则包括禁止传递任何可能煽动民众做出"不符合缔约国国内秩序或安全的行为"的信息，以及可能以不当言论损害国际友好理解的信息。缔约各方还承诺确保"任何可能因不当言论而损害国家间友好理解的信息传递尽早得以纠正"。

第二次世界大战致使无线电宣传迅速扩张，并在战后持续了很多年。"随着世界政治局势不断变幻，国际广播电台成了宣传军械库中的神兵利器"（乔伊特和奥唐纳 [Jowett and O'Donnell]，1986：86）。为了应对有害广播，一些国家试图拦截来自国外的无线电信号。许多国家采用了"信号干扰"技术。政府设法控制收音机的有效接收范围。通常，这些方式都不太成功。

联合国大会通过了一系列决议，以解决战争宣传以及散播"可能损害国家间友好关系"的虚假或歪曲性报道的问题（UNGA Res. 127.II. of 1947）。《公民权利和政治权利国际公约》第20条规定即与宣传紧密相关。此外，联合国教科文组织大会也通过了一系列决议，规定该组织在创造有利于停止军备竞赛和推动裁军的公众舆论氛围上应发挥作用。例如，1978年的联合国教科文组织第1878号决议（第20次会议）建议"……特别重视包括大众媒体在内的信息的作用，以便在各民族与各国之间创造信任和谅解的气氛，增进公众对裁军的理念、目标和行动的认识……"

如果采用惠顿（Whitton，1979：217-229）提出的区分方式，我们可以以将宣传分为三类：颠覆性宣传、诽谤性宣传和战争宣传。颠覆性宣传在各种法律文书中都被认定为非法行为。它煽动叛乱，被视为一种非法干预和一种侵略。许多多边条约都敦促各国不要进行这种宣传。诋毁外国领导人的诽谤性宣传也被裁定为非法，并对国际和平构成威胁。在这种背景下的一个特殊问题是"一个国家的独立报纸或广播发布诽谤性新闻，尤其是虚假新闻的问题"。虽然国际社会普遍同意应该禁止虚假新闻，但"对于达到这一目的的最佳方法存在着广泛分歧"（Whitton，1979：223）。对于这类宣传，还并没有一个明确的、集体通过的协议。

考虑将战争宣传视为非法是20世纪的一个典型进步。早些时候，"宣战被认为是每个国家的主权权利之一"（Whitton，1979：225）。战争宣传被国联和后来的联合国视为对国际和平的严重威胁。国联《关于改进防止战争手段的一般性公约》的草案指出，侵略性的宣传可能"采取进攻性的形式并具有威胁性特征，对和平构成了真正的危险"。国际社会在各种文件中表达了对战争宣传的忧虑，但它从未就此问题达成强有力的多边协定。

这里存在一个特殊问题：许多敌对性传播都是由私人行动者发起的，在这类案例中，国家应负多少责任，各方意见不一。此外，只有少数国家在其国内法中设置了禁止战争宣传的规定。如果一个国家管辖下的独立媒体鼓吹战争，那么该国是否应该对此负责，也存在争议。"战争宣传"的精准定义也尚不明晰。

总的来说，政治实践的特点是缺乏协调和前后矛盾，这在1950年12月14日联合国大会第424（v）号决议中一览无余。这个决议在第3段请各会员国政府不要干涉民众接受境外某些信号。同时，它又请各国政府不要进行无线电广播，因为这将意味着对他国民众进行不公允的攻击或诽谤。联合国的一些文书谴责信号干扰行为，但却并未落实为有约束力的法律。同样，也没有任何限制国际无线电广播内容的多边协定。事实上，大多数成员国的普遍做法是按照自己的意愿进行广播，基本上不受阻碍，因为拦截广播信号通常没有效果。

冷 战

在核时代，国家间斗争不再是军事对抗，世界舞台从通过外交谈判与武装冲突转向了宣传和反宣传。结果，美国和苏联陷入了一场宣传战。

1980年5月28日，美国众议院共和党发言人詹姆斯·怀特（James Wright）表示："美国承担不起在争夺各国人心的战争中失败的风险。"这场"人心之战"确实得到了美国政府的大力支持，私人倡议和大众媒体的贡献也同样重要。例如，"当前危险委员会"（Committee on the Present Danger）（1976年成立）进行了反对《削减核武器条约》的宣传，并特别强调了所谓苏联征服世界的野心。委员会的杰出成员有珍妮·柯克帕特里克（Jeane Kirkpatrick）、保罗·尼特兹（Paul Nitze）、乔治·舒尔茨（George Schultz）和威廉·凯西（William Casey）。1978年，该委员会与"美国保守派联盟"以及"以实力求和平联盟"一起，耗资20万美元在200家电视台播放了一部名为《俄罗斯的力量与美国神话》的电影，反对批准《第二阶段限制武器条约》。1982年，华盛顿特区乔治敦大学的战略与国际研究中心举办了一场由《读者文摘》赞助的会议，会上建议加强心理战，与会者包括珍妮·柯克帕特里克、亨利·基辛格和兹比格涅夫·布列津斯基。

美国总统罗纳德·里根也为这场宣传战做了特殊贡献。例如，1983年3月，他在佛罗里达州奥兰多市的一次福音派基督徒会议上将苏联称为"现代世界的罪恶中心"。苏联也同样热衷于宣传。苏联的国际宣传起源于第三共产国际，该组织成立于1919年。世界大战后，苏联国际宣传的目的之一是在其他国家传播革命思想，利用反苏同盟的内部分歧来瓦解之，通过煽动个别西方国家内部的紧张局势来削弱之。克格勃（苏联情报机构）还在许多国家利用记者来影响舆论和官方决策。1959年，一个有关虚假信息的专门部门成立，让大量捏造的故事见诸世界各地的报端。例如，有人编造了一篇演讲，并诬指是珍妮·柯克帕特里克在担任美国驻联合国大使期间发表的。

苏联的宣传力度自1975年以来大大提高。苏联政府称这很有必要，因为在《赫尔辛基最后议定书》签署后，西方国家开始广泛的反苏宣传。苏联当局称自己的行动为"反宣传攻势"。在这场反宣传攻势中，苏联运用了《真理报》和《消息报》的政治漫画。苏方的关键论点是：西方媒体操纵着咄咄逼人的北约战略家；西方记者是美国中央情报局的盟友，他们维持着苏联威胁论；美国总统里根的政治计划充满了欺骗、暴力和贿赂。

人心之战

近年来，战争发生了很大变化。现代战争不再是典型的正规武装部队间的战斗，而是正规军队与游击队、非国家武装、恐怖主义组织的对抗。这种战争被称为"反恐战争"。敌人的机动性很强，很容易混入平民之中。打赢战争需要深入了解当地的社会关系、部落结构、民众态度和信仰体系。因此，需要更多的情报和更多的文化意识。赢得对手的"人心"非常重要。① 这些战争与其说是战斗，不如说是政治。信息时代的政治就是要把一个事件塑造成最可信的故事。

宣传的核心是认知管理。为了有效地做到这一点，政府将经常依赖所谓"媒体顾问"（spin doctors）。这些专业人士将战争作为诱人的产品来销售。他们用谎言、半真半假的事实和虚构的神话来兜售战争。海湾战争期间，世界各地的记者在几乎没有进行批判性调查的情况下，炮制了一些臭名昭著的神话，其中包括"爱国者导弹故事"和"石油泄漏故事"。据说，爱国者导弹非常有效地拦截了伊拉克向以色列发射的飞毛腿导弹。诺曼·施瓦茨科普夫（Norman Schwarzkopf）将军告诉记者，导弹拦截成功率为百分之百。直到战争结束后，真相才浮出水面。"1993年8月17日，《卫报》引用了美国陆军委员会的一份报告称'战后对战争期间的照片进行回顾时，甚至无法确定哪怕一枚飞毛腿导弹被成功击落。'"（奈特利[Knightley]，2000：496）。在众议院军事委员会的听证会上，前国防部官员皮埃尔·斯普瑞（Pierre Sprey）说："为了影响战后预算，统计数据被无耻篡改，精心挑选的个别反映军事胜利的视频片段在战争期间被大量地输出到媒体上，让国家吃尽苦头。"（Knightley，2000：497）

大多数战地记者"对技术的无知令人印象深刻"，他们无偿充当公关人员，帮助武器制造商获得政府合同。

一只鸬鹚因为伊拉克人从科威特排放浮油而奄奄待毙——这张照片表明，萨达姆·侯赛因不仅是一个残暴的独裁者，还是一个"环境恐怖分子"。然而，这个故事是谎言，"是杰出的宣传作品"（Knightley，2000：497）。导致这只鸬鹚死亡的浮油是美国轰炸伊拉克油轮造成的。"整整一个月后，美联社报道称沙特阿拉伯官员证实，冲上沙特阿拉伯海岸的第一波原油是由美国的袭击造成的，而盟军的袭击造成了沙特阿拉伯海域约三分之一的石油污染"（Knightley，2000：498）。

现代宣传者使用的技巧令人眼花缭乱。他们为战争贴上各种"品牌标签"，例如，

---

① 这个概念是由陆军元帅杰拉德·坦普尔（Gerard Templer）在英国的马来西亚军事行动（1948—1975）中创造的。

美国 1989 年入侵巴拿马的"正义之师行动"（Operation Just Cause），以及美国 1992 年干预索马里的"恢复希望行动"（Restoration Hope）。第一次海湾战争（1991 年）被称为"沙漠风暴行动"（Operation Desert Storm），阿富汗战争（2001 年）被称为"永续自由行动"（Enduring Freedom），对伊战争被称为"伊拉克自由行动"（Operation Iraqi Freedom）。

在"媒体顾问"建构的形象中，有被描绘为大奸大恶之徒的敌人，如残杀无辜婴儿就是敌人的典型形象；也有展示己方在道德价值观、生活方式、文化成就或实力方面的魅力形象。对于政治宣传来说，可信度非常重要。夸大性宣传很容易破坏可信度。可以说明这一点的案例有：关于伊拉克存在大规模毁灭性武器的暗示，或关于萨达姆·侯赛因和基地组织有染的故事。同样重要的是，只有当政治价值观在本国受到尊重时，对它的推广才能发挥作用。当美国在国内执行被视为违反了基本民主原则的《爱国者法案》时，它在伊拉克的民主宣传也就被削弱了。

媒体与政治宣传

不难理解，当政府计划发动一场不受民众欢迎的战争时，它们会雇佣思想经理（mind managers）。这些专业人士显然需要传播范围广泛的公共平台——国际新闻媒体——以发布他们的图文宣传信息。问题的根本在于，总的来说，媒体轻率有余，怀疑批判不足，所以向世界人民传递了太多欺骗性信息。在媒体共同逻辑中，新闻报道必须回答经典的"5W"问题。

设置这五个"W"（什么，何处，何时，谁，为什么）是为了提高新闻的客观性。然而在实际操作中，它们常常妨碍客观性的实现。"什么""何处""何时"这三个"W"通常很容易就能回答。问题出在"谁"和"为什么"这两个"W"上。要回答这两个问题，通常需要更多的时间、更多的研究、更多的小心谨慎。主流新闻在这些方面存在严重问题，因为记者面临着迅速提供确定性答案的巨大压力。许多新闻报道都因执迷于确定性而饱受困扰，而说实话，这种确定性往往是无法完成的。然而，在冲突中为政治领导人出谋划策的媒体顾问声称自己知道所有答案。例如，"9·11"袭击发生后，他们立刻就知道这个问题的答案，即"谁"是基地组织的恐怖分子；以及"为什么"这个问题的答案，是对美国的自由和生活方式的仇恨。令人遗憾的是，新闻制作人和记者难以抗拒这些答案的诱惑力，很容易落入宣传者的圈套（Knightley，2000：496）。

只要记者们没有勇气诚实地说"我不知道"，他们就仍然容易受到媒体顾问的认知操纵。

宣传可以概括为是出于行使（软）权力的目的，通过专业手段散播思想、信仰或世界观的有组织的活动。

菲利普·泰勒（Philip Taylor）在其关于战争宣传的著作的结尾写道："我们面临的挑战是确保不会有任何一个的宣传信源垄断信息和图像来塑造我们的思想。"（1990：232）在战争时期，如何保持信息来源的多样性？

外交与全球传播

国际外交基本上就是讲故事，讲关于国家利益、仇恨和威胁的故事。外交可能始于公元前16世纪的古埃及第18王朝。法老派他们的特使出国。这些特使通常是从贵族中招募的。古希腊城邦也接收或向外派遣外交官，这些人通常是年长者。"为了体现和践行民主，同时也是出于对本国使节的怀疑，古希腊的议会派出几位党派、观点各不相同的大使执行同一项任务"（Van Dinh, 1987：13）。古希腊城邦还知道所谓"外国代表"（proxenos）的作用。所谓"外国代表"是"遴选自城邦的本地人，其[职能]与今天的名誉领事有几分相似"（Van Dinh, 1987：13）。比起外交，罗马帝国更倾向于使用武力。

罗马帝国灭亡后，拜占庭皇帝制定了国际外交礼仪，并把这些礼仪带给了威尼斯人。威尼斯人对其进行了完善："威尼斯人在15世纪开创了互换驻地大使的惯例，为意大利建立了各地外交人员的交流模式。起初，并不叫作'大使'，而是叫作'常驻演说家'（resident orator）。'大使'一词源于凯尔特语，意为'仆人'（servant），直到16世纪中期这个词才流行起来。"（Van Dinh, 1987：14）常驻大使馆在16世纪中期建立，同时外交官群体发展出了自己的程序、语言和沟通方法。

17世纪，外交成为一种职业。红衣主教黎塞留（Cardinal Richelieu）为了使法国在国际外交中占据突出地位，设立了第一个外交部。直到1919年，法语还是外交官们的通用语。

在"一战"和"二战"之间的空档期，国际联盟建立了第一个国际多边外交谈判论坛。通过这个平台，公众的作用（参议院或众议院中有他们的代表）越来越大，公共意见成为需要考虑的因素。第二次世界大战后，由于媒体与外交的互动，公共外交开始发展。公共外交实际上是针对外国民众的全球传播。

传统外交侧重于政府间的交流，而公共外交的主要目的是影响外国民众的认知和态度，进而影响各国政府的外交政策。与宣传一样，公共外交的核心是管理民众的集体认知。这需要操纵文字、思想和符号。这种行为的最终目的是让人们相信他们原本不会相信的事情，做他们原本不会做的事情，从而获得权力。与战争和经济制裁的强制性（硬）力量相反，公共外交（宣传）使用的是话语性（软）力量。

外交与媒体

随着大众媒体（最初是印刷媒体）的出现，记者开始向公众提供信息，以便公众可以评估外交成就。① 自20世纪初开始，媒体和外交官开始陷入一种亦敌亦友的复杂关系中。

外交与媒体关系的关键性挑战是其中一方试图隐瞒（外交官），另一方试图披露（媒体）。这种紧张局势之所以存在，是因为秘密外交在国际政治中依然重要。1993年以色列和巴勒斯坦在奥斯陆进行的秘密谈判就表明了这一点。没有媒体报道这场谈判，公众也被排除在外。

秘密外交是记者的失败。新闻媒体常常无法识别秘密会谈的迹象，因为它们无法想象死敌间会发生对话。由于这些错觉，媒体丢掉了有关秘密谈判的可靠信息，也没有充分跟踪线索而加以披露。

> 秘密外交包括对媒体说谎，进而对公众说谎。你能找到这些手段最终与外交目标相符的情况吗？

"闭门外交"是一种温和的与媒体打交道的方式，例如戴维营谈判（1978年，应时任美国总统卡特邀请，时任埃及总统安瓦尔·萨达特与时任以色列总理贝京会晤），或代顿谈判（1995年，在时任美国总统克林顿的邀请下，塞尔维亚、波斯尼亚和克罗地亚三国总统展开会晤），虽然公布会议召开信息，但会议过程不对媒体开放。② 媒体对"闭门外交"的报道有限，使记者深感沮丧。在没有硬新闻的情况下，大部分报道都局限于"背景故事、人情味故事、猜测、模糊地评价……"（Gilboa，2000：285）。

最开放的形式是公共外交，比如媒体外交。这种外交通过吹风会、新闻发布会和采访进行。这种外交方式的严重危险是将复杂问题过度简化。怎么能指望电视新闻充分报道国际谈判，使观众形成理据充分的立场呢？

媒体外交还有一种形式，即媒体被有意地用于外交目的，它们是传递信息的渠道。例如，在1990—1991年海湾冲突期间，美国国务卿贝克（Baker）不是通过美国驻伊拉克官方外交代表，而是通过CNN向萨达姆·侯赛因发出最后通牒。在1973—1974年的中东"穿梭外交"中，亨利·基辛格利用美国顶级电视记者来传递信息。沃尔特·克朗凯特（Walter Cronkite）（与1977年埃及总统萨达特访问耶路撒冷一事密切相关）、泰德·坎培尔（Ted Koppel）（他的电视节目"夜线"在1985年做了关于南非的节目，在1988年做了关于以色列的节目）、ABC记者约翰·史卡利（John Scali）（在1962年古巴导弹危机期间，他为苏联和美国传递消息）等国际记者，充当谈判各方的调解人。然

---

① 比如威廉·霍华德·罗素（William Howard Russell）的《第一次战争报道》（克里米亚战争，1854—1856）。
② 卡特总统在解释为何要将媒体排除在外时表示："埃及人和以色列人要尽量少摆姿态，这是非常必要的。不能公开发表声明，因为发表声明将固化立场，导致没有回旋余地。"（引自吉尔伯[Gilboa]，2000：283）

而，我们应该认识到，最终还是政治领袖说了算，他们是全球新闻的主要来源和操纵者！"媒体……更多地是通过为领导人和官员提供新工具而改变外交，而不是作为独立行动者发挥作用"（Gilboa，2000：305）。

所有国家——即使它们势不两立——都觉得彼此之间有必要互相直接交流。所谓的"工作性葬礼"（working funerals）是为直接对话创造机会的一大创举。国家元首的葬礼往往是大量外交活动的平台。正如伯里奇（Berridge，1994：60）所言："工作性葬礼现在是世界外交体系中最重要的礼仪场合。"自1960年代以来，得益于航空运输、冷藏和电视等技术的进步，"葬礼外交"得到了显著发展。1982—1985年，勃列日涅夫、安德罗波夫和契尔年科在苏联想要从阿富汗撤军并寻求与中美两国改善关系的时候去世，这对和平来说可谓"天降机缘"。工作性葬礼的主要缺点是不能按预定规划组织，所以知会各方的时间通常很短，无法进行充分的准备工作。然而，葬礼营造了一种独特氛围，非常有利于外交和解。"国际葬礼通常是政治休战之时。"（Berridge，1994：70）

外交传播对于维护国际和平发挥了重要作用。美苏热线就是一个很好的例子。美苏热线建立于古巴导弹危机之后的1962年6月，此前美苏两国政府之间没有直接联系渠道，造成了几乎致命的误解。①

热 线

1967年，在埃及与以色列的"六日战争"中，"热线"第一次被使用。苏联的柯西金主席和美国的约翰逊总统交换了信息，一致认为两国需要共同合作，终结中东军事冲突。当美国"自由号"被不明攻击者的鱼雷击中时，热线变得尤为重要。攻击者可能是苏联或其盟友埃及。在这两种情况下，核战争都可能会爆发。通过热线，双方获悉，这次攻击是以色列海空军的一次误伤。1971年印巴战争期间，以及1979年苏联入侵阿富汗期间，这条热线也曾被使用。2005年，印度和巴基斯坦建立了热线。自2008年以来，美国和中国之间也开通了热线。

伍德罗·威尔逊总统提出"外交应该始终在公众的注视下开诚布公地运作"（引自Williams，1971：79）。这个愿景现实吗？

---

① 1963年6月20日，美苏两国代表在日内瓦签署了《关于建立直接通信线路的谅解备忘录》。

间谍活动：秘密的全球传播

间谍总是存在的。间谍是人类历史上仅次于妓女的第二古老职业。《希伯来旧约》就讲述了腓力斯间谍德利拉（Delila）的故事，16世纪的印度莫卧儿帝国统治者阿克巴（Akbar）就有一个由4000名特工组成的间谍机构。

作为全球传播的一个分支，有组织的间谍活动始于1909年的英国，当时只有一个小部门管理此事。这在很大程度上是受到了作家兼业余间谍威廉·雷克斯（William LeQueux）的虚构故事的启发。雷克斯固执地认为英国有德国间谍（Knightley，2003：12ff）。在英国秘密安全局建立后，类似的组织在美国（中情局和国家安全局）、苏联（克格勃和国家政党管理部）和以色列（摩萨德）也成立了。

各国秘密地指示其情报机构收集有关其他国家的情报，有时也收集本国公民的情报。后者的例证是臭名昭著的中情局项目，比如始于1967年的"混乱"（CHAOS）项目。据《纽约时报》报道，该项目于1975年拥有1万名美国公民的活动档案。马丁·路德·金和罗伯特·肯尼迪也在受监视者之列。1952—1975年，美国国家安全局收集了约7.5万名美国公民的档案。情报机构的一大任务是散布虚假信息，将歪曲的或完全虚假的故事嵌入媒体，误导潜在的或真正的敌人。

收集情报的主要技术有"SIGINT"和"HUMINT"。

SIGINT表示信号情报，通常通过卫星和计算机接收。美国国家安全局的"梯队间谍活动项目"（Echelon espionage project）与英国政府通信总部（GCHQ）合作，在新西兰、澳大利亚和加拿大的支持下，使用巨大的磁盘式卫星天线（又称"真空吸尘器"）收集所有横跨大西洋的电子通信信息，并在智能机器人的协助下进行分析。智能机器人以每秒400万字符的速度检索关键词。

HUMINT表示人工情报。借助大众媒体文化，间谍迎合了广大公众的想象力。在电影和小说中，间谍要么被描绘成拯救世界的天使（詹姆斯·邦德），要么是肮脏战争的操控者或腐败官僚机构的一员（约翰·勒·卡雷）。玛塔·哈莉（来自英国弗里斯兰的舞蹈演员，据说在第一次世界大战期间充当德国间谍）的故事吸引了许多女性成为间谍。

今天的情报机构面临着几个问题。全球化的结果是情报机构在全球的触手更长了。间谍活动不再仅仅是欧洲的事情，所有国家都这样做。而非国家行为体也在相当大的范围内从事工业间谍活动，其结果是如今每个人都被监视起来。美国联邦调查局调查了全球173个国家和地区，发现其中的57个在对美国施行经济和技术间谍活动：日本位居榜首。（Knightley，2003：441）

技术的发展使高度复杂的海量数据收集成为可能。然而，这将导致信息超载以及信息分析能力不足的风险。

情报机构扩大了规模和职权，其政治角色也更重要了。很多时候，重要的政治决策都是基于情报机构提供的信息作出的。情报服务的政治管理问题由此而生。正如杜鲁门总统在1963年所说的那样："有些时候我会对中央情报局偏离其最初任务感到不安。它帮政府干活，有时甚至是政府决策的左膀右臂。"（刊于《华盛顿邮报》[Washington Post]，1963年12月22日）

20世纪末，国际情报机构面临的挑战是"困惑"。宿敌争霸（美国与苏联）所带来的安全问题已经不复存在，因此情报收集失去了其清晰明确的刺探对象。如今的间谍有哪些新任务？他们是应该参与反毒品战争（但其他机构已经参与其中），或者打击全球恐怖主义、非法（核）武器贸易，或者从事工业间谍活动？那些曾经的间谍还可以像一些前克格勃间谍那样写谍战小说并出售。

无论情报行业的未来如何，其关键特征很可能延续下去。奈特利（Knightley, 2003：463）总结称，"无论间谍是多么郁郁不得志，他们还会存在一段时间。一位英国秘密情报局官员曾经告诉我：'流水的政府，铁打的我们'"。

媒体与间谍活动

最后，西方赢得了冷战。可以说，在这个过程中，经济实力、技术能力、政治制度、地理和人口是比情报工作更重要的因素。"一个简单的事实是，苏联无法阻止其公民了解西方，从莫斯科年轻人的穿着方式和他们演奏的音乐可以明显看出，他们认为国外的生活比国内更好。我们有理由宣称，是媒体，而不是间谍，赢得了冷战"（Knightley, 2003：431）。

议会问责制（民主治理的必要条件）和秘密情报收集（国家安全的必要条件）之间存在着张力。议会应该接受和批准秘密获得的结果吗？

焦点阅读

战争宣传

Taylor, P.M.（1990）. *Munitions of the Mind*: War Propaganda from the Ancient World to the Nuclear Age. Wellingborough: Patrick Stevens.

菲利普·泰勒对古希腊、中世纪、两次世界大战以及冷战等各个时代的战争宣传进行了精彩的历史概述。他的结论是，宣传是一个说服的过程，是"在一个受到核毁灭威胁的文明世界中形成民主共识的必要手段。如果他们不同意公众的意见，他们必须告诉公众自己的看法利在何处。但是，必须让公众了解他们的观点,并相信公众会以负责任的方式做出回应"(p.232)。

网络资源

本书的配套网站链接是 https：//study.sagepub.com/hamelink,在这里能够看到作者对本章主题"宣传与粉饰"的讨论。

访问 https：//study.sagepub.com/hamelink 可以免费下载以下学术文章：

Gilboa, E.（2008）. Searching for a theory of public diplomacy. *The ANNALS of the American Academy of Political and Social Science*, 616（1）：55–77.

Louw, P.E.（2003）. The "War Against Terrorism": a public relations challenge for the Pentagon. *Gazette*, 65（3）：211–230.

Nye, J.S. Jr.（2008）. Public diplomacy and soft power. *The ANNALS of the American Academy of Political and Social Science*, 616（1）：94–109.

Winseck, D.（2008）. Information Operations "Blowback": communication, propaganda and surveillance in the Global War on Terrorism. *International Communication Gazette*, 70（6）：419–441.

延伸阅读

宣传

Jackson, R.（2005）. *Writing the War on Terrorism: Language, Politics and Counter-Terrorism.* Manchester: Manchester University Press.

Jowett, G.S. and O'Donnell, V.（1986）. *Propaganda and Persuasion.* London: Sage.

Lasswell, H.D., Lerner, D. and Speier, H.（eds）（1979）. *Propaganda and Communication in World History. Volume I: The Symbolic Instrument in Early Times.* Honolulu: East–West Center, University Press of Hawaii.

Lasswell, H.D., Lerner, D. and Speier, H.（eds）（1980）*Propaganda and Communication in World History. Volume II: Emergence of Public Opinion in the West.* Honolulu: East–West Center, University Press of Hawaii.

Lasswell, H.D., Lerner, D. and Speier, H.（eds）（1980）*Propaganda and Communication in World History. Volume III: A Pluralizing World in Formation.* Honolulu: East–West Center, University Press of Hawaii.

Miller, D.（ed.）（2004）. *Tell Me Lies: Propaganda and Media Distortion in the Attack on Iraq.* London: Pluto Press.

Rampton, S. and Stauber, J. (2003). *Weapons of Mass Deception. The Uses of Propaganda in Bush's War on Iraq*. London: Robinson.

Taylor, P.M. (1990). *Munitions of the Mind: War Propaganda from the Ancient World to the Nuclear Age*. Wellingborough: Patrick Stevens.

Short, K.R.M. (ed.) (1983). *Film & Radio Propaganda in World War II*. London: Croom Helm.

Short, K.R.M. (ed.) (1986). *Western Broadcasting over the Iron Curtain*. London: Croom Helm.

外交

Lasswell, H.D. (2010). The theory of political propaganda. In Thussu, D.K. *International Communication: A Reader*. New York: Routledge. pp. 329–332.

Nelson, R. and Foad, I. (2009). Ethics and social issues in public diplomacy. In Snow, N. and Taylor, P.M. (eds), *Routledge Handbook of Public Diplomacy*. New York: Routledge. pp. 334–351.

Nye, J.S. Jr. (2010). Public diplomacy and soft power. In Thussu, D.K. (ed.), *International Communication*: A Reader. New York: Routledge. pp. 333–344.

Snow, N. (2009). Rethinking public diplomacy. In Snow, N. and Taylor, P.M. (eds), *Routledge Handbook of Public Diplomacy*. New York: Routledge. pp. 3–11.

Snow, N. and Taylor, P.M. (eds) (2009). *Routledge Handbook of Public Diplomacy*. London: Routledge.

Taylor, P.M. (2009) Public diplomacy and strategic communication. In Snow, N. and Taylor, P.M. (eds), *Routledge Handbook of Public Diplomacy*. New York: Routledge. pp. 12–16.

间谍活动

Bungert, H., Heitmann, J.G. and Wala, M. (eds) (2003). *Secret Intelligence in the Twentieth Century*. London: Cass.

Fitzgibbon, C. (1978). *Secret Intelligence in the Twentieth Century*. London: Granada.

Knightley, Ph. (2003). *The Second Oldest Profession: Spies and Spying in the Twentieth Century*. London: Pimlico.

Wark, W.K. (2003). Canada and the intelligence revolution. In Bungert, H., Heitmann, J.G. and Wala, M. (eds) (2003). *Secret Intelligence in the Twentieth Century*. London: Cass. pp. 176–191.

课外研究

找出最近国际新闻媒体中宣传人员使用欺骗性语言的案例并加以分析。
你将如何着手这项任务?你会用什么研究方法?
有什么有用的理论框架吗?
你会选择哪家媒体进行分析?

第十章

全球传播与冲突

撰写关于传播与冲突的文章,不可能不受到和平新闻大师约翰·加尔通的启发。

📚 约翰·加尔通(Johan Galtung,1930—)

1930年,和平与冲突研究领域的创始人加尔通出生于挪威。1959年,他在奥斯陆建立了和平研究所(Peace Research Institute)。1969年,他被任命为奥斯陆大学和平与冲突研究主席。在全球传播研究方面,他关于涉外新闻筛选与和平新闻的著作意义重大。

他的主要著作包括:《真实世界》(1980);《约翰·加尔通:还有选择》(1984);《和平研究论文集》(1988);《全球公开化:迈向世界传播新秩序?》(与文森特合作,1992);

《人权的另一个关键》(1994);以及《经济学的另一个关键》(1997)。

对全球传播研究而言,约翰·加尔通教给了我们批判性地反思新闻在缔造全球和平中的作用。

我在本章着重讨论传播在冲突中的作用。本章分析了传播媒介在再现全球暴力中的作用,并提出了一种新型外交传播形式,以减少暴力。

- 信息自由流动与和平
- 媒体逻辑与暴力
- 和平新闻
- 更多、更好的信息?
- 走向"城市—全球"外交传播

联合国教科文组织在成立之初就期望通过信息的自由流动,让人们更好地相互了解,从而促成和平关系。经验性证据表明,全球信息流和通信网络在过去几十年里增长迅速。

据记载,自 1945 年以来,世界各地的大规模暴力活动有所减少。自 1945 年以来爆发过数场战争,其受害者众,但从历史上看,有一种明显趋势,即今天的世界比以往任何时候更加和平。1988 年,进化论心理学家达利和威尔森(Daly and Wilson)对凶杀案的研究就指出了这一点。2011 年,斯蒂文·平克(Steven Pinker)带来了一组历史数据,令人信服地论证了暴力行为的下降。我们生活在比以往任何时候都更加和平的时代。在 20 世纪和 21 世纪,大规模暴力事件呈下降趋势(Pinker,2011)。这个结论似乎不可思议,因为媒体向全球播送的故事(新闻、娱乐和游戏)并没有呈现出一个前所未有的世界和平景象。电视屏幕每天都在播放着战争画面,大量血腥内容从电视机流入全球各地的家庭。全世界的媒体都在暗示:我们生活在一个危险的世界。像诺曼·普德雷兹(Norman B. Podoretz)所著的《第四次世界大战》(*World War IV*)和约翰·达比希尔(John Derbyshire)所著的《我们完了》(*We Are Doomed*)这样的畅销书能卖出数百万册。还有人注意到,"在现代信息社会中,媒体的作为使肆意杀戮的神话永世流传,暗中以欺骗手段美化杀戮和战争"(格罗斯曼 [Grossman],1995:35)。詹姆斯·邦德及其同僚认为,杀戮其实很简单。与许多媒体所暗示的相反,人类其实有很强的抑制力,不会去杀害自己的同类。"媒体对暴力的描述极力告诉我们,人类会轻易地抛弃生命中的道德约束以及任何其他本能约束,在战斗中无所忌惮地杀戮。那些曾经杀戮并谈及杀戮的人,讲述的却是不同的故事"(Grossman,1995:88)。

媒体还在很多重要方面提供公共平台,宣传赶尽杀绝的理念,鼓励德国或卢旺达的平民去屠杀其他平民百姓。虽然犯罪可以在没有明显动机的情况下进行,但大规模的暴力行为——如反人类罪行——需要有理念的激励。为了让人们犯下这样的罪行,人们需要相信他们的暴力行为是正确的。反人类罪常常发生在有关"他者"的虚假信息被系统性传播的情况下。这种宣传意在煽动人们对一个外部群体进行社会性或物质性消灭，并将暴行合法化。这些群体的成员往往首先被列为"不受社会欢迎者"。他们遭到公开的嘲讽、侮辱和挑衅（通常是在媒体上）。当骚扰付诸行动时，受害者会被毒打和杀害。随着赶尽杀绝的理念的传播，"他者"被非人化，而本群体的优越性会被强调。宣传人员言之凿凿地暗示受众，"他者"对社会的安全与福祉构成根本威胁，避免这种威胁的唯一有效手段是根除这种巨大的危险。在这个过程中使用暴力被认为是不可避免的，因此不仅可以接受，而且绝对必要。

这种促使人们自相残杀、赶尽杀绝的理念不是人类基因的构成部分，而是社会建构出来的，需要社会机构广而告之。这些机构包括宗教团体、学校、家庭和大众媒体。

纳粹大屠杀以及历史上的其他暴行表明，在意识形态驱使下，普通人也会积极和热情地对人类同胞进行大规模屠杀。

如果没有赶尽杀绝的理念，反人类罪是不可想象的，因此，这些信念的机构性载体（如大众媒体）可以被视为反人类罪的实施者。

媒体逻辑与暴力①

重大冲突通过国际和国内新闻媒体引起全世界的注意。对世界上大多数人来说，媒体是重要的信息来源，让人们知道了那些人类尊严被集体摧毁的事。很明显，如果没有新闻媒体的报道，就很少有人或根本无人知道在刚果或达尔富尔等地，有成千上万人沦为了大规模屠杀和侵略的受害者。没有媒体的报道，就没有受害者。这种冲突"媒介化"（mediatization）显著影响着媒体受众（包括主要决策者）对此类事件的反应方式（科特尔 [Cottle]，2006）。这背后存在着严重问题。

全球新闻报道的第一个问题是，所有媒体报道都是由"选择性表达"所驱动（金内肯 [van Ginneken]，1998：16）。这意味着——不可避免地——在一系列因素（政治压力、经济驱动、个人偏好、专业风格、人类认知机制）的共同作用下，媒体才会做出选择（例如，不是所有冲突都会被报道）并强调之。有些冲突被认为比其他冲突更重要，有时候这原因可能是易得性、资源、风险、嵌入性。而且，对于被选中的冲突事件，某些方面或维度比其他方面或维度更受关注。选择性表达是"媒体逻辑"（media logic）所固有的，是大多数媒体的运作方式。媒体逻辑的特点是倾向于关注突发事件、耸人听闻、戏剧化反映社会现实、不顾社会背景地报道事态发展。

媒体逻辑在很大程度上决定了目前流行的冲突报道形式：战争新闻。关于武装冲

---

① 以下段落发表于：汉姆林克，2011，pp.32-36.

突的报道倾向于关注暴力及其显而易见的影响，趋向于零和思维，专注赢家和胜利，将"我们"与"他们"截然区分，并表示"他们才是问题根源"（希纳尔 [Shinar]，2008：9）。"专业价值观——例如将冲突可视化的倾向和对战争导向的冲突结果的预期——是促使媒体重视战争新闻的一大因素"（Shinar, 2008：23）。正如哈克特和施罗德（Hackett and Schroeder）所言："传统的新闻惯例和新闻价值倾向于使冲突升级"（2009：26）。战争新闻倾向于站队，而且很少提供社会政治背景和历史性视角。

第二个问题是新闻报道总是被报道者置放于一个特定框架内。这些事件可以被定义为暴动、解放斗争、恐怖主义或内战。框架通常是由新闻的主要定义者构建的，比如政客，他们使用技巧娴熟的"认知管理者"（perception managers）来推销他们对现实的解释。总的来说，媒体倾向于用非此即彼的选择来描述冲突。

新闻是讲故事的艺术，而新闻报道的故事"叙事"意味要用到定义框架。冲突各方借助记者讲述自己的故事，并随着冲突的发展而改变自己的叙事。通常来说，这需要"从一种受害者叙事转变为关于进化和赋权的叙事"（普鲁伊特和金 [Pruitt and Kim]，2004：203）。

"双方都有自己的说法，当冲突严重时，双方往往以完全不同的方式解释同一事件。因此，以色列人在解释他们针对巴勒斯坦人的军事行动时，总是谈到纳粹大屠杀和阿拉伯人对他们的多次攻击，认为这些阿拉伯人似乎是在挑战他们祖国的存在权。巴勒斯坦人在谈论他们对以色列的袭击时，总是会强调以色列对其领土和自由的不断蚕食。"（Pruitt and Kim，2004：202）

在冲突叙事中，隐喻起着至关重要的作用。"一些隐喻强化了冲突，使其解决起来更加棘手。"（Pruitt and Kim, 2004）普鲁伊特和金举例说明了北爱尔兰冲突双方使用的隐喻。爱尔兰共和军用"殖民主义"来指涉英国军队，而英国政府则用"犯罪"来指称爱尔兰共和军的活动。这些都是非常负面的隐喻，为了推动和平进程，必须将之抛弃。"9·11"袭击后，政府和媒体经常使用"战争"这一隐喻。这使人们把注意力集中在以军事手段解决冲突上，而忽视了恐怖主义活动的诱因。

第三个问题涉及媒体的冲突报道给我们带来的难题。可怕而血腥的战争图片应该被公布吗？苏珊·桑塔格在《关于他人的痛苦》（*Regarding the Pain of Others*，2002）中写到这个问题，她认为这些照片告诉我们：人类对彼此做了什么，我们永远不应该忘记这一点。让世界各地的电视观众常看到伊拉克南部医院中伤残儿童的痛苦画面似乎确实很重要。否则，我们可能会忘记，他们是西方军队贫铀弹多年来荼毒伊拉克南部的受害者。

这确实引出了一个问题：展示人民的苦难是否会让观众意识到战争的疯狂和可耻？或者，这会促使人们以暴易暴、血债血偿吗？是什么影响确实还不确定，也许这完全就是个错误的问题。我们也许应该问：如果我们不去持续地、真实地展示战争的恐怖，将有何影响？如果我们不让彼此知晓我们可以造成多大的杀戮，这种"遮掩"将使那些已经发动和图谋发动战争的人更容易逃脱惩罚，甚至辩称他们的战争是必要和合法的。这种遮掩为政客和军方提供了足够的空间来歪曲战争的真相。令人震惊的图片和故事可能不会改变人类对致命性冲突的偏爱。然而，它可以被看作我们每日耳闻目睹人类破坏行为的道德底线。我们至少可以铭记受害者。埃利·威塞尔（Elie Wiesel）在1986年获得诺贝尔和平奖时说，"所有这些受害者最需要的是知道自己并不孤单，我们没有忘记他们，当他们的声音被压制，我们应该替其发声。他们的自由取决于我们的自由，同时也决定着我们的自由能达到何种质量"。

和平新闻

许多学者都认为，以传播缔造和平的模式即"和平新闻"。这一概念由挪威和平研究者约翰·加尔通提出，与主流冲突报道模式相对。悉尼大学和平与冲突研究中心学者兼记者杰克·林奇（Jack Lynch）是和平新闻的重要推动者。传统的战争新闻把战争看成是一场成王败寇的零和游戏，以"我们"与"他们"对抗为宣传导向，使用"胜利"与"失败"的隐喻。和平新闻更有同情心，更积极主动，更关注暴力的影响。它揭露宣传性谎言，突出和平倡议。简而言之，和平新闻提供了一种更加平衡的新闻报道，寻求不同的解释，关注事件背景，积极主动，以人性视角报道冲突各方，揭露各方的谎言，披露战争的苦难、痛苦和创伤，并使罪行实施者大白于天下。和平新闻研究的关键假设是"传统的新闻惯例和新闻价值倾向于使冲突升级"（Hackett et al.，2008：26）。苏莱曼·伊尔万（Suleyman Irvan，2006）将和平新闻定义为一种要求媒体承担社会责任并推动和平的规范理论。和平新闻告诉媒体应该做什么，以积极化解暴力冲突。有关和平新闻的文献指出了实现这一规范立场的基本障碍。

新闻专业主义、新闻价值观念和客观性这些概念都可能成为障碍，因为它们认为，和平新闻威胁到了职业操守和独立新闻报道。和平新闻的制度性障碍是组织和管理媒体的主流模式，因为媒体通常像企业一样运作，痴迷于市场份额、收视率和独家新闻。此外，民族主义情绪也构成障碍。当国家走向战争时，媒体强烈倾向于在冲突中选边站队。和平新闻是否有助于缓和冲突似乎并不是主要问题。显然，新闻报道若能在合理范围内保持平衡，不宣传造势、不党同伐异、不高呼必胜，则能对冲突升级的危险提出严肃质疑。它还可能促使冲突局势中那些不加批判的旁观者提出更多的问题。和平新闻的一项重要任务可能是超越对当下冲突的报道，着眼于冲突升级后的局势。

和平新闻的缺陷在于，它还未意识到使社会认可和平新闻工作者所作贡献的必要性。除非社会（即媒体受众）整体上要求冲突报道质量更高、更关注事件背景、不哗众取宠、少党派色彩、更具调查性，否则记者的努力就是徒劳的。正如前文所述，目前依然存在的根本问题是，新闻生产仍被视为一种商业活动，新闻被视为一种商品，新闻机构追名逐利，专业化的标准操作方法占据上风，如此种种是否可以在冲突爆发前后容纳和平新闻的媒体惯例和价值取向？这必然要求新闻供应方的组织方式能有实质性变革。然而，更重要的是需求方——新闻受众——的预期也要发生重大变化。批判性的研究者可能会设想不同的新闻风格，但是数量庞大的全球受众并没有对"新闻本身"表现出明显不满。关注大众媒体的表现并不只是媒体生产者的责任，它还涉及受众群体。1969年，威尔伯·施拉姆写道："听新闻、看新闻、读新闻的公众低估了他们的力量。"他指出，公共监管机构、媒体本身以及公众对大众传播的质量负有共同的责任（施拉姆和瑞沃斯 [Schramm and Rivers]，1969：249）。1993年，记者莫特·罗森布卢姆（Mort Rosenblum）也提到了公众对于国际新闻报道质量不足负有的责任："如果新闻供应者没有做得更好，那是因为消费者没有提出要求。"（Rosenblum，1993：287）

当武装冲突爆发时，经常会听到海拉姆·约翰逊（Hiram Johnson）参议员的这句话："在战争时期，真相是第一个受害者。"而第二个受害者似乎是公众了解真相的兴趣。媒体受众通常不想知道武装冲突的所有细节。可靠的媒体需要高质量的受众。由于信息供应在民主社会中至关重要，公民需要做警觉的媒体消费者，积极对媒体内容进行批判性反思。除非全世界的媒体消费者要求以和平新闻的形式获得关于冲突的正确信息，否则新闻行业是不可能幡然悔悟的。显然，媒体与社会的关系在于，媒体是社会环境的一部分，在其中发挥作用。社会环境越能缓解焦虑、抵制躁动，以及抚慰人与他人失去联系的痛苦，媒体化解冲突的潜力就会越大。研究证据确实表明，媒体在大部分时候是追随者，而不是领导者。在大多数重要的社会辩论中，媒体可能看起来像是发起者，但它们通常是传声筒和放大器，而不是拓荒者。第一个定义诸如性别、种族、和平主义或气候变化等社会问题的往往是政治团体、社会活动家和宗教运动人士，这样的例子比比皆是。

更多与更好的信息？

1945年联合国教科文组织的规定认为，由于战争始于人的思想，因此必须在人的思想中构筑保卫和平的屏障。这其中隐含的意思是，为了发展和平的文化，需要（用媒体）影响人们的头脑。然而，将信息供应视为减少暴力的重要外部因素的想法是有缺陷的，我将在下文论述。此外，"战争起源于人们的头脑"这一观点具有误导性。人类之间的战争始于他们身体的物质性与物理性因素。人类像其他物种一样，不断地卷入生存斗争之中。这种斗争不可避免地包含着侵略和暴力。在这样的斗争中，瞄准人民"心灵和头脑"的宣传运动无助于降低冲突的危险性。

所谓"向公众恰当地告知世界上发生的事情"，其背后有一个潜在的假设，即人类总体来说是理性的生物,他们会根据新信息形成自己的观点,并在新信息的基础上改变早期的立场和发展出新的洞见。但是,这种看法是有问题的,现实完全不同!基于情感和非理性,人们通常已经知道他们应该怎么想。他们过滤掉不符合他们期望的信息,许多有可能动摇既定观点的信息都被轻易丢弃。人们倾向于相信他们的假设是正确的,不容置疑。"人们希望获得信息以便做出更好的决定"的想法基于的假设是,决策过程是以有序而理性的方式进行的。然而,通常情况下,社会和个人的决策是一个非理性的、临时起意的混乱过程。如果人类是理性和合逻辑的信息处理系统,他们会比平时更频繁地改变观点和立场。

在分析传播在暴力冲突中的作用时,我们应该调低对于信息供应的过高期望。人们普遍认为,更多和更好的信息对防止紧张局势升级至关重要,更多的、开放的传播也有助于缓和局势。这里潜在的假设是:一旦人们知道更多彼此的信息,他们就会相互理解,减少暴力倾向。

这些假设都值得怀疑。只有当人们认为冲突爆发甚至升级为暴力的主要原因是信息不足时,这些假设才基本有效。从上述推理可以得出,一旦对手掌握了彼此的正确信息,冲突就可以得到控制。这意味着如果对手彼此间更了解,就更容易达成一致意见。然而,很难找到相应的经验性证据。人们同样可以提出这样的观点,即社会和谐很大程度上是由于人们对彼此一无所知。事实上,许多社会之所以能保持一定程度的稳定,正是因为它们采用了仪式、习俗和惯例,使其成员能够在不了解彼此详尽信息的情况下参与社会交往。

这些假设忽略了一个事实,即冲突往往涉及非常实际的争论点。冲突可能非常危险,因为敌对双方对彼此的目的和动机了如指掌。关于对手的信息越多就越可能导致冲突。美国和苏联在冷战期间保持"核稳定"的一个关键因素是,两国都缺乏对方核潜艇确切位置的信息。由于这些核潜艇很难被发现和锁定,它们因而可能会逃脱第一次打击,而攻击者第二次打击的威力已然减弱。对敌人位置的茫然无知,对意图首先发动核打击的任何一方都是强大的威慑。

信息完全公开可能会加剧冲突,因此可以说一定级别的保密对社会安全有积极作用。一定程度的保密也有助于遏制潜在的冲突升级,因为它可以使各方在关键性谈判中游刃有余,保全颜面。

需要补充说明的是,在冲突局势中,问题往往在于信息太多而不是信息太少。在决策过程中,需要评估的信息流一旦达到临界量,就可能引发功能失调。信息超载可能会严重阻碍理性决策,因为处理信息的方法(如选择性过滤、刻板印象和过分简单的结构)会导致错误的认知和不正确的解释。

研究媒体和暴力,复杂性视角十分有用,因为它可以帮助学生远离在第2章中提到的对因果律的过分重视。

最主要的问题并非"是媒体导致了集体的破坏性侵略行为吗?"而是,"媒体是促使人类杀戮、凌辱自己同胞的因素吗?"

如果像斯蒂文·平克在其长达800页的研究报告（Pinker, 2011）中所指出的那样,当代历史上的暴力确实在减少,但我们也不能保证这种情况会持续下去。平克非常明确地说明了这一点。因此,关键问题是,这种下降的趋势如何才能持续下去。令人有些失望的是,平克（2011）的研究中没有提及传播,也没有提及外交传播在减少暴力方面的作用。

对于研究全球传播的学者来说,思考这一领域如何促进世界和平是一个挑战。一种值得探索的可能性是发展一种新型外交传播方式,这种方式不像传统外交那样以国家为中心,而是将全球城市作为合作伙伴。

走向"城市—全球"外交传播

公民外交（citizen diplomacy）已成为世界范围内的一种潮流。这是一种公共外交形式,人民之间的关系（通过交换项目或音乐和美术的使用）在其中发挥外交手段的功能。

传统的外交传播主要是国家间传播。然而,国家不再是全球政治中唯一的行为体。国家的利益也可能是具体而狭隘的,不是普遍而世界性的。国家控制并操弄着有形的（硬）权力工具。事实上,全球外交不应仅仅由国家（states）来执行,而应由"各族民众"（nations）来执行（参见本书第2章）。所谓"各族民众"是世界范围内在和平关系中利益息息相关之人的共同体。这些人构成了21世纪初的第一批城市居民。2009年,全球一半的人口居住在城市地区,今后几年内,这一比例将达到约70%。在城市这样的空间里,人们必须找到共同生活的方式,并处理所有因城市空间而产生的冲突。

在全球化的环境中,我们都是本地人。地方是形成我们日常生活的地理和心理场所。但与此同时,这些地方也受到全球商品、金融和故事流动的影响。地方的日常生活受到全球观念的影响。地方性社区可以跨越国界,与其他地方结成网络,从而发展出全球性抗衡力量,以对抗威胁地球生存的势力。

对于我们这个时代的社会运动来说,关键的战略问题是"如何通过与其他地方联网,从地方走向全球？……社会运动如何利用传播资源在全球结成网络,动员对权力的反抗？"（Castells, 2009: 52）。

在为地方城市媒体设计城市战略时,与其他地方联结以创建全球城市间网络,至关重要。这需要城市社会运动致力于"生存"和"城市传播",认识到地方和全球的存亡在本质上相互关联,与类似的城市运动结盟,(通过全球化的地方媒体)交流有关希望的故事,以及游说地方政府,以设计和执行传播政策,推动建立民众共有共管的城市传播系统。在卡斯特尔斯的理论中,自我大众传播(self mass-communication)的兴起为社会和政治变革制造了新的机遇。(Castells, 2009: 302)

网络化社会运动可以利用这些新机遇来建立制衡力量和发展替代性解决方案。要做到这一点,关键在于全球携手,使互联网成为自由开放的社会讨论平台。显然,新的信息和传播技术为建立地方社区的全球性网络提供了前所未有的机会。

世界上的城市正在成为全球互联的系统。许多城市都利用网络技术进行精彩纷呈、前途光明的实验。然而,地方政府对这种创新几乎没有具体的政策规划,也很少去思考这种创新如何使城市成为全球网络的节点。

显然,无法回避的问题是,致力于让全球都能够生存下去的"全球本土化网络"(glocal networks),其前景到底有多少现实性?因为占主导地位的全球秩序具有强大驱动力,对信念体系的宣传也高效有力,故而这种前景似乎相当渺茫。然而,与当前"自上而下的全球化"相比,"自下而上的全球化"不再是幻想。(福克[Falk], 1993: 39)

在过去几十年里,地方性社区已经证明,它们的能力足以应对全球变革。今天,世界各地有数以百万计的人参与基于社区、关注全球问题的地方活动。这些活动催生了一种新型世界政治。这代表传统国际关系的转变。传统国际关系主要由发言人、外交官和政治家等国家外交事务精英主导;如今,它变为一个世界政治舞台,在这个舞台上,地方社区的普通民众往往绕过本国官员,直接参与到世界问题中。随着这些地方社区开始联结与合作,新兴起了一股塑造世界政治格局的强大力量。地方社区不再依赖国家领导人维护世界安全。在这个过程中,"地方的全球化"遭遇"走向全球的地方社区"!地方社区已开始认识到自己对边界以外的问题负有责任,并将世界问题列入其政策议程。地方的举措为人们提供了履行责任的机会,并促使他们对政治生活做出更大贡献。地方社区的民众也承认,把未来掌握在手中是自己的基本义务,也是民主理想的应有之义。目前,随着世界各地的地方社区涉入开发、环境和人权等领域,可以说,在全球范围内生产和分发关于希望的故事所获得的成就指日可待,这是对在第三个千禧年人类存续做出的决定性贡献。

萨斯基亚·撒森(Saskia Sassen)写道,全球城市已经成为新诉求形成的场所(2009: 92),其中可能包括对全世界暴力继续减少的诉求。城市空间可以成为前沿地带,让涉及全球和平关系的新型"全球本土化"传播实践在这里开动起来。

📖 焦点阅读

冲突

Hamelink, C.J. (2011). *Media and Conflict: Escalating Evil*. Boulder, CO: Paradigm Publishers.

在这本书中,作者与人性之恶这一令人长期困扰的问题作斗争。他反思邪恶的过去和未来,试图理解人类冲突升级的问题。他探索了媒体在冲突升级过程中的作用,并提出了发人深省的应对之策:用心沟通、沟通型城市和国际媒体预警系统。

种族灭绝

Goldhagen, D.J. (1996). *Hitler's Willing Executioners: Ordinary Germans and the Holocaust*. New York: Vintage Books.

作者描述了反犹主义信仰在纳粹大屠杀中的重要作用。他揭示了邪恶而危险的犹太人形象如何影响德国社会,为种族灭绝提供关键动力。

Volkan, V.D. (1994). *The Need to Have Enemies and Allies: From Clinical Practice to International Relationships*. London: Jason Aronson Inc.

作者根据他的精神病学实践提出了人类冲突的根源,即人类的心理既需要敌人又需要盟友。他解释了外敌的内部呈现如何导致冲突升级,特别是集团间和国家间的冲突。

暴力

Pinker, S. (2011). *The Better Angels of Our Nature: The Decline of Violence in History and Its Causes*. London: Penguin.

作者认为,大众的看法受到了媒体上日夜不停的血腥冲突图景的影响。与大众看法相反,暴力在历史上已经减少了。通过和平与文明的历史进程以及人道主义和人权革命,当今社会中的暴力在逐渐减少。

📖 网络资源

本书的配套网站链接是 https://study.sagepub.com/hamelink,在这里能够看到作者对本章主题"国际冲突"的讨论。

访问 https://study.sagepub.com/hamelink 可以免费下载以下学术文章:

Bahador, B. (2011). Did the Global War on Terror end the CNN effect? *Media, War & Conflict*, 4(1): 37-54.

Hamelink, C.J. (2008). Media between warmongers and peacemakers. *Media, War & Conflict*, 1 (1): 77–83.

Ottosen, R. (2010). The war in Afghanistan and peace journalism in practice. *Media, War & Conflict*, 3 (3): 261–278.

Shinar, D. (2009). Can peace journalism make progress? The coverage of the 2006 Lebanon War in Canadian and Israeli media. *International Communication Gazette*, 71 (6): 451–471.

Tumber, H. (2008). Journalists, war crimes and international justice. *Media, War & Conflict*, 1 (3): 261–269.

延伸阅读

Gallagher, T. (1997). My neighbour, my enemy: the manipulation of ethnic identity and the origins and conduct of war in Yugoslavia. In Turton, D. (ed.), *War and Ethnicity*. Oxford: The Boydell Press., pp. 47–75.

Galtung, J. (1991). Visioning a peaceful world. In Paige, G. and Gilliat, S. (eds), *Buddhism and Nonviolent Global Problem-Solving*. Honolulu: University of Hawaii Press.

Graham, S. (ed.) (2004). Cities, War, and Terrorism. Oxford: Blackwell.

Irvan, S. (2006). Peace journalism as a normative theory: premises and obstacles. *Global Media Journal: Mediterranean Edition*, 1 (2): 34–39.

Jackson, R. (2005). *Writing the War on Terrorism: Language, Politics and Counter-Terrorism*. Manchester: Manchester University Press.

Korzenny, F. and Ting-Toomey, S. (1990). *Communicating for Peace: Diplomacy and Negotiation*. London: Sage.

Richardson, L. (2006). *What Terrorists Want: Understanding the Enemy, Containing the Threat*. New York: Random House.

Seib, P. (2004). *Beyond the Front Lines: How the News Media Cover a World Shaped by War*. New York: Palgrave Macmillan.

Shaw, M. (2003). *War and Genocide*. Oxford: Polity Press.

Volkan, V. (1988). *The Need to Have Enemies and Allies: From Clinical Practice to International Relationships*. New York: Jason Aronson.

Volkan, V. (2004). *Blind Trust: Large Groups and their Leaders in Times of Crisis and Terror*. Charlottesville, VA: Pitchstone Publishing.

Volkan, V. (2006). *Killing in the Name of Identity*. Charlottesville, VA: Pitchstone Publishing.

Waller, J. (2007). *Becoming Evil: How Ordinary People Commit Genocide and Mass Killing*. Oxford: Oxford University Press.

课外研究

探索全球城市外交的可能性。

定义城市外交并分析其在全球政治中的可能意义。

城市外交如果可行,对缓解世界上的危险冲突有何影响?

为此设计一个研究项目。

第十一章

文化与全球传播

跨文化传播研究将不可避免地面临"我们"与"他们"进行全球对话的复杂性。爱德华·萨义德让我们对西方和东方的二元性社会关系有了深刻的认识,也以理论家和倡导者的身份帮助我们处理文化和帝国主义之间的联系。

爱德华·萨义德(Edward W. Said,1953—2003)

萨义德是巴勒斯坦裔美籍文学理论家,也是巴勒斯坦解放事业的倡导者。他是纽约哥伦比亚大学的英语和比较文学教授。他是一个著名的(且饱受争议的)公共知识分子,是西方教育与巴勒斯坦/基督教血统双重传统的结合体。他和丹尼尔·巴伦博伊姆(Daniel Barenboim)一起创立了"东西和谐交响乐团",把来自以色列、巴勒斯坦和阿拉伯国家的孩子们聚集在一起。

从全球传播的思想资源来说，萨义德的重要著作是《东方主义》(1978)以及《文化与帝国主义》(1993)。在《东方主义》一书中，萨义德认为西方对东方的研究是高度政治化的，是帝国主义社会权力的仆从。

对全球传播研究而言，爱德华·萨义德教给了我们批判性地反思对外部世界的偏见。

我们的下一个重点是全球传播的文化维度。这意味着必须注意：
- 文化帝国主义与文化权利
- 全球化和文化的主导范式
- 跨文化传播
- 跨文化传播能力

何谓文化？

文化可以理解为人类为了适应其初始自然（地理或气候）环境而创造的次生人工环境。文化是人类生存所必需的一种应对机制。为了生存，人类发展出各种适应环境的手段，如工具、符号、语言、价值观和规范。

文化认同让个人和社会群体了解自己的过去，定义自身当前处境，并对自己的未来提出期望。

从进化论的角度来看，随着智人的出现，文化进化与生物进化同时成型。随着智人自我意识和语言的发展，对日常问题的文化适应成为可能。这始于对周遭世界信念的形成。这些信念涉及人生的起源、意义和命运等人类核心问题。在生物进化中，信念被复制给下一代（繁殖），只有有用的信念才会继续发挥作用（自然选择）。有些信念消失不见了（如"地球是平的"），另一些则保留了下来（如"用轮子运输"）。

这一过程的重大驱动力很可能是对死亡的认识。"自我"(self)的发现意味着自我有限性的发现。所有主要的文明都曾与死亡作过斗争。埃及人、中国人、美洲人都设计了不同的心理机制来讲述使人们能够应对死亡的故事。语言的发展又使人们能够（通过神话和仪式）分享关于超越死亡和赋予自我意义的故事。在世界层面上，文化是人类为了应对死亡这个存在主义问题而发展起来的。在地方层面，处理日常生活问题的工具、符号和社会形式已发展出来。

动态性与多样性

文化不是静态现象。文化不同于摆在博物馆里传统民俗的表现。文化是在不断发展的。其主要特点是动态性与多样性相结合。作为人类生存的工具，文化反映了物种的多样性及其选择过程，在这个过程中，有用的想法留存下来，糟糕的想法不复存在。全球化已将现代化的政治、经济和文化实践传播到全球各处。几乎所有国家都采用了现代形式的民主政府、宪法和人权。同样，他们走向自由化和开放了市场，接受了诸如麦当劳的黄色拱门、牛仔裤、T恤、全球品牌的运动鞋和无处不在的手机等文化标志。现代实践的全球传播似乎威胁到了地方性文化身份，于是国际社会开始就保护文化多样性进行协商。2005年10月20日，联合国教科文组织大会通过《保护和促进文化表达多样性公约》，作为协商的最终结果。

文化是一个学习过程

适应性问题的解决方案以非遗传方式传递，例如共享信息。黑猩猩通过学习开坚果的技巧来发展文化。它们把这项技术作为一种生存策略传授给年幼的猩猩。鸟类学习唱歌来引诱雌鸟和恐吓对手。今天，人们主要通过伟大的现代故事讲述者学习文化适应，比如迪士尼影视制作工作室。迪士尼的故事为全世界受众提供了关于它们生活的世界的想法与信念。要理解这一点，建议阅读阿芒·马特拉和阿里尔·多尔夫曼写的关于唐老鸭的书（Mallelart and Dorfman，1975）。

文化政治

虽然长期以来文化领域都被认为是"低级政治"，但文化在世界政治议程中已开始获得一席之地。在过去的几十年里，文化外交被视为"外交政策的第三支柱"（威利·勃兰特 [Willy Brandt]，转引自 Mitchell，1986：1）。今天，大多数国家都签订了文化协定（通常是双边协定），作为国家间外交关系的共同组成部分。人们往往期望文化促进和平，改善国家间的政治关系，减少不同国家民众对彼此抱有的成见，并促进国际贸易。

在文化外交中，国家有意将文化作为促进利益的工具。第一个系统性的文化外交组织可能是由法国发起的。从路易十三（1610—1643）和路易十四（1643—1715）等国王的文化扩张主义政策开始，法国设法使其语言成了18世纪和19世纪欧洲的主要外交与学术语言。20世纪初，法国在国外建立了教育机构。许多其他国家纷纷效仿，包括英国、德国和意大利。直到1945年，文化外交大多在单边或双边层面，文化领域的多边政治在"二战"之后才出现。第一个集体文化外交的多边论坛是成立于1945年的联合国教科文组织，该组织从"战争始于人的思想"这一理念出发，认为"必须在人的思想中构筑保卫和平的防线"，其保卫和平的精神性措施包括"广泛传播文化"与建立世界各族人民之间的文化关系。在此基础上，它致力于文化的传播、保护、发展和多样化。

文化扩散

为了实施确定的指令，联合国教科文组织大会于 1948 年和 1950 年通过了关于文化物品流通和进口的多边协定。1948 年通过了所谓《贝鲁特协定》，即《促进具有教育、科学和文化性质的视听材料之国际流通的协定》。协定的关键性条款是：每个缔约国"对于原产自任何其他缔约国境内的视听材料，应免除一切关税和数量限制，并取消申请进口许可证的必要性——无论此种许可证是永久还是暂时的"。

1950 年，《关于教育、科学和文化物品进口的佛罗伦萨协定》约定，各缔约国不得对协定附件所列之图书、出版物、文件，以及教育、科学和文化性物品征收关税或其他费用。缔约国还同意为各种文化物品的进口给予必要的许可证和外汇。1976 年，另一份关于《佛罗伦萨协定》的议定书通过，特别依据发展中国家的需要和关注的问题扩大了附件中所列物品的范围。

1976 年，联合国教科文组织大会通过了一项关于文化资产国际交换的建议。该建议敦促各国采取措施，促进不同国家文化机构间文化资产的流通。这样做的基本理由是扩展和促进文化交流，助力相关文化的繁荣。文化资产的流通被视为促进国家间相互理解和相互欣赏的有力手段。

文化交流与合作

联合国教科文组织大会于 1966 年通过了《国际文化合作原则宣言》（Res. 8.1）。《宣言》在序言中提到了教科文组织的规定及其对广泛传播文化的强调，以及各种保障人权的文件。宣言第 1 条明确规定了与文化有关的人权标准："每一种文化都有必须受到尊重和维护的尊严和价值。每个民族都有权利和义务发展自己的文化。"宣言称，文化合作的目标是"丰富文化，使每个人都能为丰富文化生活做出贡献"。文化合作被视为各国人民和所有国家的权利和义务，人们期望它有助于各国人民建立稳定和长期的关系。

本着同样的精神，欧洲安全与合作委员会的《赫尔辛基最后议定书》（1975）对文化合作与交流做了非常详尽的规定。在议定书涉及人道主义问题的部分，签署国认为文化交流与合作有助于增进人民间的理解，进而促进国家间持久的相互理解。各国决定大幅度增加文化交流力度，深信这将有助于丰富其各自文化。各方宣布了以下目标："促进相互之间的信息交流，以便更好地了解各自的文化成就。改善文化资产交换和传播的设施。促进人人都能享用各自的文化成果。促进文化领域的人士之间的联系和合作。寻求文化合作的新领域和新形式。"

文化遗产

1973 年，联合国大会通过了一份关于保护和进一步发展文化价值的决议（联大第 3148 号决议）。这份决议认为，每一种文化的价值与尊严，以及保存与发展其特性的能力，是每个国家和民族都拥有的基本权利。考虑到文化特性可能受到的危害，必须支持民族文化的保护、丰富和进一步发展。重要的是，决议承认"文化价值的保存、更新和持续创造不应是静态的，而应是一个动态的概念……"。该决议建议联合国教科文组织总干事加大对"大众传播媒介在保护和进一步发展文化价值方面之作用"的研究，并敦促各国政府促进"人民参与制定和执行确保文化价值和道德价值保存和长久发展的措施"。

1972 年联合国教科文组织第 17 次大会通过了一项关于保护世界文化遗产的专门文件，名为《保护世界文化和自然遗产公约》。公约指出，世界的文化遗产正受到威胁，会造成世界的活力枯竭，需要有效规范来共同保护具有突出普遍价值的文化遗产。在《公约》中，世界文化遗产的国际保护被理解为"建立国际合作与援助体系，以支持公约缔约国保护与确定遗产"。

国际社会对文化遗产的保护行动，包括接受成立和通过以下组织和公约：联合国教科文组织、《关于武装冲突情况下保护文化遗产的海牙公约》（1954）、《关于禁止和防止非法进出口文化遗产和非法转让其所有权的公约》（1970）、《保护世界文化和自然遗产公约》（1972）。1973 年，联合国大会在议程中加入了将艺术品归还给被掠夺国家的议题。1973 年 12 月 18 日，联合国大会第 3187 号决议将被掠艺术品的迅速归还视为加强国际合作的方式以及对过去损害的公正补偿。为此，联合国教科文组织设立了"促使文化遗产返还原主国或归还非法占有文化遗产的政府间委员会"。在整个 1980 年代，联合国大会都在强调这个问题，赞扬教科文组织为此所作的贡献，并呼吁会员国批准有关公约。

1986 年，联合国大会宣布 1988—1997 年为"世界文化发展十年"。十年计划的目标是承认发展的文化维度，丰富文化内涵，扩大对文化生活的参与，促进国际文化合作（UNGA Res. 41/187，12 月 8 日，1986）。

国际社会保护文化遗产的其他方法包括保护传统文化和民俗。1989 年，联合国教科文组织大会通过了一项建议，强调必须认识到民俗的作用及其面临的危险。民俗被定义为一个文化共同体以传统为基础的创作的总和。这项建议敦促采取措施保存、保护、传播和保卫民俗。

文化工作者

1980 年，联合国教科文组织大会通过了一项关于艺术家地位和定位的建议。这份文件是在文化产业异常强大、媒介复制和发行发生重要变化的背景下出台的。最初,起草关于艺术家的规章制度遭到了西方代表团的反对。它们辩称,艺术家的自由会受到国家管制的威胁。此外,一些非政府组织游说团体,如国际录音录像制作者联合会,也反对这一建议。其他非政府组织成员,如国际音乐家联合会、国际作家和作曲家联合会以及国际演员联盟,都支持提高艺术家作为文化工作者的地位。"有关非政府组织一再强调,它们支持紧急通过一项国际文件;与此同时,它们也经常表示,这个行业不仅仅对艺术家负有义务,而且也要乐于承担艺术责任。"(威尔斯[Wells],1987:168)西方最初持有的反对态度,因修改方案弱化了文件措辞而软和下来,共识的达成成为可能。苏联集团赞成监管(尽管它希望这份文件更强硬些),但它也赞同西方的倾向;第三世界国家虽然也支持,但是对发展中国家的艺术家和文化所受的重视程度并不满意。

全球文化政治的主要问题

与文化有关的主要问题集中于文化传播、国际文化合作、文化保存与保护、文化身份的捍卫。许多关于文化的多边辩论都嵌入了对文化的人权态度。

多边合作对于文化的保护、参与和推广至关重要,对此,世界政治领域已达成共识。在艺术家地位这类具体问题上,各方对多边协议的必要性和力量存在分歧。最激烈的争论发生在文化身份问题上。发展中国家希望采取坚实措施保护文化身份的愿望未能得到满足。近来的发展表明,那些最强大的参与者对商业手段的偏好,正引领着当下的政治实践。

文化议题上有着广泛的多边合作,所签署的约束性与自愿性协定共同指导着这些合作,但是,收效甚微。《贝鲁特协定》《佛罗伦萨协定》《保护世界文化和自然遗产公约》等都包含约束性规则,但缺乏有效的执行机制。其他文件,例如各种建议和宣言,则是非正式性质的。在文化身份问题上,维护文化主权的一方与主张文化生产企业自由进入市场的一方的对立阻碍了多边合作。这个问题在1970年代关于第三世界争取国际信息新秩序的辩论中非常突出。另外,这一问题还出现在关于卫星电视广播的谈判中。联合国教科文组织《关于利用卫星广播促进信息自由流动、教育普及和文化交流的指导原则宣言》第七条规定,文化节目应尊重所有文化的特性、价值和尊严。1982年的《国际直播电视广播原则》也声称要尊重各国的文化完整。

文化权利

国际性权利法案(《世界人权宣言》《经济、文化及社会权利国际公约》《公民权利和政治权利国际公约》)提议将文化权利规定为基本人权。《世界人权宣言》(1948年)

从参与文化生活的意义上规定了文化权利,其第 27 条规定"人人有权自由参加社区文化生活"。《世界人权宣言》第 22 条规定,每个人都有权通过国家努力和国际合作实现为其尊严和人格自由发展所不可或缺的经济、社会和文化权利。

对文化生活的参与导致了社区的界定、亚文化的地位、少数民族参与权的保护、近用权的物质资源支持,以及文化近用权与社会经济条件之间的联系等棘手问题。其中一些难题的根源在于将文化视为公共财产和将文化视为私有财产这两种观念之间形成的矛盾。当历史上的艺术作品消失在私人藏品宝库中时,此两种立场互不相让。

人权的包容性("每个人的人权")意味着精英式文化观念向视文化为"共同遗产"的观念的转变。事实上,《联合国教科文组织关于种族歧视的宣言》(1978, General Conference Res. 3/1.1/2)将文化权利构建在"文化是人类共同遗产"这一理念之上,这意味着所有人"应尊重所有群体自身的文化身份及其在国家和国际范围内发展其独特文化生活的权利"(第 5 条)。因此,文化权利意味着,除了参与文化生活,还有对文化身份的保护,保存、发展和传播文化的需要,以及国际文化合作的需要。

1968 年的联合国教科文组织专家会议(1968 年 7 月 8 日至 13 日于巴黎举办)将文化权问题视为人权。会议声明宣称:"文化权包括这样一种可能性,即无论是在地方还是在世界范围内,每个人都直接参与人类价值的创造,掌握自身命运,从而获得发展其个性的手段"(UNESCO,1970:107)。联合国教科文组织于 1970 年召开"关于文化政策之体制、行政和财政的政府间会议"指出,参与社区文化生活的权利意味着各国政府有义务提供参与文化生活的有效渠道。一系列讨论文化政策的区域性会议(1972 年、1973 年和 1975 年)为联合国教科文组织制定《关于广大人民参与文化生活及其贡献的建议》(以下简称《建议》)作出了重要贡献,该建议于 1976 年 11 月 26 日获得批准。这项建议的目的是"确保接近和参与文化生活的权利成为人权"。该建议质疑对文化生产和传播工具的集中控制,并指出,大众传播媒介不应威胁文化的原真性(authenticity),"它们不应作为文化统治的工具"。《建议》的序言建议采取措施防止"商业性大众文化"的负面影响,并提议各国政府"应确保营利性标准对文化活动不产生决定性影响"。西方国家强烈反对建议中的许多内容,例如以负面意义指涉商业大众文化,以及使用"广大人民"(people at large)一词。在筹备性会议和教科文组织大会期间,几个西方国家代表团表示,它们担心如果这项建议得以实施,新闻的自由流通和大众媒体的独立性将受限制。美国是这项建议的最强烈反对者。

美国从一开始就坚持认为,接触和参与文化生活不适合作为国际监管对象。美国在文件起草过程中出力最少,也没向政府间会议派出代表团,还要求联合国教科文组织大会否决建议提案。在建议被通过后,美国声称无意将这份文件传达给美国相关部门或机构。(Wells,1987:165)

虽然西方国家不同程度地反对该建议,但发展中国家和东欧国家支持它。在起草过程中,文化行业很少置喙。投票结果是:62 票赞成,5 票反对,15 票弃权。

这份文件的序言提到了《人权宣言》《联合国教科文章程》和《国际文化合作原则宣言》,认为文化发展能切实推动人类进步。这份文件将参与文化生活与文化近用权联系起来,并称"只有创建社会和经济条件,使广大人民不仅享受文化的好处,同时也积极参与到文化生活的整体和文化发展的过程中,他们对文化价值的近用权才可以得到保障"。该文件建议成员国"将接触并参与文化生活的权利确立为人权","提供让所有社会成员自由接触民族与世界文化的有效条件","特别注意保障女性有充分权利接触文化和有效参与文化生活",以及"保证承认文化平等,包括本国少数民族的文化和外国少数民族的文化"。

《建议》还指出,大众传播媒介"不应威胁文化的原真性或损害其质量;它们不应作为文化霸权的工具,而应增进相互理解,推动和平"。而且,会员国和有关官方机构应该"采取以下方式激励观众的积极参与:使公众在节目的挑选与制作中有发言权;促进公众、艺术家和制作人三方间稳定的思想交流;鼓励创建制作中心,使之为地方和社区内的观众所用",以及"鼓励媒体特别注意保护民族文化免受某些类型大规模制作的潜在有害影响"。

1982 年在墨西哥城举行的"世界文化政策会议"强化了这一思路。会议通过的《文化政策宣言》重申了各国必须采取适当措施落实文化参与权的要求。在涉及文化权利的 28 号建议中,与会者声称,各国政府应出台政策"保障文化权利并确保社会参与不受限制、有利于自身,从而加强文化的民主化"。参与文化生活的建议到底执行得如何?一份有关 1985—1986 年参与文化生活的建议的执行情况评估表明,许多国家所为甚少,并且这些问题依然存在。

关于在"二战"之后文化权的出现,有几个因素可以解释。崛起的后殖民国家在殖民者强加的文化标准和它们自己的传统价值中寻找自己的身份。文化身份问题在非殖民化过程中显得特别突出。新独立国家把文化身份的确认视为反对外国统治的工具。在它们与殖民主义的早期斗争中,文化身份在动员解放运动并使其合法化方面发挥了重要作用。

大众传播媒介的增殖使文化单一化风险与前所未有的文化互动不期而遇。消费社会的扩散引发了关于"世界文化"单一性的诸多严肃问题。

文化身份的保护

在 1970 年代关于文化帝国主义的争论中,文化身份的保护是热点问题。1973 年的阿尔及尔不结盟国家首脑会议指出,"帝国主义的活动不仅限于政治和经济领域,而且还包括社会和文化领域，从而使发展中国家受外国意识形态的支配。这是一个既定事实"。

麦克布莱德委员会还讨论了文化霸权和文化身份所面临的威胁。该委员会认为，"某些民族的文化因受到外部的过度影响和同化，其文化身份处于危险境地，尽管这些民族很可能是更古老和更丰富文化的继承者。由于多样性是文化最宝贵的品质，以上情况使得整个世界变得更加单调"（译者注：本书原文为 the whole work is poorer，而报告原文为 the whole world is poorer，本处将之改正过来）（国际委员会 [International Commission]，1980：31）。

在麦克布莱德委员会的建议中，多边方式解决文化霸权问题希望渺茫。它的主要建议是要求制定国家政策"培养文化身份。这些政策还应包括保障国家文化发展和增进对其他文化了解的指导方针"（International Commission, 1980：259）。但是，没有任何关于国际社会可以集体采取何种措施的建议。另外，委员会建议加强文化身份，改善维系文化身份的条件，不过，只是把这一建议放在了国家层面。

最近，南方委员会讨论了文化身份问题。根据其报告，对文化身份的关注"并不意味着排斥外部影响。相反，它应该是加强自主决策能力的努力的一部分，在以人为本的政策中融合地方的和全球的因素"（南方委员会 [South Commission], 1990：132）。委员会敦促各国政府在法律层面上通过《文化发展宪章》，其主要阐明了人民在文化领域的基本权利。委员会认为文化政策应强调文化权利、文化多样性和国家在保护和丰富社会文化遗产方面的作用（South Commission, 1990：133）。

在一个世俗化的后宗教世界里，身份不易形成。我们去哪里追寻我们的本真，我们的独特性，我们的不可替代性？是在我们的工作中，在我们的成就中，还是在我们的产品中？但这些都是可替代的。我们会迷失其中。而宗教身份更容易形成。

身份的形成在本质上是一个暴力过程。我们以区别于他人的方式定义自己的身份。这个心理过程非常常见；我们把世界分成"我们"与"他们"，而且"他们"不如"我们"。我们强烈倾向于把别人定义为低我一等的、不那么好的、甚至是有威胁性的！在感觉高人一等的同时又觉得自己受到威胁，这种心态是暴力的温床！

对付异见身份的手段是暴力的，比如，强制同化、种族隔离。即使相对文明的融合政策（新来者必须接受本地部落的规则和价值观）也不免动武。

如果身份形成的核心机制遭到嘲笑，也可能会引发暴力反应。

文化帝国主义

"帝国主义"一词指的是帝国扩大版图进而扩大权力和影响范围的国家政治。"文化帝国主义"一词是指文化力量在帝国扩张过程中一直起着重要作用这一历史事实，包括基督教的传教活动、西方学校制度的植入、殖民管理模式、现代专业主义概念以及欧洲语言在海外殖民地的使用。"文化帝国主义"的实质在于一国实现对另一国的支配时,权力和影响力的文化根源至关重要。

文化帝国主义在学术文献中有不同的提法。它可以被称为媒介帝国主义(media imperialism)(Boyd-Barrett, 1977)、文化殖民主义(cultural colonialism)(McPhail, 1987)、传播帝国主义(communication imperialism)(Lee, 1988)、文化同步(cultural synchronization)(Hamelink, 1983a)① 或者意识形态帝国主义(ideological imperialism)(Mattelart, 1994)。

文化和帝国主义的结合在 1960 年代后期关于南北关系的学术和政治辩论中成为共通概念,并在整个 1970 年代和 1980 年代继续成为学术和政治议程中反复出现的话题,这一情况在拉丁美洲尤甚(帕斯夸里[Pasquali], 1963;Beltran, 1976;马塔[Matta], 1978)。在 1970 年代联合国教科文组织关于建立国际信息新秩序(后来又被重新命名为世界信息与传播新秩序)的辩论中,文化帝国主义的概念发挥了重要的积极作用。至 1980 年代末,文化帝国主义对全球化和另类全球化的概念失去了吸引力。

文化帝国主义是两个高度复杂的概念的结合,因此要定义它十分困难。文化有无数不同的定义和解释,帝国主义也是如此。赫伯特·席勒在其著作《传播与文化支配》(*Communication and Cultural Domination*, 1976)中给出的定义经常被征引:"今天,文化帝国主义概念最为贴切地描述了一个社会被整合到现代世界体系的过程的总和,以及该社会的统治阶层如何被吸引、被施压、被强迫、有时被贿赂,从而形成符合乃至提升世界体系中心的价值观与结构的社会制度。"这个定义的核心在于"支配"概念。文化帝国主义被视为帝国通过文化形式进行控制的过程,它比早期借助军事占领、外国统治和经济依赖而推行的殖民统治形式更有效。

约翰·汤姆林森(John Tomlinson, 1991)对文化帝国主义的不同话语进行了区分。

● 作为媒体帝国主义话语的文化帝国主义。国际媒体作为外国文化内容的生产者和传播者,被视为将外国文化内容强加给当地文化传统的罪魁祸首。学者们对此提出异议,他们质疑媒体是否是霸权过程中的核心力量。他们提出如下问题:在西方现代社会中,媒体是否确实是关键性的文化参照点?外国(特别是美国)对一国媒体的结构、所有权和内容施加的压力是否有效构成了外国霸权的一种形式?

● 作为民族话语的文化帝国主义。这种话语将文化帝国主义视为本土文化被外来文化入侵的过程。本土文化要么与外来文化同质,要么完全消失。这种话语围绕国家文化

---

① 1970 年代,文化入侵或帝国主义问题也被认为是"文化同步"(cultural synchronization)(Hamelink, 1983a)。这种研究视角认为,文化单一化和对文化认同的威胁不仅是帝国进程的结果,还需要接受方的支持。同步情况也发生在强制性权力并非主动变量情况下。例如,在许多发展中国家,当地精英帮助本国民众了解国外的生活方式和消费产品,对跨国公司助力良多。

身份的概念提出了批判性问题。

- 作为全球资本主义批判的文化帝国主义。这一话语意在证明资本主义是一种同质化的文化力量，消费主义的全球扩散构成了霸权的一种形式。
- 作为现代性批判的文化帝国主义。这一话语将现代性视为一种在全球传播并制造文化同质性的生活方式。这里的关键问题是，对现代性的抵抗可能会将传统生活形式浪漫化。

批评者对他们所认为的"文化帝国主义"观点的主要缺陷——假设接受者是被动的、无抵抗的行为体——提出异议。他们提出，这一假设在一些研究中已被实证结果证明是错误的。这些研究表明，观众有能力积极地以自己的方式诠释文化产品（利波斯和卡茨 [Liebes and Katz]，1990）。这些研究者称，主动受众分析框架表明，观众在消费外国电视产品时会主动生产意义。

批评者还聚焦于"入侵性文化和本土文化都只具有单一性质"这个假设上。他们认为，文化帝国主义观点对文化的多重构建和影响过程中的相互关系关注太少。

批评者还指出，文化帝国主义观点缺乏精确性、可测量性、可检验性和一致性。文化帝国主义捍卫者对此的回应是，文化帝国主义是对社会过程的宏观理论性洞察，本质上即缺乏精确性、可量化性或一致性。他们辩称，个人文化消费的微观分析无法证伪或证实他们的宏观分析。

许多关于文化帝国主义的研究都批评了文化帝国主义观点的缺陷，并表示，奉行这一观点的学者未能提供实证支持。但是，大多数在探究国际关系中的霸权时运用了"文化帝国主义"概念的研究者声称，他们从未以可操作和可检测来规划自己的研究工作。

文化帝国主义路径将文化与工业生产联系在一起，但一个尚待回应的问题是：对媒体内容生产的集中化工业控制是否真的导致了外国对当地价值观、品位和信仰的霸权？

文化的全球化

现代性的全球扩散

这个复杂的历史进程始于1648年的《威斯特伐利亚和约》。该和约造就了欧洲政治结构的基础：主权国家。这个过程进一步受到各种启蒙运动中知识嵌入的影响，不仅是18世纪的欧洲启蒙运动，还包括19世纪发生在阿拉伯世界和奥斯曼帝国的启蒙运动。从关键性技术层面来看，这一过程发轫于18世纪的工业革命，并随着20世纪交通和传播技术的勃兴而进一步发展。

什么是现代性？

一个可能的答案是，现代性是政治和文化实践的制度化和规制化。

- 政治实践指具有成文法律规则的主权国家和民主化民族国家的建立。
- 文化实践指对以性别、性、种族和宗教为基础的个人或集体定义的附属物的想象。

身份与现代性

现代性的全球扩散是否导致了文化身份的丧失？全球资本主义的确能在全球范围内传播某种特定类型的文化商品，比如麦当劳的黄色拱门或迪士尼的标志；但能否从这些商品的出现中推断出存在主义文化的深刻影响，目前尚不清楚。在人们穿牛仔裤、喝可乐、吃汉堡或看《欲望都市》的时候，他们的宇宙观会改变吗？

身份可以说是一种典型的现代现象。显然，现代性的全球扩散是否威胁到地方文化身份这个问题的假设是：在现代之前就已存在稳定的、牢固的文化身份。但是，人们是否曾经拥有过这种定义明确的个人和集体身份呢？从历史记录来看，在前现代，身份似乎并非如此核心的一个问题。

一个有趣的问题是，全球化的文化驱动力和本地化的文化驱动力是否并存。地方上关于身份的个人定义和群体定义日益受到远方事件的影响（吉登斯[Giddens]，1990），文化可能因此更加脆弱。现代性的全球扩散可能削弱身份，但也造就了强大而不同以往的地方身份的出现。

文化全球化的三种视角

融合的视角

从这个视角来看，文化全球化成功地传播了这样一种信息，即人类的生活质量可用市场价值来定义。世上的一切都可以买卖。文化全球化体现在麦当劳快餐店和迪士尼娱乐公园的全球扩张上，这被视为一种文化胜利。麦当劳象征着自由市场意识形态的全球营销、消费者行为的全球出口，以及现代生活方式的全球传播。麦当劳化（McDonaldization）（里特尔[Ritzer]，1993）不只是快餐的扩散，它在全球范围内推行了一种以效率、可计算性、可预测性和理性化为基础的商业模式，并取得了巨大的成功。这一模式在世界各地的教育和卫生保健等社会部门也得到了应用。

娱乐和广告是推动文化同质化的重要工具。这些产业展示了一种理想的"生活方式"，即消费品的供应等同于"美好生活"。文化融合或同质化的一个例证是全球媒体形式的统一化（如娱乐信息节目）。新闻集团、时代华纳和迪士尼的产品随处可见。生产和发行、品牌推广和市场营销越来越相似的方式，清晰地表明了电视文化的全球化。

分歧的视角

亨廷顿在1993年发表于《外交事务》的一篇文章中——此文是《文明的冲突》一

书的前身——写道:"我的假设是,在这个新世界,冲突的根源主要不是意识形态或经济上的。人类之间的巨大分歧和冲突的主要根源将是文化。文明的冲突将主宰全球政治。文明之间的断裂线将成为未来的战线。"(亨廷顿[Huntington],1993)该文的主要论点是,未来世界的冲突将随着文化和宗教的差异而展开。《文明的冲突》的问题在于,它假设人们的身份是建立在文明之上的,而且人们可以被归入文明的各种类别之下。这个假设暗示了"无选择的单一性"(choiceless singularity)这一危险的概念(森[Sen],2006)。此外,该文也是"我们—他们"二元对立思考方式的典型代表。危险的"他们"主要是穆斯林。

混合的视角

在全球范围内,文化融合的同质化效应与全球化和本土化相结合的过程相遇。这个过程通过本土宗教、音乐或食物的地方偏好而实现。文化全球化和文化本土化可能导致"全球本土化",即混合的文化表达形式,如世界音乐、穿着运动鞋的原教旨主义青年,等等。全球产品正以混合形式本土化,如印度的素食汉堡、印度尼西亚的米饭汉堡或荷兰的可乐饼汉堡。

一种基于文化互鉴的全球大杂烩兴起(尼德文·皮特斯[Nederveen Pieterse],2009)。混合的视角将"同质化"(麦当劳的胜利)和"伊斯兰圣战与麦当劳世界之争"两种观点综合起来(巴伯[Barber],1995)。正如尼德文·皮特斯(2009:59)所言:"它解决了纯粹性和发散性之间、地方性和全球性之间的紧张关系。它辩证地认为,本土是全球的,全球是本土的。"混合的视角意识到,无论人们认为自己的世界性有多强,最终,地方语言或地方笑话的"文化接近性"仍然必不可少。克瑞迪(Kraidy,2004:252)认为,"1990年代见证了混合性的兴起,这是对各种文化形式分裂和融合的跨学科关注"。这种研究旨趣源于对古往今来文化碰撞的研究,以及对文化混合未必不是霸权的观察。同时,不平等的权利关系在文化混合中继续发挥着重要作用。例如,混合性可以作为一种全球广告策略来培育和控制细分市场(Kraidy,2004:253)。

对混合性的理解需要复杂性视角,因为它可以从非常不同的视角进行表述,如霸权主义视角和进步主义视角(Kraidy,2004:256)。从进化论视角来看,混合性的表达——尤其是在离散社群中——也可以理解为对日常生活中新复杂性的适应性回答。

巴巴(Bhabha,转引自 Straubhaar,2007:37)认为混合"是一个积极的过程……复杂而不可预测"。斯特劳哈尔问道:"……将近来所有迅速推进的新势力结合起来,是否会对文化产生更强的影响,而这些影响也许能证明对于文化帝国主义、同质化和破坏传统文化的批评或指控是合理的?"(Straubhaar,2007:38)。

混合性可能意味着连续性,也可能意味着断裂性,这可能涉及对殖民主义的抵抗(Straubhaar,2007:39)。本土文化可能继续潜藏而不被殖民者发现。混合性可能只是表面的，而原始的本土文化得以保全，比如在印度（Straubhaar, 2007：39）。"在20世纪，复杂的混合性似乎已经加速，这得益于后殖民时期的移民、不断增长的旅行、跨国大众媒体和经济全球化"（Straubhaar, 2007：41）。文化碰撞无疑在增加，由此产生了关于难民、移民、离散社群、流亡者和流离失所的传统社区的一系列复杂的故事。

跨文化传播

作为全球化进程的结果，伴随国际贸易、旅游、移民的增长以及离散社群的出现，跨文化传播领域迅速扩大。然而，尽管有各种出版物、指南手册、研讨会和大学课程，跨文化传播仍然是一大挑战。

你能描述一下你的跨文化传播经历吗？

在很大程度上，跨文化传播研究起源于1950年代早期爱德华·霍尔（Edward T. Hall）和美国外交学院（American Foreign Service Institute）的工作。该学院为美国驻外大使提供培训课程。霍尔和他的同事乔治·特雷戈尔（George Trager）利用人类学、语言学和精神分析的视角，设计了一个矩阵，从最关键的维度来详细描绘文化图景。霍尔和特雷戈尔将传播，尤其是非语言传播认定为一个至关重要的维度。关于这个话题，霍尔在1959年写了他最声名远扬的畅销之作——《无声的语言》。此书为跨文化传播研究创建了第一个范式。本书的要点是时间（时间学）和空间（空间关系学）在人们交往行为中扮演的角色。《无声的语言》中关于物理空间使用的分析对读者尤其有吸引力。该书被引用最多的一句话可能是，"美国男性……在与他不太了解的人面对面交谈时，站在18~20英寸远的地方；相似情境下，与女性谈话时，他会将距离增加约4英寸。男性间距离只有8~13英寸时，被认为……非常具有攻击性。然而，在拉丁美洲和中东的许多地方，几乎带有性意味的距离是人们唯一能舒服交谈的距离"（Hall, 1959）。

1960年代，跨文化传播成为美国大学中传播学研究的一部分，比如在匹兹堡大学。一个新的学术领域出现并迅速发展，特别是在美国和日本。

跨文化传播的第一个范式聚焦于非语言传播，这表明通向有效跨文化传播的道路上障碍重重。语言传播只会增加这种障碍。人们显然使用迥然不同的语言。语词在不同的语言中意思可以不同。决定语词顺序的句法规则与社群的文化历史密切相关。在社群中，人们通过赋予语词和短语意义，形成了自己的语义。同样的语词根据不同语境可能会有不同的内涵。"不"（no）的使用就是一个例子。有些社群使用"不"不受限制，而另一些社群则费尽心思地避免使用这个词。

爱德华·霍尔和吉尔特·霍夫斯塔德（Geert Hofstede）的经典学术研究尝试在跨文化传播效果方面做出贡献。霍尔在1976年出版的《超越文化》（Beyond Culture）一书中对高语境文化和低语境文化进行了区分。他分析认为，在高语境文化中，交流所处的环境是决定性的。要想进行有效传播，就必然要重视建立互信并相互保全颜面。低语境文化更喜欢直接和有效的交流。在日本，高语境文化很重要，而荷兰人在低语境文化中更觉舒适。对于日本人来说，培养长期的人际关系是紧要之事。荷兰人则更倾向于契约关系，并认为广泛的社交活动是在浪费时间。高语境文化（如阿拉伯国家）用精美繁复、近乎诗意的语言表达思想，而低语境文化（如丹麦）则偏好逻辑论证，直截了当，不那么瞻前顾后。在高语境文化中，要尽量避免拒绝，或者用非常谨慎的措辞表达拒绝。在低语境文化中，人们拒绝起来毫不费力。

荷兰社会学家吉尔特·霍夫斯塔德对民族文化的各大维度进行了研究，他确定了权力距离、个人主义/集体主义、女性气质/男性气质、避免不确定性、长期思考/短期思考等变量，出版了专著《文化的后果》（Hofstede，1980，修订于2001年）。权力距离是指社会的（不）平等主义特性。"个人主义/集体主义"指的是人们主要视自己为独立个体，还是集体的一部分。"男性气质"是指男性价值观的推崇程度，如竞争和物质成就，认为比女性更重要，以及接受还是拒绝男女角色差异的程度。"避免不确定性"是指人们偏好结构性还是灵活性。"长期思考/短期思考"反映了人们在看待其所生活的世界方面的明显差异。[①]

超越经典文献

在过去的几十年里，人们提出了各种各样的理论（我更喜欢称之为"概念性"研究路径），以更好地理解跨文化传播过程。其中一些研究路径关注跨文化互动的有效结果。

例如，劳伦斯·金凯德（D. Lawrence Kincaid）的文化融合理论，探索传播如何能促进融合从而让彼此之间更容易理解相互之义。巴内特和金凯德（Barnett and Kincaid，1983）基于热力学定律建立了一个关于传播对文化差异影响的数学模型。大致来说，该模型认为，如果传播不受限制，封闭系统中的参与者将汇聚成一体，实现文化统一性。当传播由于外部刺激而受到限制时，系统就会趋向于多样化。该模型用于研究移民与移入国文化（夏威夷的韩国移民）之间的关系。（Kincaid et al.，1983）

古迪孔斯特和汉默（Gudykunst and Hammer，1988）关注焦虑和不确定性的管理（Management of Anxiety and Uncertainty，AUM理论）。他们认为，他人态度和感受的无法

---

① 霍尔和霍夫斯塔德的研究，其分析单元存在严重问题。民族文化是否真的存在是值得怀疑的。在一个国家的疆域内，总是存在许多不同的文化，还有亚文化、代际文化，这些也会随着时间而变化。

预测性以及由此产生的焦虑，是文化适应和群体间有效沟通的基本要素。人们对其交往行为的注重程度，对管理焦虑和不确定性来说十分重要。

奥策尔（Oetzel，1995）关注跨文化群体的有效决策。这个研究路径提出，成员的贡献越平等，忠诚于团队的成员越多，决策过程就越有效。广泽和罗斯特（Hirokawa and Rost，1992）在他们的警惕互动理论（Vigilant Interaction Theory）中补充道：成员对问题理解得越好，提出的可替代性选择越多，决策就会越有效。

丁允珠（Stella Ting-Toomey，1988）提出了面子谈判和冲突管理的跨文化理论。对她来说，"面子"是一种自我价值感，每个人都希望他人与他/她同感。她认为，一个人越有安全感，就越愿意与其他文化背景的人交流，在与陌生人交流时就越能随机应变。人越脆弱（意味着越需要安全感），在跨文化互动中就会越焦虑。人们需要的包容越多，他们就会越重视自己的圈子；人们需要的差异性越大，他们就越会在自己和他人之间拉开距离。

研究人们如何协调安全/脆弱之间的张力、差异性/包容性之间的辩证关系至关重要。辛迪·加卢瓦（Cindy Gallois，1995）等人提出了交际适应理论（Communication Accommodation Theory，CAT），以解释这种跨文化适应。他们的一大观点是，交际者越多地采取适应性行为，文化信仰的变化就越大。金荣渊（Young-Yun Kim，1986）专注研究交际网络，以及人际关系对个体行为的影响。她的研究兴趣是探索个人网络中的群体外成员如何提升他们与外部群体沟通能力。在她的理论中，陌生人的适应行为对移入国民众的沟通能力有影响。当移民没有偏离移入国的规范而进行同化性交际时，移入国民众也会以同化性交际应对之（对陌生人表示赞许；愿意交流）；当陌生人偏离当地规范，移入国民众会疏于与之沟通；移民们会感到受排斥，并可能产生敌对情绪。

社会变量、领域与扫描

尼克·温科（Nico Vink）在其著作《处理差异》（*Dealing with Differences*，2005）中提出了一种跨文化传播研究的新方法。他避免了大量实用性技巧的诱惑，认为跨文化传播是一个复杂的过程，需要考虑各类变量来对其进行理解。他认为，要想成功理解跨文化传播，需要考虑权力和现实社会关系等因素。他恰如其分地选择了"扫描"这一术语，来发现传播过程中发生了什么。社会学家阿米塔伊·埃茨昂尼（Amitai Etzioni）用这个术语来描述一种有效的规划方法。这种方法的重要性在于，规划者总是在总体性调查和具体情况研究之间徘徊。这让传播者既不需费力了解全面情况，也不会因为关注过多的细节而迷茫。

在这个"扫描"过程中，人们对性别、年龄、社会地位、财富和教育等社会变量进行微调。这些变量可能是成功传播的障碍，也可能是其助力。在这个过程中，人们所在的场域（温科借用了法国社会学家布迪厄的概念）也是造成理解或误解的关键因素。如果人们共享同一场域（如宗教、体育或音乐），往往比缺乏共通点的情况更容易跨越文化边界。

挑 战

上述所有关于跨文化或文化间传播的思考皆面临同一个挑战，即大多数理论和模型都是从西方，特别是北美发展出来的；还需要美国以外的学者（尤其是东亚学者）进行更多的研究。另一个问题是，大多数研究（除了尼克·温科提出的研究方法）很少或根本没有注意到像"权力"这样的关键变量。

遗憾的是，也只有有限的实证研究来检验这些理论命题。然而，最棘手的问题是，尽管人们不吝于给有趣的想法和概念贴上"理论"的标签，但鲜有严肃的科学理论能够提供扎实而连贯的想法，以解释社会现实、预测未来结果，并鼓励新研究。在我看来，就像在其他关于传播和文化的研究中一样，进化生物学和复杂性理论也能作出重要贡献。

最具挑战性的问题是如何在全球化或跨本土化的时代反思文化差异。随着全球相互依赖程度的加深和多元文化社会的兴起，类似个人主义/集体主义的文化二分法的简单思维，是否有助于理解文化差异就变得值得怀疑了。可以说，在很大程度上，二分法是西方思维定式的一种表征，这种思维定式更喜欢"非此即彼"（or/or）的方法，而不是"兼而有之"（and/and）的方法。后者似乎更符合东方的世界观，像"阴""阳"这样的元素既对立又互补。个人主义/集体主义二分法的问题在于，个人取向与集体取向在所有文化中都存在，个人或许既有个人取向也有集体取向，他们与集体的关系可能是利他的，也可能是利己的。社会现实太复杂，无法分为非此即彼的两面。但是，这是否意味着文化差异最终只是边缘性和暂时性的？

在学术生涯的大部分时间里，我曾坚持用一种普遍主义方法来研究人类思维。这种方法认为，思维处处遵循同样的认知过程，而且全世界都使用同样的工具来进行因果分析、分类和推理。科学理性将同样的过程应用于不同的事物，因为它建立于形式逻辑之上，不能容忍矛盾：如果"A"是对的，那么"非A"就不可能是对的。

接触来自东亚的学生和同事之后，我发现我们在现实世界中使用不同的思维工具，而这些差异在东亚人（中国人、日本人、韩国人）和西方人（欧洲人和北美人）之间的比较中尤为明显。这些差异可以在希腊（亚里士多德）哲学和中华（儒家）哲学中找到根源，它们代表了几千年来人民不同的思维方式。

希腊思想的主要工具是三段论，即通过形式推理，从正确的假设推导出逻辑性结论：1. 凡人皆有一死；2. 苏格拉底是人；3. 苏格拉底会死。中国思想的主要工具是辩证法。不同于黑格尔式的辩证法，中国辩证法不是解决矛盾，而是利用矛盾：若"A"成立，则"非A"也可以成立。希腊人认为，只要你明白了一个事物的属性并将其分类，世界就是简单而可知的；中国人认为世界是复杂而相互依存的，不在情境中理解事物是不可能获得知识的。对于希腊人来说，个体能动性和身份至关重要；而对于中国人来说，集体能动性和相互义务至关重要。希腊人喜欢辩论；中国人喜欢和谐，避免公开争论。希腊人沉迷于抽象思辨；而中国人则专注于思想的实用性。

这些思维上的差异也转化为不同的社会实践。法律和健康领域都是很好的例证。西方认为法律体系是对抗性的，非输即赢。在中国法律中，调解对于缓和人与人之间的冲突至关重要。在西方司法体系中，大家都用一部法律。在医疗领域，西方采取分析和干预的方法，发现了问题（比如器官坏死），然后动手术切除它；中医注重整体，专注于追寻人体的平衡，而不是切除部分器官。

这些差异对全球传播的挑战在于：不同的思维体系能否沟通？它们最终能否趋同？抑或我们是否应该找到一种混合的传播模式，并培养运用这种模式的跨文化传播能力？在实现这一点之前，我们首先需要探讨群体间传播、宗教的作用以及人类认知的特殊性等具体问题。

群 体

跨文化传播不仅包括属于不同文化背景的个体间的传播，也包括群体间传播。个体总是群体的一部分，个体的相遇通常意味着与另一个群体的交流。

虽然群体明显是由具有个人心理特征的个体组成的，但大群体的集体行为显示出其特有的心理动力。

- 社会中的所有个体都或多或少地与某些群体相关，这些群体对其身份、存在意义和未来的发展前景至关重要。群体回答了诸如"我来自哪里？我是谁？我活着有什么意义？"以及"我到何处去，我的命运是什么？"等问题。对这些问题的集体性回答使人们容易受到集体身份的操纵。群体凝聚力越高，群体中的个体成员就越倾向于少提批判性问题，越与集体身份保持一致。群体的内部凝聚力越强，其与外部群体的脱节就越大。当"我们"与"他们"的对立变得尖锐，群体冲突往往会迅速激化。群体成员的自尊"需要他们相信自己的群体优于其他群体"（Pruitt and Kim，2004：133）。这使得群体外成员更容易被指责、被非人化，甚至最终被杀害。当冲突涉及不同宗教和文化群体时，情况尤其如此。

- 群体中的个体强烈依赖于社会认可，并屈从于社会压力。一个例证是"二战"期间日本神风敢死队的飞行员。现在我们知道，他们中的许多人并不想自杀，只是觉得抗命可耻。

- 很难为集体行为建立明确的问责制,因为它们往往是在相对匿名的情况下进行的。
- 群体动力中最重要的一点是集体暴力难以停止。它变成了一项使命!一旦大规模屠杀和集体性羞辱的阀门打开,集体暴力就变得很难制止。破坏性行为改变了参与者的世界观和价值体系。在其他时间人们可能认为不可思议、非人道的暴行,如今变成了正常、正确的事情。在群体内部,"群体思维"(groupthink)起着至关重要的作用,阻碍成员提出问题、表达反对意见或成为异见者。

宗 教

世界上大多数人都信仰宗教。大多数社会群体都是宗教群体。宗教信仰给重要的价值观抹上了神圣光辉,而捍卫这些信仰是信教者的职责,不信教的人被认为应该受到歧视并最终被消灭。"在今天的社会中,人们不可避免地与那些将他们深信不疑的价值观视为洪水猛兽的人发生冲突。他们必然因此遍体鳞伤。"(Hamelink, 2011: 100)在与宗教群体的对抗中,终极真理可能受到威胁,相互理解似乎是无稽之谈。当自己奉为圭臬的东西被"他者"嘲笑、批评或否定时,这个论敌就变成了撒旦,不能与其做任何交易。宗教上的不宽容给跨文化传播造成不可逾越的障碍。

人类认知

显然,人类认知的运作方式是理解跨文化传播的一个重要因素。

首先,我们对现实的认知通常始于对我们所见、所闻、所嗅、所尝或所触的假设。这个假设源于我们的早期经验和我们对现实的了解。由于人类所能容忍的不安全感是有限度的,他们普遍倾向于迅速闭目塞听。通常,在看第一眼时(所谓"一见钟情"),我们就对所见之物下了定义(李普曼[Lippmann], 1922: 81)。我们的环境中有诸多刺激物,因此我们必须过滤和选择。一种方法是分类(塔吉费尔[Tajfel], 1971),这使得现实易于管控。"因为现实环境太大,太复杂,稍纵即逝,不可能直接认知。我们没有能力处理这么多的精微细致、千变万化和排列组合。虽然我们不得不在如此环境下采取行动,但在能管控它之前,我们必须在一个更简单的模型上重建它"。(Lippmann, 1922: 16)我们使用的最基本的分类是"群体内/群体外"。这些分类有助于自我定义,我们发现自己的形象通常比别人的形象更有吸引力。我们也倾向于认为自己比别人更加与众不同。这些形象即刻板印象(沃尔特·李普曼称之为"我们头脑中的图像"),它们可以是积极的,也可以是消极的。

刻板印象妨碍跨文化理解，因为它们很容易让我们对他人的行为做出错误的解释。[①]刻板印象妨碍我们实事求是地看待他人，但是，要改变刻板印象是非常困难的。跨文化接触甚至可能强化刻板印象："若要通过接触而减少偏见，两个群体的成员必须拥有平等地位、相互了解的机会、打破刻板印象的证据，还要有一致的目标、积极的合作……消极的刻板印象往往抗拒改变"。（昆达[Kunda]，1999：363）一种可供我们克服针对个体的消极刻板印象的机制是，将他们从其所属群体中"摘出"（fencing them off），并视他们为该群体的非典型个体。

跨文化传播能力

所谓"跨文化传播能力"，指的是跨文化交往所需的技巧。这些技巧使得跨文化互动成为令人愉悦的交往行为，参与者乐于继续，且无一觉得被冒犯。交往之后，参与者感到他们已尽力地去理解彼此，并真诚相待。陈和斯塔罗斯塔（Chen and Starosta，1996：358-359）将跨文化传播能力定义为"文化意义的协商能力，以及采用适当的、有效的传播行为以识别互动参与者在特定环境中的多重身份的能力"。

你如何应对文化的异质性？你是否容易接受与你的现实观根本不同的现实观？你是否觉得另类观念是一种挑战？

跨文化传播所需要的技能有：
- 接受多重身份：感受自己内心对话——你头脑中的交响乐——和我们与自我进行对话的能力。
- 对自己文化身份、文化偏见、价值观和行为的自我认知：思考他人如何看待自己的能力。
- 沟通的社会性技能，比如对他人友好、坦诚。你能"吾日三省吾身"吗？
- 出于"同理心"（empathy），而不一定是"同情心"（sympathy），认识文化差异的能力。你能通过他人视角看待事情吗？你能容忍差异吗？你是否有理解另一种文化的价值观和行为的基本意愿？
- 体悟自身"文化包袱"（cultural luggage）的能力：你自带的观念、价值观、假设、偏见和刻板印象。
- 尊重其他文化是否有边界？你是否认为在某些情况下，你不得不批评非你所属的社会群体的文化习俗？

[①] 奥尔波特（Allport，1954）将刻板印象称为"一种与类别相关的夸大的信念"。

如何研究文化与全球传播？

研究全球传播与文化的关系，我们必须探讨文化同质化、文化多样性和文化混合性等概念。我们必须努力理解文化表征如何成为当前全球化进程的一部分，以及世界各地民众如何同时以世界公民和本地人的身份交流故事。

我们还必须探寻哪些研究传统可以增进我们的理解。最有可能的似乎是文化研究。这个研究路径重视内容，注重文本及其意义。一个主要问题是文化产业的运作如何影响文本的生产。政治经济学研究拷问文化产业生产的文本是为谁的利益服务，而文化研究则分析这些文本对接受者的身份认同可能意味着什么。

文化研究包括研究文化行为的普遍模式如何反映于文化产业自身。它要求我们"更仔细地考虑人们想要的和从文化中得到的，如何形塑了这些产业经营的条件——例如，音乐协调私人自我与公共自我关系的能力，形塑了音乐行业为我们提供音乐商品的方式。我们拥有音乐商品，就像拥有其他商品一样"（Hesmondhalgh，2007：43）。

在传播学研究中，我们对复杂现实的理解常常需要不同的研究路径优势互补，协同作用。

📖 焦点阅读

文化与全球化

Featherstone, M.（1995）. *Undoing Culture: Globalization, Postmodernism and Identity*. London: Sage.

在本书中，作者分析了全球化对文化的影响。他解释了为什么文化在人们的日常生活中变得越来越重要，并讨论了非西方的文化框架在当今全球现代性形成中的重要性。本书关于全球和地方文化以及文化认同的材料颇具洞见。

Friedman, J.（1994）. *Cultural Identity and Global Process*. London: Sage.

本书探讨了全球与地方的关系，认为碎片化与同质化都是全球发展的基本维度。本书具有丰富的理论资源和来自不同文化的例证。最后一章讨论了全球体系中秩序和无序的复杂性。

Nederveen Pieterse, J.（2009）. *Globalization and Culture: Global Mélange (2nd edition)*. Lanham, MD: Rowman & Littlefield.

本书的论证学术底蕴丰厚且资料翔实（从历史和地理角度），有助于理解当前全球文化混合化进程。作者并未对文化同质化或文化冲突做简单概括，而是探讨了混合化概念。

文化帝国主义

Said, E.W. (1993). *Culture and Imperialism*. New York: A.A. Knopf.

爱德华·萨义德对从简·奥斯丁到海湾战争的新闻报道的西方文化进行了批判性的、全面的审视。他的分析直击西方文化帝国主义之根源。

Tomlinson, J. (1991). *Cultural Imperialism: A Critical Introduction*. Baltimore, MD: John Hopkins University Press.

这是理解文化帝国主义的重要指南。它对文化帝国主义的不同研究方法和定义进行了深入介绍。汤姆林森对当今教科书上的文化同步理论（cultural synchronization thesis）进行了批判性的分析与评论。

跨文化传播

Gudykunst, W.B. and Mody, B. (eds) (2002). *Handbook of International and Intercultural Communication*. London: Sage.

对学生们来讲，本书是学习跨文化传播的宝贵资源。通过理论介绍和对新问题的思考，本书对跨文化传播、文化间传播、国际传播和发展传播四个领域进行了论述。本书讨论的主题包括：跨文化的非言语传播、跨文化传播能力、跨国广告、发展传播的参与性研究方法。推荐阅读。

网络资源

本书的配套网站链接是 https://study.sagepub.com/hamelink，在这里能够看到作者对本章主题"跨文化传播"的讨论。

访问 https://study.sagepub.com/hamelink 可以免费下载以下学术文章：

Baraldo, C. (2006). New forms of intercultural communication in a globalized world. *Gazette*, 68 (1): 53-69.

Fejes, F. (1981). Media imperialism: an assessment. *Media, Culture & Society*, 3 (4): 281-289.

Jin, D.Y. (2007). Reinterpretation of cultural imperialism: emerging domestic market vs continuing US dominance. *Media, Culture & Society*, 29 (5): 753-771.

Lee, P.S. (1988). Communication imperialism and dependency: a conceptual clarification. *Gazette*, 41 (2): 69-83.

Oliha, H. (2012). Critical questions: the impact and import of the contradictions and epistemic denials in the field of intercultural communication research, theorizing, teaching, and practice. *International Communication Gazette*, 74 (6): 586-600.

Sonaike, S.A. (1988). Communication and Third World Development: a dead end? *Gazette*, 41 (2): 85-108.

延伸阅读

Asante, M.K. and Gudykunst, W.B. (1989). *Handbook of International and Intercultural Communication*. London: Sage.

Bennett, M. (ed.) (1998). *Basic Concepts of Intercultural Communication*. Yarmouth, ME: Intercultural Press.

Boyd-Barrett, O. (1977). Media imperialism: towards an international framework for the analysis of media systems. In Curran, J., Gurevitch, M. and Wollacotts, J. (eds), *Mass Communication and Society*. London: Arnold. pp. 116–135.

Cohen, R. (1991). *Negotiating across Cultures*. Washington, DC: United States Institute of Peace Press.

Condon, J. and Yousef, F. (1985). *An Introduction to Intercultural Communication*. New York: Macmillan.

Cushner, K. and Brislin, R.W. (1997). *Improving Intercultural Interactions: Modules for Cross-Cultural Training Programs (Vol. 2)*. London: Sage.

Friedman, J. (1994). *Cultural Identity and Global Process*. London: Sage.

Gudykunst, W.B. and Kim, Y.Y. (1992). *Communicating with Strangers: An Approach to Intercultural Communication*. New York: McGraw-Hill.

Gudykunst, W.B. and Ting-Toomey, S. (1996). *Communication in Personal Relationships across Cultures*. London: Sage.

Hall, E.T. (1976). *Beyond Culture*. New York: Doubleday.

Hofstede, G. (2001). *Culture's Consequences* (revised edn). London: Sage (1st edn, 1980).

Jandt, F.E. (2012). *Intercultural Communication* (7th edn). London: Sage.

Liu, S., Volcic, Z. and Gallois, C. (2010). *Introducing Intercultural Communication*. London: Sage.

Neuliep, J.W. (2011). *Intercultural Communication: A Contextual Approach*. London: Sage.

Patel, F., Li, M. and Sooknanan, P. (2011). *Intercultural Communication: Building a Global Community*. London: Sage.

Samovar, L., Porter, R. and Stefani, L.A. (1998). *Communication between Cultures*. Belmont, CA: Wadsworth.

Sorrells, K. (2012). *Intercultural Communication*. London: Sage.

Tajfel H. (ed.) (1978). *Differentiation between Social Groups: Studies in the Social Psychology of Intergroup Relations*. London: Academic Press.

Tajfel, H., Billig, M.G., Bundy, R.E. and Flament, C. (1971). Social categorization and intergroup behaviour. *European Journal of Social Psychology*, 1: 149–177.

Tajfel, H. and Turner, J.C. (1986). The social identity theory of intergroup behaviour. In Worchel, S. and Austin, W.G. (eds), *Psychology of Intergroup Relations*. Chicago, IL: Nelson. pp. 7–24.

Ting-Toomey, S. (1999). *Communicating across Cultures*. London: Routledge.

Tomlinson, J. (1999). *Globalization and Culture*. Cambridge: Polity Press.

Vink, N. (2005). *Dealing with Differences*. Amsterdam: KIT Publishers.

课外研究

能否开发出一种测试跨文化传播能力的有效方法？

思考并与他人讨论这个测试的可能性。它究竟要测量什么？应该使用哪些基本变量？

这个测试应该是什么样的？如何实施？

第十二章

全球在线传播

本章的主要灵感来自于著作等身的全球信息发展批判分析人士——曼纽尔·卡斯特尔斯。

📚 曼纽尔·卡斯特尔斯（Manuel Castells，1942— ）

卡斯特尔斯是一位专注于城市社会学和信息社会议题的社会学家。2003年以来，他是南加州大学安南堡传播学院的传播学教授。阿兰·图海纳（Alain Touraine）是他研究城市问题的一个重要知识来源。卡斯特尔斯引入了一些重要的概念，如"集体消费"，即公共交通和公共住房等服务，以及"流动空间"，作为其信息网络理论的重要组成部分。

他的主要著作包括：《信息化城市》（1989）；信息时代三部曲：《网络社会的崛起》（1996年初版，2010年再版）、

《认同的力量》(1997)和《千年终结》(1998);《网络星河：对互联网、商业和社会的反思》(2001);《传播力》(2009)。

对全球传播研究而言，曼纽尔·卡斯特尔斯教给了我们批判性地思考全球网络乌托邦与反乌托邦的现实之间的平衡。

在本章中，我想探讨全球传播领域的最新成果：全球数字化网络的出现。在21世纪初，随着新的社交网络的出现，全球传播能力成倍地扩展，全球传播必然在线上开展。这是否带来了新的政策挑战？全球在线传播的光明面和黑暗面是如何相互作用的？社交媒体技术的全球扩散抛出了这样一个问题，即我们是否正在进入一个新世界？

全球传播走上网络

100多年来，全球电信业发展的特点是传输设施的逐步升级和交换技术的增加。20世纪后期，电子数据处理技术普及，全国性和国际性的电信网络均成为可能。1950年代，电信和电子数据处理这两种当时截然不同的技术完全融合在一起，计算机通信网由此建立。其时，计算机通信网兼具中心化和去中心化两种特性。在20世纪七八十年代，技术革新（如调制解调器、光纤、分组交换技术和卫星）迅速提高了计算机电信网络的性能、普及性和兼容性。

远程信息处理网络开始投入使用，银行和航空公司对此越来越感兴趣。国际航空电信协会是跨国数据流动的先驱。这个协会是由11家航空公司于1949年建立的预订系统，系统使用的是低速电传打印技术。截至1974年，已经有来自90个国家的185家航空公司加入了该系统。2012年，国际航空电信协会为640多个成员提供服务，其中包括500家航空公司，并运营着连接220个国家和地区的全球最大私营网络。在当今计算机网络中，国际航空电信协会传输的数据量极可能是最大的。

大型国际银行也是大数据流量用户。

随着银行业务的跨国化，对国际电信网络的需求剧增。在1960年代和1970年代初，先是美国的银行，随后是西欧和日本的银行，都扩张到了世界各地。为了充分应对跨国化带来的通信需求，银行建立了用于个人业务和银行间业务的网络。银行间业务网络使用的环球银行金融电信协会是最重要的案例。建立环球银行金融电信协会的想法诞生于1960年代末，当时一些西欧的大型银行研究优化国际交易程序的可能性并得出结论认为，国际银行业需要一个准确、快速、安全、标准化的资金转账系统。由于这项研究的推进和各银行的积极响应，西欧、加拿大和美国的主要银行于1973年5月成立了环球银行金融电信协会。4年之后，即1977年5月，该网络开始运作。彼时，这个网络已经花费了近10亿美元，网络设备都采购于宝来公司、国际电脑有限公司和通用自动化公司。1980 年，环球银行金融电信协会每天传输信息约 25 万条。

环球银行金融电信协会通过位于比利时、荷兰和美国的运营中心连接了 209 个国家和地区的 9 700 多家银行、经纪公司、商品交易所、证券机构和企业客户。该系统的一个重要特点是，它保证了信息传输的绝对机密性，所有国际线路的传输都被加密。

1990 年代初，全球传播出现了四个重要趋势，对世界各地人们的日常生活产生了相当大的影响。这四个趋势起源于 1980 年代，成熟于在 1990 年代。它们是数字化、兼并、解除规制和全球化。它们或主动或被动地相互关联。数字化这一根本趋势意味着越来越多的跨国界互动以电子形式为基础，同时加强了技术整合和机构撤并。技术的融合和机构的合并推动了环境进一步解除规制，并强化了全球化趋势。此外，解除规制和全球化也密切相关。

全球业务需要全球市场，而全球市场又需要各国市场解除规制。数字化为全球化提供了技术基础，促进了全球服务贸易、世界金融网络以及高科技研发的全球发展。自 1980 年代中期以来，数字化推动了公共企业网络向私营企业网络的转变，而后者已成为全球贸易的支柱。全球企业网络的强势用户和运营商有效地推动了电信结构从公有到私有的转变。兼并与全球化相互关联。兼并构成了全球化的基础，而全球市场的发展也迫使公司合并，以保持在世界市场上的竞争力。

数字化趋势

数字化意味着处理和传输信息的技术开始使用同一种语言，即二进制的计算机语言。数字语言促进了计算机、电信、办公技术和各种消费型视听电子产品的融合。数字集成带来了速度、灵活性、可靠性和低成本。数字化意味着以更低的价格实现更好的技术质量。信道容量极大地扩展，电磁频谱可以被更有效地使用，消费者有更多选择，交互系统有更多可能性。存储、检索和编辑活动转换为数字形式，意味着时间和劳动力的节省，经济效率得以实现。数字化大大提高了语音和视频传输的质量。例如，高质量视频图像被数字化压缩后，可以作为计算机文件通过卫星进行传输。在以原速度回放之前，数字数据可以存储在计算机磁盘系统上。现有的数字压缩和存储系统是轻量级的，可应用于新闻采集。电视的数字压缩技术为卫星电视广播提供了重要的经济优势。收发器可以承载更多的电视频道，节约效果惊人。数字技术为视频会议和付费电视等项目提供了更多机会。

在数字化过程中，更强大、更可靠、更灵活的数字系统开始取代早期以模拟信号传输和存储信息的方式。"这一过程的技术基础奠基于'二战'后初期，奠基于微电子学通用语言的革新之中。该语言应用于计算领域，其后用于通信领域。"（席勒和弗雷戈索 [Schiller and Fregoso]，1991：195）随着数字交换机和数字传输设施的发展，世界各地日益从模拟网络向数字网络过渡。

正如席勒和弗雷戈索所观察到的那样，这个过程不仅包括从模拟技术到数字技术的转变、是技术性的，还是制度性的——"它的来源和影响皆是如此"（Schiller and Fregoso, 1991: 195）。全球传播最大的使用者要求在全球范围内建立广泛、廉价、可靠、灵活的电子公路。只有数字化的全球网络系统才能满足这些需求，这也就意味着新型软硬件的加速开发。人们期待数字网络传输所有可以数字化的信号：从人的声音到高清电视图像。这需要用光纤电缆取代铜线等传统载体，而这种取代意味着需要新型交换机和新型软件来控制前所未有的大规模跨境信息流。数字技术使信息以低廉价格的光速发送成为可能。

在数字化的发展过程中，两种模式盛行并相互冲突。第一种模式是整合公司通信能力的内部模式。大型企业用户坚持认为，他们需要将企业私有网络转换为数字系统（Schiller and Fregoso, 1991: 196）。第二种模式"主要源自围绕着公共电话网的复杂机构。它开始于1970年代末，是由电信服务行业的供应商设计的集成系统，为国内和国家间无所不在的传播提供服务"（Schiller and Fregoso, 1991: 196）。这是一种综合业务数字网（ISDN）模型，它从国内电话网络发展到语音、文本、数据和图像的全球互联。

企业内部动力模式趋势凸显。企业对跨国信息网络的依赖日益增加，明确提出了接入全球网络的诉求。全球网络系统的驱动力必然与全球通信市场放松管制的驱动力强度相当，相伴相生。许多国家开始形成政治压力，要求将电信机构的公共控制权移交给私人利益集团。

虽然数字技术自1960年代起就已存在，但直到1990年代，声势浩大的技术应用浪潮（如电子数据交换）才出现，而数字技术对于日益频繁的跨境交易已必不可少。

跨境互动的"电子化"促进了更多种类的服务的出现。数字技术的应用以不同速度、不同范围影响着世界上大多数国家。1980年代，数字化进程开始加速，到1980年代后期，在发达国家的工业市场经济体中，25%~50%的电话总局的电话交换机已经数字化。实际上，在1980年代，国际通信卫星组织开始引进全数字服务，如国际商业服务（International Business Services, IBS）和Intelnet（服务于小型终端的数字通信服务）。这项对数字技术的新投入被视为国际通信卫星组织未来在卫星服务市场中保持竞争力的关键。

在1980年代，数字技术开始被应用于电子消费产品，光盘之类的产品迅速扩张市场。1983年，当飞利浦公司在荷兰打开激光唱片（CD）市场时，销量占比还不足当地唱片市场的2%；1986年，其份额已超过25%。1989年，全美国激光唱片销量超过2亿张，而1984年时销售量仅为800万张（罗宾森、巴克和卡斯伯特 [Robinson Buck, and Cuthbert], 1991: 53）。

最新的电子消费产品是智能数字电视。借助数字技术，高清电视不仅改善了声音和图像，而且推进了一系列信号输入操作（存储、处理和转换）。

数字化的主要特征是信息相关活动的规模不断扩大。信息一直是社会进程中的一个关键因素。人们总是制造、收集、复制或窃取信息。但是，最近的经济和技术发展大大改变了这些活动的范围。数字化增强了这样一个社会过程：信息的生产和分发成为社会最重要的经济活动。在这样的社会中，信息技术开始成为所有工业生产和服务供应的关键性基础设施，而信息本身成为可以在全球范围内交易的商品。数字技术是一种"协同"技术。这意味着它的增长会带动其他经济部门的增长。就像20世纪早期的汽车技术，数字技术围绕着产品和服务构建了基础设施。就像从手工动力到机械化技术再到机电革新的转变，今天向电子信息技术普遍应用的转变也催生出了许多新行业，例如软件生产、处理服务、分时设备、半导体制造、数据库管理或电子出版等。因此，一些本身可能并不新颖的问题必须寻找新的应对之策，因为许多现行的解决办法（例如刑法或知识产权保护）已不能奏效。

数字化需要极大量的资金投入，除了少数实力雄厚且资源丰富的运营商，大多数运营商都难以承受。在一个解除规制、竞争激烈的环境中，如此巨大的投资隐含着惊人的风险。在高风险环境下大规模投资不可避免的后果是市场参与者数量严重受限。

数字化已经引发了关于近用权、控制和费用的政治经济学难题。谁将以何种代价进入新兴的数字网络系统？谁将控制网络？引导网络的智能系统将被储存在何处？谁将拥有它？是网络运营商还是终端用户？谁来为数字化带来的巨大开支买单？数字技术的潜在滥用及其社会后果在本质上是全球性的，需要国际合作与达成共识。只有通过多边方式才能最好地防范技术滥用并获得最多的收益。

数字化为当今主要通过互联网进行的全球在线传播提供了技术和制度基础。这深刻地影响了现代社会对全球传播本质的思考。[1] 全球网络技术的出现似乎宣告了一个全球互联互动新时代的来临。在这个时代中，占主导地位的传输范式将被交互范式所取代。正如此前后工业信息社会所宣告的那样，人们期待他们所在的生活世界和社会权力关系发生根本性变化。然而，互联网为社会内部和社会之间提供的传播机会，首先取决于对使用这些机会的权利的承认，这样人们就会拥有呼吁实行必要公共政策的工具。即使互联网可能不太受资源稀缺问题的困扰，但近用权、技能、相关内容或语言表达方面的不平等仍将是赋权的强大障碍。此外，如果认为互联网本质上是"无法控制的"，那就太天真了——搜索引擎和软件公司日益强大的力量、审查的可能性，以及管理互联网所涉

---

[1] 关于互联网的历史，参见 Castells, M.（2001）. *The Internet Galaxy: Reflections on the Internet, Business and Society*. Oxford: Oxford University Press. pp. 10–17. 有关互联网统计数据和地理信息的来源，请参阅：www.internet-worldstats.com/stats.htm，www.icann.com，www.isoc.org，www.nua.ie/sirveys/how_many_online/methodology，www.cybergeography.org/atlas，www.zooknic.com，www.alexa.com。

及的政治敏感性，都是需要考虑的问题。

人类传播能力扩展？

对于全球传播研究，一个重要的问题显然是互联网特别是 Web 2.0 的新可能性是否扩展了人类的传播能力，实现了跨地区（trans-locally）沟通？Web 2.0 的代表有博客、脸书（Facebook）（全球七分之一的人创建了脸书个人主页）、推特（Twitter）、领英（LinkedIn）、优兔（YouTube）、拼趣（Pinterest）（一个非常成功且快速增长的网站，人们可以在其电子留言板发帖，寻找自己急求之物）、易贝（ebay）（一个供小商贩使用的平台）、雅虎（Yahoo），以及雅虎网络相册（Flickr）。毫无疑问，Web 2.0 的扩张证明了全球在线社区快速增长，尽管它在世界各地的分布仍不均衡。但是，对于"人类传播能力的扩展给社会政治和文化带来何种影响"这一问题，要给出一个可靠的答案还为时过早。不过，对此还是可以作出一些解释：所谓"新"，不仅意味着信息通信技术的进步，还意味着人类行为的改变。这种概念反映了一种粗糙的决定论，认为在人类现实中找不到任何不变的本质。

"新"媒体可能不受文化大亨、新闻巨头、统治阶级、贵族精英或宗教神职人员的寡头垄断。新媒体可能会有许多掌舵人。然而，没有任何历史证据表明，比起少数人控制，多数人掌权更不容易导致邪恶升级。"新"媒体可能确实会带来更多孕育、表达、传播和接受思想的自由，但不能保证数量暴增、高度分化的媒体生产者会比过去的媒体大亨更负责任。我们需要质疑的是，传统大众媒体在多大程度上已成为过去。如今，传统媒体依然在加剧和扩散全球性致命冲突方面发挥着极重要的作用。

根据卡斯特尔斯的说法，全球网络技术提出了一个重要问题，"互联网提供的全球性自由传播变得至关重要。但是，网络的基础设施可以被占有，对它们的访问可以被控制，对它们的使用，即便不被垄断，也会因为商业的、意识形态的和政治的利益而产生偏向。随着互联网成为我们生活中无处不在的基础设施，谁拥有和控制通往它的访问渠道就成了一场关于自由的重要斗争"（Castells，2001：277）。卡斯特尔斯发现的另一个挑战是，人们需要"穷其一生进行知识学习进而获得能力，学习检索数字化存储的信息、对其重新排列组合、并为达到任一目的而使用其生产知识"（Castells，2001：278）。

意识到互联网也有阴暗面同样重要。叶夫根尼·莫罗佐夫的著作《网络错觉》（2011）揭开了互联网的神秘面纱。该书认为互联网的自由是一种错觉，网络技术并没有使世界民主化。根据莫罗佐夫的说法，互联网事实上是专制政府的惯用工具，因为它可以用来监视、宣传和审查。他还称 Facebook 和 Twitter 是专制政府有力的统治工具。

我们还能过离线生活吗？

新的政策议题？

全球在线传播提出的问题是，我们是否必须面对新的政策议题。似乎所有旧的政策议题，如版权保护与创造力之争、隐私争议、保密与监视之争、自由与审查之争、安全与风险之争、参与与排斥之争，仍然存在，而且似乎更具全球性和紧迫性。在21世纪，我们应该如何应对这些问题？从民主平等主义角度来看，回顾日内瓦专家会议（1975年举办）向联合国大会提出的一项建议十分有益。会议建议从人权角度监测和评价新技术。联合国大会从未根据这项建议采取行动。然而，虽然已经过去近30年，这一建议仍然意义重大。遗憾的是，联合国信息社会世界峰会（2003年12月在日内瓦，2005年在突尼斯）未能重提这一建议。

这种评价的本质和组织问题将在下面讨论。

人权评价：本质

25年前，约瑟夫·魏泽鲍姆（Joseph Weizenbaum, 1976）提出的标准至今仍可用于对数字技术的人权评价。对"所有计划用一个复杂系统来代替涉及人际尊重、理解和爱等人类功能的项目"，我们都应该保持谨慎（Weizenbaum, 1976：269）。魏泽鲍姆还警告称，"计算机应用……很容易产生不可逆的和不能完全预见的副作用"（1976：270）。严肃的人权评价应该指出推行数字化应用的风险，这些应用可能有未能完全预见的副作用，而且一旦实施，这些副作用可能不可逆转。若数字化应用被用来限制人权，也应进行人权评价。例如，在打击有组织犯罪和恐怖主义的所谓"战争"中，许多国家的电信部门可以代表执法和情报机构命令服务提供商共享客户的个人数据。大多数这种案例都没有坚实的法律基础。首要的检测标准可以是：限制民事和政治人权的措施是否基于以民主形式达成的法律规定？此外，其他检测标准还有：这些措施是否能有效地达成基于共识的社会目标？它们是不是实现这一目标的唯一可用手段？以及它们的实行是否只是暂时性的？

人权评价：组织

按照人权标准，必须通过民主机制来组织评价过程。这意味着我们应该扩大政治平等的标准，使所有民众尽可能广泛地参与公共决策过程。此外，民主进程应超越政治领域，将参与性机制的要求扩展到其他社会领域。因此，必须为数字技术生产、发展和扩散领域的决策设计参与式民主的形式。然而，现实恰好相反，技术发展领域和政治决策领域其实正渐行渐远（温纳[Winner], 1993）。正如乌尔里希·贝克（Beck, 1992：214）

所言，"对进步的信心取代了票决"。

生物技术的发展就是一个很好的例子。科学家和投资人合作生产人造的组织、血管以及心脏、肝脏等器官。"再生"医学领域的顶级科学家查尔斯·维坎提（Charles Vacanti）认为，我们已经在动物身上做了足够多的实验，是时候开始改造人类了。预计，生物产业将很快带来一个名副其实的人体备用零部件"维修厂"（Bio-Tech Bodies, 1998: 44）。不论其优劣几何，它的整个发展过程已完全不受社会控制。贝克（1992）指出，社会对基因技术发展的关切和焦虑对该领域的实际决策没有影响。这些决定早已做出，因为某些技术发展是否对社会有利的问题从来没被提出过。"一个人可以对进步说'不'，但那根本不会改变它的进程。"（Beck, 1992: 203）这一进程在政治领域之外被决定。技术政策不由政治体系制定。议会不会就微电子技术、基因技术的使用和发展之类的问题进行投票；它最多可能为了保护国家的经济前景（与就业）投票支持这些技术。正是技术发展决策和投资决策之间的密切联系，迫使各产业为了竞争而秘密制订计划。因此，决策只有在被做出之后才会送达政治人物案头和公共领域（Beck, 1992: 213）。

今天，政府将社会选择的责任下放给市场已成为一种世界趋势。因此，在没有任何重大社会论争的情况下，对重要社会领域的民主控制日益削弱。许多政府顺从私营企业主解除规制、自由化和私有化的愿望，将新数字技术的治理权拱手相让。其中一个影响因素是，实现这些技术的社会潜力更多取决于投资决策，而不是对共同福祉的考虑。对任何向往民主理想的人来说，这是一种可悲的短视观念，缺乏基本的民主敏感性。如果民主所代表的理念是，所有人都应参与决定其未来福利的决策，那么信息通信的数字化应用作为一种社会力量，就不能仅仅由市场内商业集团的利害关系决定。如果我们认真对待我们社会的民主本质，就应当在数字技术的设计、开发和部署这样的关键领域负有公共责任。

由于在这一领域做出的选择对社会具有深远影响，政治进程需要有关各方尽可能广泛地参与其中。换言之，我们亟须就"我们共同的数字未来"展开广泛的公众对话。

挑　战

全球在线传播带来的主要挑战是：
- 全球网络战的可能性
- 全球监视的加剧
- 网络空间治理问题
- 在线网络"社会化"程度问题

网络战争的挑战

"政府的保密工作将整个现象遮蔽起来,使得冷战看起来像是一个公开透明的时代。世界上关于网络战的最大秘密可能是,在美国准备发动进攻型网络战的同时,还在继续执行使其无法有效地保护国家不受网络攻击的政策。"(克拉克和科奈克 [Clarke and Knake],2010)

- 1996 年,五角大楼电脑被入侵 250 000 次,其中大约 75% 是成功的。150 名黑客因设法入侵空军中央计算机被起诉。
- 1998 年 2 月,美国国防部遭遇了针对空军和海军网络 12 个节点的强力数字攻击。两名 16 岁黑客是罪魁祸首。
- 1998 年 3 月初,一名黑客致使美国数千台装有微软操作系统的电脑崩溃,其中包括美国宇航局的数字系统。
- 同样在 1998 年 3 月,以色列警方逮捕了一名一直在监视五角大楼电脑的 18 岁黑客。
- 1998 年 4 月,五角大楼和美国宇航局的计算机系统遭到黑客攻击。黑客(他们自称"下载大师")在网络杂志"反上网"(AntiOnline)中公开了自己的盗窃行为。

安全是当前有关新式战争论辩的基本话题。数字化武器系统的发展使得"网络战争"成为替代传统武装冲突的诱人而"干净"的选择。然而这种说法是有欺骗性的。在一场数字战争中,短期内受害者数量可能少于过去的轰炸,但随着网络战争开始发挥作用,受害者数量将迅速增加。一次成功的数字攻击会造成各种破坏,包括导致电力和水的供应中断。

网络战的可能性意味着各国必须设计防御政策,以减少自身的脆弱性。与此同时,一些国家,如美国,积极发展数字攻击能力。美国已经开发了一个用于间谍活动的扩展数字系统,每年花费约 300 亿美元。论证其合理性的说法认为,美国是许多工业间谍活动和知识产权盗窃的目标。间谍系统也可用于保护美国在海外的经济利益。

数字武器系统包括:(a)使对手信息网络瘫痪的病毒软件;(b)先进的窃听装置;(c)通过电磁脉冲干扰电子系统的设备。五角大楼的数字战争秘诀是"阻绝、破坏或拦截敌方计算机、网络或通信,同时保护自身"(舒瓦图 [Schwartau],1996:464)。

网络攻击可能会中断一个国家的所有国际通信,瘫痪所有空中交通,蓄意破坏电力和水的供应,并使该国金融体系失灵。一个可怕的预期是,有组织犯罪或恐怖组织可能用网络空间武器自我武装。大规模使用数字系统的社会极易受到"网络恐怖主义"的攻击。只需要相对简单的工具,就能破坏这些社会的关键功能。克拉克和科奈克的研究总结认为,网络战争是真实存在的,爆发在瞬息之间。它是全球性的,绕过现实战场,且已经开始,"根据对敌对行动的预判,各国已经在整军备战。在现下的和平时代,它们侵入彼此的网络和基础设施,设置后门和逻辑炸弹。网络战争的持续性、战争与和平的模糊性，为不稳定性增添了一个危险的新维度"（Clarke and Knake，2010：31）。

目前已有关于常规性战争的国际协定，例如1949年的四项日内瓦公约提供了对待受害者和战俘待遇，海牙公约（1899年和1907年）规定了战争中武器的使用。是否应该制定网络战争的国际规则？

监视的挑战

在许多国家，通过公共场所的摄像头、电话里的窃听器、信用卡公司、超市的扫描仪、万维网上的"网上信息浏览数据"（cookies）以及国际间谍卫星等手段实施的电子监视如雨后春笋般涌现。随着社会监视范围的扩大，通信的保密性也随之降低。数字化使得监视变得简单而富有诱惑力。它促成了政府一直想要做的事情，即尽可能多地收集治下民众的信息。由于技术限制，这项工作一直很困难。然而，最近的技术革新使得大规模间谍活动易如反掌。其结果之一是，富裕国家向贫穷国家出售监视技术已成令世界武器交易商垂涎的产业。

数字化有助于通过传真机、电话（尤其是移动电话）及计算机对所有通信活动进行监测。从技术上讲，记录"全球移动通信系统"（Global System for Mobile Communication, GSM）中移动电话的所有通信已经变得相对容易。运营商瑞士电信公司（Swisscom）1997年年底承认，它记录了全球移动通信系统网络中超过100万手机用户的通信。此外，在其他欧洲国家，警察利用技术上的可能性确定手机位置。电信服务提供商的计算机系统可以记录移动电话的位置，即使它们不用于通话，而只是用于接收语音邮件。1998年2月发表的《政治控制技术评估》报告称，美国国家安全局通过使用智能搜索代理监视欧洲政客和公民的通信。这份由位于曼彻斯特的英国研究机构欧米伽基金会（Omega Foundation）为欧洲委员会起草的报告发现，美国全球间谍计算机网络"ECHELON"能够识别军事、政治以及商业公司经济信息中的关键词，并存储相关数据以供日后分析。长久以来，有迹象表明美国国家安全局对世界通信网络进行了窃听，现在欧米伽报告提供了证据。英美监视计划针对所有互联网卫星，这些卫星承载着全球大部分电话、传真和互联网的流量，其主要理由是打击恐怖主义和犯罪。然而，几乎没有确凿的证据证明监视带来了积极效果。与此同时，欧洲议会成员被告知，美国国家安全局截获有关投资、招标和并购的有价值的私人商业数据已成常规。

除了全球间谍计算机网络，还有一个欧盟—美国联邦调查局（EU-FBI）监视系统（用于警察、安全和移民服务），以便于美国国家安全局拦截全球通信。1998年9月，欧洲议会讨论了美国国家安全局的监视行动，并通过了一项共识决议，要求电子间谍活动更加公开、更易追责。

有趣的是，1999年年初，欧洲议会的一个工作小组提议为警察和情报机构建立一个广泛的窃听网络,以拦截民众和企业间所有通信。根据工作小组所言,对所有数据流量的永久性实时监视是执法之必须。1999 年 5 月,欧洲议会决定批准建立一个全面监视系统,用于监控欧洲所有移动电话、传真、寻呼机和互联网的通信。为这一大规模拦截计划而设计的电子系统将追踪电话号码、电子邮件地址、信用卡详细信息、个人识别码和密码等数据。此外,1999 年,欧洲议会从《拦截能力 2000》(*Interception Capabilities 2000*)报告获悉,美国国家安全局、联邦调查局和欧盟计划通过国际执法电信研讨会(International Law Enforcement Telecommunication Seminar)建立一个将国家安全和执法活动结合起来的庞大监视网络。

伴随这些计划的制定,监视技术取得了相当大的进展。例如,1999 年由美国空间影像公司发射了一颗卫星,它可以从太空探测到非常微小的物体,以供商业用途。现在,越来越多的商业公司获得了发射监控卫星的许可证。

自 1999 年年末以来,美国政府使用的卫星已可以观测到直径 8 英寸的物体。从太空识别人脸的工作也在进行中。对大规模人群进行面部扫描和通过远程计算机数据库分析图像的测试已在大城市开展起来。

数字窃听装置已经变得非常之小,日本科学家声称他们可以将其植入蟑螂体内。微型数码照相机和麦克风可以装在烟感器、闹钟、助听器、圆珠笔和眼镜里。然而,最重要的是越来越智能的信息记录与过滤软件的开发。智能代理人(intelligent agents)利用自主学习神经网络,可以在庞大的数据库中搜索特定信息,从而为其搜索对象绘制完整的商业和政治画像。

用于监视和间谍活动的设备越来越便宜。其中,最大的买家是那些想要控制员工的雇主。在许多国家,对员工进行永久性电子监视已成为标准做法。这些措施包括窃听电话和电子邮件、在厕所内安装摄像头以检查是否有人吸毒、通过智能工牌跟踪员工的行动、使用传感器监控员工上完厕所后是否洗手,以及监控违禁网站的浏览。一些公司安装了"Ascentor"软件(由英国商业系统集团于 1999 年设计),它会读取公司所有的电子邮件通信,并将其与某些关键字进行比对,以评估这些邮件是否属于合法的公司业务。

与客户电话往来密集的公司(旅行社、航空公司、电话公司、直营呼叫中心)越来越多地使用"老大哥"式的系统来检查员工的工作质量。在计算机系统的帮助下,管理人员可以记录在给定的时间范围内的客户接触量、交易达成量,以及经营者每笔交易的成本。公司可能会要求其员工接受各种形式的监视。然而,即使员工同意管理层对他们的通话进行窃听,客户却通常对这些监听一无所知。很少有公司会确切告知客户他们使用了监控手段。因此,在与使用"呼叫中心"的公司沟通时,客户明智的做法是记得询问谈话是否会被录音,如果是,原因为何、目的为何、录音会保留多久,以及能否获得录音副本。

在许多数字技术发达的国家，政府都强烈希望监测民用电子通信。其关键理由是，虽然这侵犯了人们的隐私，但为了保证安全，在所难免。因此，美国总统小布什在"9·11"事件后授权国家安全局监控有恐怖主义嫌疑的美国公民的所有通信。美国国家安全局的监视系统持续壮大。2012年8月22日，《纽约时报》报道称："如今，美国国家安全局收集的数字碎片如此之多——电子邮件、短信、手机位置数据和计算机病毒清单——以致它正在犹他州沙漠建设一个占地100万平方英尺的设备来存储和处理这些信息。"

世界上还没有真正意义上反对政府进行隐性监控的公民抗议运动。有时，旅客会对机场安检中的显性监视所带来的不便感到恼火。然而，当人们相信这是针对犯罪分子和恐怖分子的提升措施时，他们很容易妥协。幸运的是，世界各地的隐私倡导者团体抵制无处不在的监视（班内特[Bennett]，2008）。然而，正如班内特所总结的那样，"还没有一场协调一致的世界性隐私运动能在规模、资源或公众认知上达到像环保、女性主义、消费者保护和人权领域中的组织那样的水平"（Bennett，2008：199）。

当班内特和其他人探索这样一场运动的可能性时，在日常实践中，数以百万计的人通过全球在线传播的主要工具之一——脸书，迫不及待地主动与政府密探分享私人生活的细节。脸书、谷歌邮箱和雅虎邮箱中的图片都存储在云端。这个分布在全球各地的在线服务器网络，收集和存储了我们大部分的在线资料，我们得到的最大安慰是，无论我们的个人电脑或平板电脑发生了什么，这些资料都不会丢失。其弊端是，美国情报和执法机构——基于保护国家安全的法律——可以访问美国公民和非美国公民的云数据。

讨论是否以及如何在全球正在发生的运动中组织反监视政治运动。

在安德烈耶维奇（Andrejevic，2007：218）所言的"i世界"（iWorld）中，我们被以数字化的方式封闭在这样一个场景之中，即政府、企业联合对大家实施点对点监视，而人们已对此习以为常。"在这个世界，我们习惯于日常生活的细节被网络浏览器和信用卡公司收集、整理；在这个世界，我们知道我们的公共和私人空间被监控摄像头所环绕；在这个世界，我们的雇主可以监视我们的电子邮件以及在线活动；在这个世界，监视已成为一种受欢迎的娱乐形式，'老大哥'一词既可能指一档真人秀节目，也可以指逐渐消逝的冷战时期的威权主义记忆。政府追踪我们电话通信的决定似乎只是信息时代日常监控的自然延伸。真正的危险在于'民众的麻木不仁'"（Andrejevic，2007：268）：这是对严重破坏数字技术民主承诺的实践的一种方便的心理调适。

凭借美国国家安全局的全球间谍网络和私人数据收集项目对企业和个人隐私的大规模入侵，21世纪初发展出了史无前例的大数据业务。大数据——包括爱德华·斯诺登（Edward Snowden）向世界披露的信息——成了全球传播在云技术领域（无论是在政治上还是在公共宣传上）最热门的话题之一。

阅读有关斯诺登案件的文章，并以人权律师的身份为他辩护，同时扮演代表美国政府的检察官，对其提出指控。

云技术实际上是计算机设施的全球共享。文森特·莫斯可在他的《云端：动荡世界中的大数据》（2014）一书中，详细记录了自1950年代初到21世纪初云计算出现的计算机资源共享发展史。

云流量正在增长，世界各地正在建造更多、更大的云数据中心。虽然"云"的倡导者经常提到"公共设施"的概念，但云计算很大程度上是私营业务，由少数跨国公司控制，如苹果、谷歌和微软。亚马逊是云计算领域一个非常成功的领军者。如果你通过亚马逊订购了本书，你就身处"云端"。更可能发生的情况是，你在脸书上，你所有的虚拟友谊都随之被带到云上。云计算公司通过收购其他公司（比如谷歌在2006年收购了优兔）或者进军硬件制造和软件开发领域来扩大它们对市场的控制。

最热门的话题是"大数据"。对海量信息的分析——这些信息由云计算公司从公私来源提取并存储在数据中心——主要是由云计算完成的。大数据分析为政治、商业和科学提供信息服务（Mosco，2014：188-194）。亚马逊网络服务的范围可以从在2012年为奥巴马总统竞选提供帮助（Mosco，2014：177），到为用户推荐接下来要购买的书籍。在政府使用大数据分析技术方面，美国国家安全局处于领先地位。该情报机构希望从全球所有通信中收集数据。

正如文森特·莫斯可所说，"云是一个极其强大的隐喻，可以说是信息技术世界短暂历史中最重要的发展"（Mosco，2014：206）。"云是虚无缥缈的，数据的存储和处理中心既无处不在，又无迹可寻。"（2014：207）

国家对个人数据的监控在你的国家是否构成争议性话题？你会采取以下哪种立场？
- 无论如何，隐私保护注定是要失败的。
- 监视社会是在所难免的。
- 控制自己信息的权利是一项基本人权，需要受到保护。

互联网治理的挑战

这个问题已经在全球会议中讨论了一段时间，最终结果（到2012年）仍未揭晓。各个主要的争论方是，希望对互联网施加合法控制的政府、希望通过国际协议控制互联网的政府间组织、倾向于市场控制的企业、希望自律的互联网用户群体、希望技术控制的互联网架构设计者（范迪克 [van Dijk]，2012：143）。网络的中立性是互联网治理的关键问题。这从根本上涉及互联网的开放性和安全性问题。"网络中立原则认为，互联网上所有的内容都应被平等对待，以相同的速度在网络上传输。"（van Dijk，2012：87）

网络中立原则支持者（同时支持减少对互联网传输的监管）和那些反对这一原则的人（同时支持对资费结构加强监管）的辩论中有一个复杂因素是，"那些网络中立原则的支持者也可以是加强监管以保护网络隐私的倡导者"（van Dijk，2012：142）。

另一项挑战是一项关于通过联合国（主要是国际电信联盟）监管互联网的国际协议的倡议。拟议内容包括，联合国分发并分配所有电子域名、各国将被告知其境内每一个电子邮件用户的 IP 地址、联合国可以管制互联网内容，每个国家都有权审查其境内网站、每个国家都可向访问境外网站者收取额外费用（莫瑞斯和麦克盖恩 [Morris and McGann]，2012）。

第三个挑战与机制安排的民主性有关，互联网治理的公共选择由此诞生。民主机制意味着所有民众都尽可能广泛地参与公共决策的进程。在信息与传播领域，公共决策民主化问题是公民社会的一大议程，在关于传播权的反复辩论中、在《人民传播宪章》（始于 1992 年）的倡议中、在非政府组织对联合国信息社会世界峰会（2003 年和 2005 年）的贡献中，均占有一席之地。民主机制包含保障公共问责的规则、程序和制度机制。在逻辑上，问责原则意味着，那些参与权和平等权利可能受到侵犯的人，可以采取救济行动。只有通过有效的救济措施，基本标准才能实现。如果决策者做出有害性行为，受影响者应当可以通过一系列程序供提出申诉、申请仲裁、申请裁决和要求补偿。确定决策的责任和要求对所犯错误作出补偿的过程，应确保民主机制的平等性。

有关未来互联网规则和实践的选择，不得不在不确定的条件下作出。今天所作的选择对未来的影响是未知的。未来是开放的，因为我们没有关于它的任何信息。如果我们有这样的信息，就无所谓真正的选择了。严肃的人权评价指向这样的风险，即选择本身具有可能无法完全预见的副作用，而且一旦实施，其影响可能是不可逆的。公共选择不可避免地会犯错。因此，随时准备从过去的错误中吸取教训并修正已经做出的选择，对呵护人类尊严至关重要。人权要求互联网治理克服对错误的不敏感。巴巴拉·塔奇曼（Barbara Tuchman，1985）曾将这种不敏感描述为"政府的颠顸"。

线上网络社交质量的挑战

像脸书、优兔、推特和网络相册这样的全球网络通常被称为"社交"媒体。尤其是"朋友"和"参与"等词的运用，强化了其作为合作性、非商业性企业的暗示，这些企业被认为主要利用全球公共领域推进民主价值。在 2004 年和 2005 年，这可能是正确的，但是约瑟·范迪克（Jose van Dijck）在《连接性文化》（*The Culture of*

Connectivity，2013）一书中称，在线网络更恰当的叫法是"连接性"媒体。

这些网络由从事数据业务的大公司管理。它们把用户连接起来，以便将收集到的所有数据用于商业目的。脸书"日益成为特定服务和商品的门户以及身份提供商"（van Dijk，2013：65）。脸书与安客诚（Acxiom）、艾司隆（Epsilon）和 Datalogix 等大数据公司展开合作。于是，各品牌能够将顾客忠诚度计划的数据与脸书个人资料进行匹配，从而更有效地将脸书广告商与购买某些产品或服务的受众联系起来。脸书的"分享""加好友"和"点赞"促进了全球企业领域的商业连接性。脸书连接全球，一切以其条款为基础。"如果世界让脸书定义线上社交的规范，它将建立一个以脸书为驱动力的世界。"（van Dijk，2013：67）

全球在线传播的视角

进化论视角

这一视角引起了人们对全球在线传播的严重关切。我们的大脑大多数时候以相对较低的速度运转，这是草原生活遗留的特征。如果狩猎者达到能对付狮子的速度，其生存概率就会大大提高。在那个时候，关键是要跑得比同伴更快，他们也同样在试图逃脱狮子的捕食。今天的数字技术以指数速度发展，超出人的生物大脑的极限。这使我们面临文化进化的危机。对于我们还停留在石器时代的大脑来说，环境之变可谓日新月异、纷繁复杂，只有扩展我们的生物大脑，才能以最优方式开发互联网星系，因为，人的生物大脑在其他方面虽然令人钦佩，但它运转太慢，同时运行的进程太少，其记忆和模仿能力有限。我们的生物大脑可以选择迎头赶上技术发明，放慢技术发展速度，或者用人工智能扩展自身。雷·科兹维尔（Ray Kurzweil）认为，最终的解决方案必将是虚拟智能与我们的生物系统相整合。（Kurzweil，2005）

在此，我们将面对所谓的"融合技术"的挑战，这将在下一章关于全球传播未来的讨论中详述。

复杂性视角

数字系统通常非常复杂。这种复杂性会导致意想不到的结果，因为系统可能会做它们没有被指示去做的事情。比如，商店里的防盗探测器可能会将顾客的心脏起搏器重新编程，这有时会导致致命后果。

软件可以不那么复杂吗？当然可以造出更简单的软件，但这将减少系统可执行功能的数量。如果用户对烤箱、洗衣机、个人电脑、驾驶舱系统、核反应堆控制面板等有更多的需求，就会增加操作系统的复杂性，从而增加了故障的概率。即使用户不需要洗碗机的所有功能，制造商也还是把它们都装进系统，以彰显产品的卓越品质。系统也可能非常复杂,对用户非常不友好,从而导致操作错误。然而,如果系统变得更加友好,其安全性通常会降低。例如,当收到错误信息后,系统不会要求用户检查输入的所有数据,而是直接重启。对复杂系统的保护使得系统更加复杂。如果一个系统要预测所有可能的错误,其复杂性将不可避免地增加。一个系统越复杂,对所有可能错误做出预测就越困难。随着复杂性的增加,发生意外的可能性也在增加。

另一个问题是,软件通常控制着各部分相互关联、相互影响的系统。如果其中一个部分出现故障,可能会影响整个系统。电子系统众多部件中的某一个可能就是影响整体质量的薄弱环节。即便部件本身是安全的,也无法预测它们在组成系统后如何运行。即使是已验证软件,其应用也不能完全保证其可靠性,因为软件在新系统中可能会以意想不到的方式运行。

许多关于新型在线传播形式的文章都指出,新的网络技术可能会比以前的信息通信技术更能实现平等化交流。让我们来详细看看这种乐观的预期。

这种平等意味着什么?

总的来说,在财政资源和管理能力方面,我们应该以平等机会使用基础设施。在此,重要的是要记住,信息社会世界峰会的辩论中有一种趋势,即主要将数字鸿沟视为信息通信资源在全球分布不平衡的问题。这一鸿沟最初不被视为全球"发展鸿沟"整体中的一部分。由于这个更大的问题没有被认真对待,一种浪漫主义的谬论盛行。这种谬论认为,解决信息/传播问题,弥合知识沟或消除技术获得的不平等,就能帮助解决世界上最紧迫的、最严重的社会经济不平等问题。这种观点将数字鸿沟从更广泛的发展鸿沟问题中孤立出来。事实上,数字鸿沟只是物质和非物质资源在社会之间和社会内部不平等分配的众多表现之一,此问题的解决与信息、通信或新型网络技术无关。

平等主义视角的一个重要要求是"信息资本"的平等分配。法国社会学家皮埃尔·布迪厄(Pierre Bourdieu, 1985)提出,社会行动者的地位不仅由经济资本决定,也由其文化、社会和象征资本决定。文化资本是由对酒、美术、音乐和文学的了解、良好的举止、外语能力等特长和技能构成的。社会资本建立在社交网络基础之上。象征资本指的是社会声望和名誉。除了这些资本形式之外,还应该加上"信息资本"的范畴(Hamelink, 2000)。这个概念包括支付网络和信息服务费用的经济能力、操作网络基础设施的技术能力、过滤和评估信息的知识能力,以及主动搜寻信息的动力和将信息转化为社会实践的能力。就像其他形式的资本一样,信息资本在社会中的分布是不平等的。它的平等分配,需要广泛的教育、培训和启蒙。互联网"冲浪者"的增多并不等同于信息资本的平等分配。

除了平等主义视角的这些要求之外,技术的不利影响也应平等承担。关于信息和传播技术,一个相当普遍的假设是,技术的影响主要是良性的,而且这些影响将被平均分配。本书第 8 章关于不平等与发展传播的讨论就谈及了这个荒谬的假设。

焦点阅读

互联网

Castells, M. (2001). *The Internet Galaxy: Reflections on the Internet, Business and Society*. Oxford: Oxford University Press.

"互联网是我们生活的结构……信息时代组织形式的技术基础是：网络（network）"（p.1）。"互联网是一种传播媒介，它第一次允许在选定的时间内，在全球范围内，进行多人之间的传播"（p.2）。

Morozov, E. (2011). *The Net Delusion: How Not to Liberate the World*. London: Penguin Books.

作者揭开了互联网的神秘面纱，认为互联网自由是一种错觉，网络技术并没有实现世界民主化。事实上，互联网是专制政府的惯用工具，因为它可以用监视、宣传和审查。脸书和推特是专制政府有力的统治工具。

Slevin, J. (2000). *The Internet and Society*. Cambridge: Polity Press.

作者就互联网对现代文化的影响进行了通俗易懂的批判性分析。书中例举了许多互联网使用的具体案例，来说明对全球化、公共性和规制等主题的研究。本书的重点是其对风险和不确定性管控的反思。

网络资源

本书的配套网站链接是 https://study.sagepub.com/hamelink，在这里能够看到作者对本章主题"全球在线传播"的讨论。

访问 https://study.sagepub.com/hamelink 可以免费下载以下学术文章：

Ali, S.R. and Fahmy, S. (2013). Gatekeeping and citizen journalism: the use of social media during the recent uprisings in Iran, Egypt, and Libya. *Media, War & Conflict*, 6 (1): 55–69.

Dong, F. (2012). Controlling the internet in China: the real story. *Convergence*, 18 (4): 403–425.

Himmelboim, I. (2011). Civil society and online political discourse: the network structure of unrestricted discussions. *Communication Research*, 38 (5): 634–659.

Lauer, J. (2012). Surveillance history and the history of new media: an evidential paradigm. *New Media & Society*, 14 (4): 566–582.

Quandt, Th. (2012). What's left of trust in a network society? An evolutionary model and critical discussion of trust and societal communication. *European Journal of Communication*, 27 (1): 7–21.

Wang, H., Chung, J.E., Park, N., McLaughlin, M.L. and Fulk, J. (2012). Understanding online community participation. *Communication Research*, 39 (6): 781-801.

Westlund, O. (2010). New (s) functions for the mobile: a cross-cultural study. *New Media & Society*, 12 (1): 91-108.

延伸阅读

Andrejevic, M. (2007). *iSpy: Surveillance and Power in the Interactive Era*. Lawrence, KS: University Press of Kansas.

Braman, S. (2010). Legal globalization and the public sphere. In Gripsrud, J. and Dijck, J. van (eds), *The Culture of Connectivity: A Critical History of Social Media*. Oxford: Oxford University Press.

Burgess, J. and Green, J. (2009). *YouTube*. Cambridge: Polity Press.

Dijk, J. A. G. M. van (2012). *The Network Society*. London: Sage.

Dutton, W. (1999). *Society on the Line: Information Politics in the Digital Age*. Oxford, Oxford University Press.

Gripsrud, J. and Moe, H. (eds) (2010). *The Digital Public Sphere: Challenges for Media Policy*. Göteborg: Nordicom, University of Gothenburg.

Hamelink, C.J. (2000). *The Ethics of Cyberspace*. London: Sage.

Harcourt, W. (ed.) (1999). *Women@internet: Creating New Cultures in Cyberspace*. London: Zed Books.

Peitz, M. and Waldfogel, J. (eds) (2012). *The Oxford Handbook of the Digital Economy*. Oxford: Oxford University Press.

课外研究

优兔（YouTube）成立于2000年，当时只是一个内容平台，而不是内容生产者。优兔可能具有参与性，但它是否也具有多样性？它是否具有种族多样性？"优兔会推送受用户支持的内容。尽管这种机制看起来很民主，但也遮蔽了少数族裔的观点。"（博格斯和格林 [Burgess and Green]，2009: 124）

分析优兔上少数族裔信息供应情况。这些信息能触及大多数受众吗？

你将如何从方法论层面处理这些问题？

第十三章

全球传播的未来

马歇尔·麦克卢汉挑战了我们对现代社会中媒体角色的看法,并让我们对人类感知能力有了新的认识。

马歇尔·麦克卢汉(Marshall McLuhan,1911—1980)

在多伦多大学圣迈克尔学院担任教授期间,麦克卢汉遇到了哈罗德·伊尼斯,并接受了伊尼斯的关于传播媒介发展影响人类历史的观点。在此期间,他也发展出了自己的想法,认为媒介是人类感知能力的延伸。1963年,他应多伦多大学的邀请,建立了文化和技术中心。1964年出版《理解媒介》一书使他声名鹊起。据《旧金山纪事报》报道,他成为"当时最炙手可热的学者"。

麦克卢汉著作的核心是分析人类感知是如何随着手工印刷文化向视听电子文化过渡而发生改变的。他在《媒介即信息》一书中（与昆廷·菲奥里和杰罗姆·阿吉 [Q. Fiore and J. Angel] 合著，1967年）写道，我们通过媒体拓展了感知能力，改变了我们自身。随着电视媒体的出现，一种新的非线性认知结构得以发展，这有助于我们理解复杂的世界。印刷媒体拉开了人与人之间的距离，而电子媒体使人们彼此接触。电视将带来新的国际关系，国家边界将消失，世界将成为"地球村"。

他最著名的格言是"媒介即信息"，意思是媒体对社会的影响是其自身特性的结果，而不是其内容的结果。媒体要么是"冷媒介"（用户扮演重要角色：如电话或电视），要么是"热媒介"（用户不需添加太多内容：例如，照片或广播）。

他的主要著作包括：《理解媒介》（1964）；《文化是我们的事》（1970）；《地球村》（1988）。

对全球传播研究而言，马歇尔·麦克卢汉教给了我们批判性地反思，要有创造力，要有勇气，还要有仁爱之心。

本章是此书最后一章，将探讨三个主题：
- 未来
- 挑战
- 伦理

如果你要参加世界未来学会（World Future Society）的会议，与来自不同学科的专业人士齐聚一堂共商远见、创新和战略，你会发现来自媒体和传播学的学者寥若晨星，甚至无一与会。传播学课程很少认真对待关于未来的研究。然而，在传播过程和传播机构中将要发生的大部分事情，显然属于"未来"之列。今天，未来研究不再是不合情理的预测，关于未来的方法论思考和理论思考正在成为一个极其丰富的研究领域。全球传播研究可以从《爱丽丝镜中奇遇记》的一段对话中找到灵感，爱丽丝说"我无法在事情发生之前就记住它们"，而白皇后则评论说："只能向过往追溯的记忆是糟糕的。"（刘易斯·卡罗尔 [Lewis Carroll]，1865/1988：254）"铭记未来"，并将对未来的探讨融入教学和研究中，是传播学面临的重要挑战。

在本书的终章，我将提出全球传播研究面临的主要挑战——前几章有所提及——并将从全球伦理视角讨论全球传播的可能途径。

未 来

我们大多数人都关心未来。我们想知道接下来会发生什么。我们急切地阅读专家们对于人口爆炸、气候变化、迫在眉睫的战争和经济危机的预测。未来对我们很重要，正如爱因斯坦所言,"我要活在未来!"未来是人类生命中我们唯一可以把握的部分。就像我们常说的,来者犹可追,而往者不可谏。未来是生命中唯一你可以尝试去改变的时光。令人不安是未来的不确定性。大多数人都对不确定性感到困扰。在一个日益复杂的世界,我们更希望知道什么将在我们身上发生,承认对未来一无所知让我们深感惶恐。因此,我们倾向于做出预测并相信预测,特别是那些由专家们做出的预测。

我们是否能预见未来?

有办法记住未来吗?传播研究能否帮助我们记住未来,从而更好地为未来做准备,这样我们就不会总是感到措手不及?我们如何为未来的决策提供有用的知识?

传播领域大多数与预测有关的工作可以从多个角度进行批评。下文是一些关键性注解。[①]

预测往往从归纳主义基础出发。这里,预测所依据的假设是,人们可以根据过去有限的几次观察来陈述未来。针对这种归纳主义,大卫·休谟(David Hume)在他的人性论中提出,我们不知道的现象与我们知道的现象相似,此说法逻辑不通(Hume, 1739/1975)。归纳主义必须假定历史过程具有内在连续性。它用基于归纳推理的线性外推法来预测未来。它需要认同历史是一个连续的过程,而且历史命运有不可改变的法则。这些法则可以由物理学用以研究物理环境中的规律性,但是没有经验表明类似的规律性在社会环境中依然有效。

当然,人类社会历史中也有可以观察而得的趋势,但这些趋势不像自然法则那般能决定社会运动、从而有效预测社会未来。趋势取决于具体历史条件,而历史条件本身并不能被明确地确定。在趋势和历史条件间建立相关性是可能的,但无法以任何方式保证基于这些相关性的预测是有效的。这是由预测社会发展的另一个缺陷——社会科学理论的匮乏——造成的。

对于某些趋势和某些历史条件间的关系,可以从理论上加以解释。然而,如果一个人不认为历史进程中有颠扑不破的法则,那么任何解释都可能受到质疑。社会科学理论的一个特点是"不明确性",也就是说,总有好几种理论视角与社会现实的经验性观察相一致(Harding, 1978)。这意味着经验性观察不能在有分歧的理论间做出裁决。

社会科学理论解释力的贫乏使其对技术的预测无效,因为这种预测是建立在"技术和社会的相互作用模式有可能得到有效解释"这一假设之上的。目前仍缺乏关于技术和社会的理论视角能够为它们未来的相互作用提供可靠的预测基础。由于社会科学理论莫

[①] 下文主要基于 C.J. 汉姆林克(Hamelink, 1988)对技术选择的早期研究:*The Technology Gamble*. Norwood: Ablex.

衷一是，短期内也不可能得出这样的预测。某些精妙复杂的预测术可能掩盖了这一点，但这种基本缺陷使它们不比古代占星术好多少。

预测趋向于依赖专家意见。然而，这可能要冒风险，因为专家预测往往是错误的（瑟夫和纳瓦斯吉姆 [Cerf and Navaskym]，1984；戛呐 [Garner]，2011）。比如，阿尔伯特·爱因斯坦在1932年坚信核能是不可能实现的；爱迪生在1880年宣称留声机没有商业价值；著名数学家、英国皇家学会主席凯尔文勋爵（Lord Kelvin）在1878年宣布，无线电绝对没有未来；还有保罗·埃利希（Paul Ehrlich）对1970年代大规模饥荒的预测（Ehrlich，1969）。专家们的问题在于，他们往往师心自用，以至于几乎听不进意见，而且执拗于某一观点。媒体最喜欢这样的专家："那些能提供高质量新闻素材和引人入胜的故事的人。那些不受复杂性、警告和不确定性困扰的人。那些有'一个伟大想法'的人。是的，那些通常在媒体上出现的专家最有可能出错。"（Garner，2011：27）

传播与信息技术预测基于的社会模型是，以技术为自变量，以社会效应为因变量。这并没有考虑到社会对人工产物本身的适应会受到各种社会因素制约。因此，出现的效果可能根本不是技术的结果。社会条件和人工产物之间的相互作用意味着一个复杂的连锁过程，其结果不可预测。困难始于将技术和社会视为独立现象的观念，就像把犯罪与社会变量或电视行为与其他行为变量割裂开来一样，毫无根据，徒劳无益。在此情况下，社会研究倾向于在变量之间建立联系，而这些变量从一开始就是人为设置的。

正如本书在开篇第1章中所言，当今全球传播的背景之一是重大风险的剧增。因此，对未来进行风险评估似乎是明智的。全球传播的发展使我们必须权衡当前的利益和未来的风险。然而，在风险分析时存在一些难题。风险分析方式的隐含意义是，我们可以弄清导致不良事件的原因，可以预估其发生概率——假设我们可以识别出所有或大多数源于全球传播政治中的特定事件。问题是人类的概率估计能力到底有多强？即使我们擅长估算概率，我们也还必须善于评价各种结果的效用。

风险可以被看作不良结果发生概率的指数。评估风险理所应当，因为选择（甚至事务性选择）总是包含风险，也就是说，优选的行动方案有可能达不成目标，结局可能出人意料，后果可能人们避之唯恐不及。风险分析主要关注健康、职业安全和环境等领域的社会危害。

尽管风险性选择可能影响大集体，但它们却通常由小群体做出。由此产生了各种风险评估的模式，如政府委员会、公共咨询委员会和全民投票。各种模式的风险评估有三种功能：（a）监管功能（定义标准）；（b）政治功能（调和各方利益）；以及（c）合法化（为已经做出的选择提供正当理由）。

从广义上讲，风险评估可以用二元论或整体论的方式来思考。二元论模式认为，风险问题分为客观部分和主观部分。客观部分需要价值中立的科学观察，由专家说了算。主观部分是以社会价值观为指导的政策选择。这个双线并行的过程涉及两组决策者。整体论模式反对这一立场,认为事实和价值是不可分离的。而且,专家对事实的分析充满了价值判断,甚至事实本身也是基于对现实的预想而构建的。在方法论层面,风险评估以风险估算或风险评价的形式进行。

风险估算是对风险发生的概率及其大小的测量。这些概率可以基于过去和/或现在发生的事件。一个事件的实际发生情况是预测的基础,例如,每年空难的受害者人数或一国每10万人中死于车祸的人数。概率也可以基于专家或普通民众的主观判断。概率的基本假设是我们可以给事件发生的可能性赋值。

概率可以通过观察事件发生频率得出。它通常用于所谓"故障树分析"(fault-tree analyse)。这种分析的基本操作步骤是先列出系统可能出现的故障,再据此分列出更加细节化的故障,而正是这些细节化故障导致了更高阶的故障。将这种逆推式分析方法的操作顺序颠倒过来就是所谓"事件树分析"(event-tree analysis),它从一个初始事件开始,并确定向前发展可能的结果或后果。基于已知频数进行分析,可以算出系统各部分的故障概率,以及各不同部分同时发生故障的概率。

概率也可以通过理论概率得出。在这种情况下,概率建立在科学理论的基础上,而不仅仅基于对过往事件的推断。这涉及给理论准确度赋予概率值的复杂问题,通常情况下,一个领域有多个具有竞争力的理论可供选择。问题是,在此并无公正的法官。此外,正如达格芬·弗莱斯达尔(Dagfinn Follesdal,引自厄尔斯特[Elster],1983:198)所言,参与竞争的理论越多,它们全部错误的可能性就越大。概率也可能是主观的。这种说法假设专家能够合理可靠地估计事件发生的可能性,普通民众偶尔也能如此。这种说法又反过来假设,在这种情况下,人们不会两眼一抹黑地行事,而且他们会校准估值,也就是说,他们所赋的概率值和事件实际发生情况之间存在相似性。

风险评估意在确定可接受的风险水平。它根据社会价值层级对风险进行排序,这也意味着社会对风险排序已经达成了一定程度的共识。对未来风险进行排序有以下方法:

● 显示性偏好。在统计数据的基础上,观察人们所承受的各种风险。这一方法试图找出一个社会过去做的内部化"成本—收益"的分析结果。它假设在过去有效的东西在未来也将有效。

● 表达性偏好。通过问卷调查和访谈来询问人们对风险的看法。这种方法假设人们完全理解他们所回答的问题,知道自己想要什么,并且其回答是始终一致的。另一个假设就是态度测量可以反映人们的实际行为。

● 成本—收益分析。这意味着对风险发生的概率进行赋值,并以某种市场的手法估算其成本。同样的方法也适用于衡量选择取得理想结果时可能带来的好处。在此基础上,计算成本—收益比。成本—收益分析假设所有的结果都是已知的,概率赋值是有效的,且成本和收益之比可以转换为货币形式。为了使概率估算更可信,又引入灵敏度分析(sensitivity analysis)技术,将可能的误差考虑在内。其做法是通过设定不同的概率水平得出估算结果，例如，如果考虑有 20% 的误差，结果会有何不同（斯洛维奇和菲施霍夫 [Slovic and Fischoff]，1980）。

如果形式更复杂一点，成本—收益分析又可称为决策分析（decision analysis）。它更适合于处理非货币形式的成本和收益问题，以及有多种备选行动方案的情况。决策分析首先确定可能的行动方案，然后确定各种结果的效用值，从而估算出各种结果发生的条件的概率。期望值最高的结果为最终选项。故障树或事件树用来对多个选项进行详细说明。前文提到的假设是概率评价的基础，效用估算的假设是，人们清楚自己喜欢什么，他们信奉的价值体系始终如一，而且不会被问题的形式困扰。

风险评估似乎与数字技术在全球的应用有关。数字技术对于普通民众来说复杂难懂。某种程度的不良事件发生概率可能极低，但如果发生，其后果可能极大地危及社会。应用风险评估的问题在于，它暗示我们不良事件发生的原因是可以确定的。而实际上，只有在所有风险都已知且发生概率可以估算的情况下，风险评估才有意义。这忽略了意外风险的可能性。然而，真正巨大的风险可能是意想不到的。风险评估无法真正处理意想不到的事物。

故障树分析技术能够细致分析导致故障的所有可能因素。然而，这个决策分析工具有严重缺点。一个常见的问题是遗漏要素，从而引致错误，甚至专家也没注意这些遗漏。即使是最细致的故障树也无法包纳所有可能的意外情况。确切地说，这些意外正是造成大灾难的原因。如果我们分析灾难事件，如博帕尔毒气泄漏事件、哈里斯堡核泄漏事件、切尔诺贝利核事故或其他重大事故，其原因往往是各种不可想象的因素的集合。能预测到的灾难其实很少发生。突发事件由绝对"不可能"的故障造成。两个看似完全独立的系统其实相互依赖。40 件极其微小、无关紧要的事项在同一时间内出错，全部汇集在一起就会造成巨大灾难。现实是，在大型复杂系统中，唯一有效的定律就是著名的墨菲定律：如果有什么事情可能出错，它就一定会出错。确切地说，对于复杂系统，专家们无法真正知道成千上万个组件如何在不同的情况下与长时段内相互影响。此外，故障的一个关键原因是人的错误，这几乎无法（或根本无法）预见。如果技术故障概率的估算非常困难且错误频频，而影响人类行为的因素又多种多样，那么计算人为错误实际上是根本不可能的。假定我们能够识别出所有或大多数可能是由特定技术选择引发的事件，但接下来的问题是，人类的概率估算究竟能好到什么程度？

用客观概率的方法来估算似乎最为简单。这种方法的基础是已知事件的发生情况，假设关于这些事实发生情况的数据都是正确的，并且数据的选择可以是价值中立的。然而，任何一组数据的选择都有先入之见，暗含价值判断。例如，交通事故可根据死亡人数进行估算，亦可包括重伤情况，其中，终身残疾的情况可以被包含在内，也可以被排除在外。这些选择对结果有很大影响。在以过往事件的发生情况为基础计算概率时，必须选择测量单位。时间范围或比较数字（例如每 10 万人）的选择都是任意的。决定把评估空中交通风险的依据定为一国过去10年每10万居民中空难受害者人数，仅仅是一种主观偏好。任何为这种选择辩解的企图都不过是误导而已。

许多风险分析基于主观概率进行。问题是专家和普通民众都不擅长这项工作。在判断概率时，人们总是被他们估算时所使用的的启发式技巧所误导。就像在"A原因是否导致了B事件"这一问题中，A与B的相似性越大，因果关系的概率就会被判定得越大。这样就忽视了先前的基础频数，比如交通事故数量。作判断时受到的另一种启发是"赌徒谬误"（gambler's fallacy）。这种启发相信，经过一连串的A事件后，发生B的概率会显著增加。此外，某些事件的可知性（通过大众媒体的宣传）也会影响对其发生概率的估算。在报纸上大肆渲染某些事故，人们对这些事故的发生概率的估算远远高于那些他们知之甚少的事件的发生概率。另一个重要的因素是，人们倾向于低估复杂系统出现故障的概率。即使一个组件的故障概率很高，人们依然会低估整个系统故障的概率。这就出现了一个问题，即如何处理概率极低、可一旦发生就极其严重的事件。这很棘手，因为概率伴随时间推移也会上升。概率为百年一遇的事件，在实际的100年内发生的概率大约增加了63%。然而，人们倾向于不把低概率事件当回事。极低的概率很容易被低估，然后完全淡出人们的视野。

心理学研究表明，人们一般都厌恶风险。这导致人们要么忽视低概率事件，要么过分强调这种不太可能发生的损失，然后广泛地采取风险规避行动及其配套措施，却忽略了更可能导致故障的原因。同样具有欺骗性的是，人们倾向于系统性地低估个人风险。他们更愿意相信自己对灾难免疫。坠毁的总是其他飞机，在交通事故中丧生的总是其他司机。同时，人们还高估了自身才能。许多汽车司机就认为自己车技出众。

即使人们非常擅长估算概率，他们也必须擅长评估各种结果的效用。这背后的假设显然是，人们清楚自身的偏好，并始终如一地对待它们。

这里的第一个问题是，在任何社会中，专家和普通民众对于什么是风险以及风险的可接受程度存在重大分歧。风险评价意味着有一种先验性的共识，在此基础上，人们可以对风险进行排序。正如玛丽·道格拉斯和亚伦·维尔达夫斯基（Mary Douglas and Aaron Wildavsky，1983：8）所言，对风险的感知是一种社会过程，"每种形式的社会生活都有自己典型的风险组合"。

此外，在风险评估中，人们会被要求对偏好进行排序，而答案很容易被问题框架决定。以不同方式建构的问题会引导出大相径庭的回答。此外，还有一个问题是，人们是否真的理解他们被要求回答的问题。这一点很重要，因为研究结果表明，受访者即便遇到他们一无所知的问题也会回答。令情况更加复杂的是，人们对某个话题了解得越少，其观点就越强烈。此外，人们往往不清楚自己想要什么，而且会在自己的偏好上犯错。

对效用的估算也受到人类风险行为的影响。人们普遍规避风险，这导致他们低估了降低风险概率所带来的效用，而倾向于根除风险。同样，人们倾向于高估极不可能发生的损失的负效用。保险公司就是因此而成功的。如果人们计算风险的预期价值与保费成本，他们可能很容易得出少买保险的结论。然而，他们的主观价值判断占了上风，于是愿意支付高额保费，让保险公司赚得盆满钵满。当人们有望获得重利或面对不太可能遭遇的损失时，他们尤其厌恶风险。然而，当他们面临惨重损失，或者当他们获益无望时，他们可能会乐于冒险。这种风险行为影响人们在风险情况下评估价值的方式。即使人们能够条理清晰地为效用赋值，也必须有一个权衡的过程。为了使最终的选择合情合理，将不得不以风险效用和收益效用的比较为依据。撇开所有其他假设不谈，这又带来了风险与收益分布不均衡的问题。对那些可能会受益的人来说，风险似乎不那么重要。这使得任何关于成本收益的计算都变得不那么可靠，因为任何对成本的研判都强烈地受到可能的收益前景的影响。效益前景越好，成本就越容易被忽略。人们倾向于高估收益，因为，相对于成本，人们更容易对收益浮想联翩，于是偏颇的想法会不断加深（Fischoff et al，1981）。

对技术未来影响的评估

技术评估源于对先进技术的未来社会之影响的关注。超音速航空旅行的发展和环境污染的问题，导致美国国会在 1982 年成立了技术评估办公室（Office of Technology Accessment，OTA）。其主要想法是，与其在引进技术后发现有害影响，还不如通过广泛研究预测这种影响，进而加以避免。"对技术的恐惧将上升为积极预测有害影响然后规避之的意志行为。先见之明将取代马后炮"（布劳恩 [Braun]，1984：98）。

技术评估办公室的第一任主任埃米利奥·达达里奥（Emilio Daddario）将技术评估定义为"……一种向决策者提供均衡评估的政策研究形式。在理想情况下，这是一个提出正确问题并及时获得正确答案的系统。它确定政策问题，评估备选行动方案的影响，并提供调查结果。它是一种分析方法，系统地评估技术进步的性质、意义和优点"（引自盖特曼 [Hetman]，1973：54）。

技术评估还有许多其他定义。但是，正如厄内斯特·布劳恩（Ernst Braun）所总结的，"不管该定义的确切措辞是什么，技术评估通常被理解为试图发现某项技术在未来充分运用时可能产生的所有后果和影响的行为"（Braun，1984：100）。对技术评估来说，关键是为决策者生成信息，"希望更好的信息能产生更好的决策"（Braun，1984：105）。

技术评估中使用的具体技术有德尔菲法（Delphi technique）、情景分析法、交叉影响分析法或趋势外推法。德尔菲法是专家之间的沟通过程，目的是建立对未来的一致意见。它包括多轮提问和定期反馈。参与者是匿名的。在每轮讨论之后，专题讨论参与者可以根据其他成员提供的信息修改其估计结果。匿名性避免了群体决策的陷阱。德尔菲法的基础是基于主观概率的预测。

在情景分析法中，不同的未来发展情况得到了详尽的描述。这种方法考虑到了未来各种各样的情况，并制定了应急计划。通常用"如果条件为A……，则未来为B……"这样的陈述句来描述各种条件下未来的发展情况。多种预测技术可使用于情景分析法中。

交叉影响分析法研究各种趋势的相互影响。它可以用来分析某个未来发展情况对另一个发展情况的影响。它的基本假设是，可以开发关于未来的模型，以观察决策的未来影响。

趋势外推法是一种基于数学计算的预测技术。它根据变量的过去值确定变量的将来值。它基本上使用时间序列数据，并将它们绘制成值与时间的对比图。它的假设是，过去和现在的趋势在未来也将以与过去相同的方向和速度发展。

在所有情况下，技术都有三个观察维度，即探索性的、推测性的或规范性的。对趋势的探索性预测建立在"未来没有惊喜"以及"过去的结果会在未来重演"的假设之上。推测性技术以概率计算为基础提出相关假设。规范性技术描述了理想化的未来情景。

除了这些预测方法，我们还需要考虑到，我们生活在复杂的环境中。我们周遭的世界——当然还有全球传播的世界——可以用热带雨林这一隐喻来描述。森林的所有元素都是相互关联的，没有线性进程，毫厘之变可能产生巨大后果。这种相互依赖、非线性和蝴蝶效应①的结合挑战人类处理复杂性的脑力极限（人脑本身就是一个复杂的系统，其中约有230亿个神经元在无数不可预测的变化中互动），因为人脑厌恶风险，易于出错，而且经常误导人类感知。

现在的问题是，我们能在不完全确定的情况下为意外做好准备吗？

未来的可能场景

在政治、商业或军事领域，我们可以用什么方法来思考未来并在此基础上做出决定？一种可能是写一些合情合理的未来故事。赫尔曼·卡恩和加斯顿·伯格（Hermann Kahn and Gaston Berger）是这种方法的提出者。1950年代，卡恩为美国军方撰写了如果美苏之间爆发核战争可能会发生的故事。他称之为"假设性"（what-if）故事场景。在巴黎，加斯顿·伯格创建了名为"愿景"（La Prospective）的未来研究中心，并设计了

---

① 气象学家爱德华·洛伦兹（Edward Lorenz, 1963 & 1969）开发了一台计算机来研究天气模式。他发现,初始条件的毫厘之变就导致结果模式大相径庭。他把这种现象称为"蝴蝶效应"：一只巴西的蝴蝶扇动翅膀,一段时间后会在得克萨斯州引发龙卷风。他发现线性统计模型并不适合测量非线性的大气情况。预测明天的天气是可能的,但若预测一个星期或更长时间的天气,不准确是在所难免的。

公共政策的规范性场景。在他看来，未来必须是一种全新的、不可预测的东西。对未来场景的建构始于1960年代，并在1970年代全面展开。当时，石油输出国组织（OPEC）和环保主义运动的出现，使得思考未来对壳牌等能源公司来说尤为重要。

为全球传播的未来撰写合情理的场景

场景写作练习可以为下列问题探索合理答案：未来会发生什么？未来在商业和经济、法律和政治、公共宣传和社会干预等领域，我们必须做出哪些决断？这个练习的关键是学习如何做出事关未来的决定。

场景写作的一个简单方法是，在大量讨论和分析之后，选择未来发展中似乎必不可少的两个关键变量（可能是政治的、社会的、经济的或文化的）。一旦这些变量被放在两个坐标轴上，关于未来的四个可能场景就出现了。现在试着确定哪些场景是你喜欢的，哪些是你不喜欢的。

你所偏爱的未来场景描述了理想的未来结果。关于这些场景，首要的问题是：如果事情进展顺利，既乐观又切合实际，理想的结果会是什么样子？需要采取哪些行动（例如，加强监管还是解除规制）才能实现未来的理想结果？在这种情况下，明晰潜在的价值和规范并论证两者之间的相关性很是重要。如果我们要为特大型城市的未来设计一个更理想的未来场景，我们可以把这种乐观的愿景描述为"绿色城市"（The Green City）。在那里，生态议题占主导地位，物质需求得到满足，人际交往和谐，社区团结，人与人之间关系平等。

不被我们欢迎的未来被放到了预警性场景里进行描述。这些是为了协助应急措施的规划。当预期的不受欢迎的——甚至不太可能发生的——结果出现时，需要有什么方案？关于预警性场景，首要问题是：如果出现问题，会发生什么让咨询顾问担心的情况和结果？在这种场景下，条理清楚地论证负面情况及其结果是很重要的。这种场景还需要关于如何防止最坏情况和结果的额外建议。

全球传播场景的案例

1. 全球互联：走向一体化的地球

这一场景基于当前趋势将继续推进、甚至可能呈指数增长的推断之上。在这个互联世界里，每个人都处于在线状态，运行于高速数字轨道之上。信息和知识大大扩张，并主要由人工智能处理。

当前全球传播的趋势是，与基础资源（如水）、部落和宗教身份以及城市生活环境相关的冲突日益增加。随之而来的混乱和焦虑，将导致民众强烈呼唤中央集权式治理机构的出现。即便这些机构本身还没有完全私有化，它们还是会基本上按照企业管理的路线运作。

2.全球互联：走向碎片化的地球

这一场景基于这样一种假设：当下正缓慢走向全球社会，它以消费水平下降、接受文化差异、明确个人责任，以及技术怀疑论主导信息和传播技术政策等为特征，指数式变化因此不会发生。公共选择的关键环节将通过广泛参与的公民投票进行管理。

为可能的未来构想合情合理的场景是一种迫切需要，因为你作为全球传播的学生不得不去反思主要挑战。

未来全球传播的主要挑战

在麦克卢汉看来，存在主义问题是随着纳米技术、人工智能、机器人、生物化学和神经科学等领域知识的极度扩展而出现的。未来的知识获取是否将主要通过数字化的复制、粘贴和搜索实现？对21世纪的人来说，有大量知识可供使用，但这些知识又如何用来提升我们的智力，从而让我们更好地理解自身呢？这种智力的进化速度会不会跟不上智能工具相关知识的扩张？这个过程的最终结果可能是，知识的载体不再是人类，而是人工智能。在这种情况下，人类在未来的知识社会中将失去行动者的角色，就像麦克卢汉所预言的那样！

244

对全球传播而言，未来最具挑战性的问题如下。

获取信息和知识的全球渠道

当今世界的信息和知识正以前所未有的速度增长。然而，数以百万计的个人和很多国家没有渠道来获取和使用这些关键资源。在全世界，有效处理和使用关乎人们需求的信息和知识的能力尚未得到充分发展。在获取诸如日报、收音机、电视机和互联网等基本信息媒介方面，仍然高度不平等。信息差距不仅存在于国家和地区之间，也因性别、年龄、种族、社会阶层和城乡的差别而存在于大多数国家内部。当前的信息/知识鸿沟是世界各国之间以及各国内部的社会、经济、文化、环境断裂的一般模式。还有需要克服的严重障碍。简言之，如果国际社会在今后10~15年内不能在下列领域取得重大进展，那么扩大信息和知识获取渠道的项目整体上意义不大：解决全球贫困；培养基本的读写能力;为中小学教育提供设施;为女性提供专门的教育和技术资源;在公共领域保留关于公共利益的信息;防止知识产权保护成为信息自由流动的障碍;解决政府和商业审查的问题;提供电信基础设施的全球渠道;创建可持续的信息结构;制定适当的信息和知识管理方案。

全球广告牌社会

广告在全世界已无处不在。在许多国家,几乎没有不含广告的区域了。尽管各种政治宣言高呼,我们生活在全球信息社会或全球知识社会,但期待一个"全球广告牌社会"似乎更加现实!

无论地域差别多大,广告向世界传达了一个单一性的文化标准:消费满足人们的基本愿望,娱乐购物是一种必不可少的文化活动。它使以消费为主导的生活方式主宰着世界文化差异。一个人最基本的文化身份是消费者。广告向全世界的孩童传授物质主义价值观和消费主义实践。占主导地位的新自由主义政治议程对广告的扩张兴趣浓厚。这意味着媒体(传统的大众媒体和互联网)中有更大的商业空间、更新的目标群体(尤其是儿童)、更多的赞助(电影、管弦乐队、展览),以及更多用于广告的公共场所(无处不在的户外广告牌),等等。如果说广告可以被视为全球商业宣传,那么,在全球范围内也存在着一场由政治利益集团所发起的强大的宣传运动。高度专业的"认知管理者"和"媒体顾问"提供了很多捏造的或者歪曲的信息,由世界各地的媒体向其受众传播。

全球治理

世界的传播和文化议题却主要在世界贸易组织这个全球贸易论坛上进行讨论,这种情况很有问题。世界贸易组织通常更关注主要工业国家的贸易利益,而不是世界文化利益。其大多数经济和金融规则是由独断专行的政策团体制定的,它们将大多数国家的政府排除在外,只有极少数发展中国家能够入选,参与商讨。这些精英群体的决策过程缺乏透明度、正式的公民代表机制或公共问责程序。最好有一个开放的全球论坛,让所有利益攸关方(政府、企业、民间团体)都能参与进来,共同塑造世界信息/传播的未来。需要来自公民社会组织的强大压力,以推动联合国系统朝着民主治理结构的方向发展,从而使共同审议和决策成为可能。

已故的美国历史学家巴巴拉·塔奇曼在1985年出版的《愚政进行曲》(*March of Folly*)一书中指出,人类历史可以被描述为一场傻瓜的行军。这种愚蠢尤其表现在人类不愿从历史中吸取教训。人类在历史上重复着同样的错误,并且发现进程无法改变。因此,对于全球传播治理而言,一个真正具有挑战性的问题是,像联合国这样的全球平台能否对那些值得称赞的、一再在联合国大会中表决通过但从未付诸实施的建议与行动计划进行批判性反思。

全球新闻

新闻供应提出的问题是，全球公民在多大程度上知情或被误导。从"传播空间是理性的、知情的"这种意义来说，CNN、BBC 国际台（BBC World Service）和半岛电视台等全球新闻网络的发展提供了一个全球公共领域的前景。随着时空鸿沟的缩小，新闻开始每周 7 天、每天 24 小时不间断地出现，公民可以随时"在场"（网络新闻的发展增强了这种可能性），"全球新闻流动与民主化相伴相生"的乐观设想似乎有可能成为现实。由于新媒体的出现，互动传播可以让受众反驳报纸。成千上万的博客由非记者运营，大量非专业人士的近用权成为可能。然而，仔细观察就会发现，全球新闻流动仍然主要由少数人的声音所主导，新闻故事商业化的猖獗阻碍了独立性全球新闻媒体的发展。不过，维基解密的出现重新唤起了人们对全球新闻网络作为"第四权力"的期待：控制世界范围内的权力滥用。

全球参与

像优兔这样的社交媒体是否创造了一种参与式文化？在全球传播中，可选用的论坛性网站提供了哪些参与的可能性？有些网站，如"中东青年"（Mideast Youth）平台的系列网站，提供机会让年轻人讨论所在区域的禁忌议题（例如同性恋议题），吸引了大量的访问者。这样的媒体有可持续的未来吗？主要的挑战包括：优兔这样的商业性企业能否适应公众日益多样化的参与情况？目前的增长规模能否持续保持？目前的增长措施能否沿袭旧制？未来的全球传播是对话性的（社交媒体）还是分发性的（广播）？对社交网络的投资（主要通过广告）会决定其内容吗？是否可以抗拒大型媒体在版权领域的压力？中国和韩国本土内容越来越受欢迎，这将给我们带来什么启示？由 BBC 或公共图书馆等非营利性机构分发的用户生成内容的情况正在增长，这会带来什么样的竞争结果？

全球传播中的货币

数字货币的全球流动可能削弱国家对货币的垄断，并为私人发行货币提供便利。此外，小储户可以将他们的金融交易放到国外，逃避政府的控制。可能会有大量资金从受监管的零售银行业务流向不受监管的离岸银行业务。政府的控制将需要"老大哥"式的情景，或者以实际制裁相威胁。在数字时代实施税收政策和保护隐私也许是不可能的！一个可能的情景是：你有一张银行储蓄卡（就像手机充值卡一样），在一台 ATM 柜员机上下载余额信息，而此柜员机是一家声誉良好的瑞士银行的离岸分行的在岸附属设施。

融合技术和人类传播

最关键的挑战可能是融合技术的指数级增长对人类传播方式的影响。

人类有着几乎无限的交流欲望，甚至与天使、树木和海豚交流。融合技术有望为这种强烈的交流欲望开拓更多的机会。这将带来巨大的好处，例如消除在人类历史大部分时间里限制信息有效传输的所有障碍，如距离、速度、数量和可靠性。长期以来，人类跨国界交流的另一个重要障碍是语言差异。由机器智能控制的通信的出现几乎肯定会通过高级语音识别和即时翻译来解决这个问题。尽管人们很容易被这种前景冲昏头脑，但需要认识到，这些新兴技术的可用性、可获得性和可负担性不太可能在全球公平共享。鉴于世界上社会经济地位不平等的现实，可以预见，继发展鸿沟、信息鸿沟和数字鸿沟之后，将是融合鸿沟（convergence divide）。与其他鸿沟一样，这一鸿沟将被用来巩固权力和特权。

在不久的将来，人类传播可能受到哪些形态的影响？我将简要讨论：
- 人机传播
- 机器间传播
- 生者与逝者之间的传播
- 脑对脑传播
- 跨物种传播

人机传播

人们将越来越多地借助机器智能进行交流，机器将拥有更多的人类特征。

融合技术的发展将生产出智力远超人类的机器。为了与这些机器共存，人类将不得不学会借助高智能设备来交流。这一发展最深刻的影响是，有必要重新思考"人类"这一概念。正如比尔·乔伊（Bill Joy, 2000）之所思："鉴于这些技术令人难以置信的力量，我们难道不应该问如何才能最好地与它们共存吗？如果我们有可能因为技术的发展而灭绝，甚至概率还挺大，我们不应该非常谨慎地对待这些技术吗？"一个关键的问题是，人类是否已准备好与这类存在和平共处。

机器间传播

生物系统中智能纳米机器人之间的交流可能是人类将接触到的新的传播形式之一。将机器智能引入我们的生物系统意味着有望长寿甚至永生。"数以亿计的纳米机器人将通过血液穿梭在我们的身体和大脑之中。在我们的身体里，它们会摧毁病原体，纠正基因错误，排除毒素，并执行多种任务来强身健体。因此，我们将长生不老"（Kurzweil, 2005：43）。正如比尔·乔伊所言，融合技术很可能使未来不再需要人类。在融合世界里，人类仍然可以相互交流，但这可能不再重要了。如何面对人类不再是宇宙中心这一哥白尼式的新变化。

网络永生

融合技术的发展可能会打开人类跨越死亡界限进行交流的可能性。人工智能技术有可能使人们在死后以人格存档形式继续存活。"融合主义者的议程旨在无限制地提高人类的性能,许多大受期待的技术衍生产品将有助于记录、保存和恢复人类人格——最终实现网络永生(cyberimmortality)"(班布里奇[Bainbridge], 2006:28)。随着这一技术的发展,一个现实的预期是:活着的人可以与已经去世但以电子方式"存档"(archived)的人交流。这个预期对宗教反思而言是一个挑战。有趣的是,融合技术还没有引起类似克隆技术的担忧。宗教领袖和神学专家将如何应对具有逝者人格特征的类人智能机器人,这还有待观察。

孤独的老年人与诸如索尼"Aibo 狗"这样的人工智能产品之间强烈的情感纽带可能揭示了这种技术发展的本质。虽然"Aibo 狗"明显只是金属玩具,但实验表明,人们很快就会对他们的电子宠物产生感情,并与它们分享面临的问题和私密之事。想象一下,他们会如何与已故的伴侣联系:可能仍然与逝者进行交流,此时的逝者不仅会像数字狗一样倾听,还会像在世时那样提供建议或表达理解。

心灵感应传播

融合技术将使人类大脑之间的交流成为可能。正如科兹维尔所言,"心灵感应传播(telepathic communication)的时代已经到来"(Kurzweil, 2006:43)。

随着我们记忆和认知能力的指数级扩展,人类大脑与机器智能之间以及人类大脑之间的交流可能会显著改变人类大脑功能。一个有趣的问题是,有效的人类交流是否在很大程度上不受我们记忆力衰退的影响。试想,在我们的人生相遇中,我们将能对参与谈话的所有人,都有完整的记忆和认知。

跨物种传播

纵观历史,人类一直倾向于以极具摧毁力的方式对待非人类的动物。人类总是借口不同物种之间有根本区别而将这种行为合理化和合法化。跨物种传播的不可能性进一步强化了这一立场。我们知道鲸鱼可以远距离(数百英里)相互交流,传送的信息量也十分庞大(每 30 分钟 100 万比特到 1 000 万比特)。人类无法与之交流,这使得杀死它们和以工业化手段处理它们变得更加容易。有趣的是,当人们可以与自己的宠物交流时(即使是下达可以被理解的命令),人类就不那么倾向于杀死并吃掉它们了。由此可推导出这样的结论:一旦交流成为可能,或者至少能听到"他者"的声音,人类对待其他有知觉的生物(动物甚至植物)的方式将会改变。

光声学研究表明,植物并不像人们通常认为的那样沉默。大多数植物会发出声音。如果一个人通过先进的音频技术,测得玫瑰花苏醒的声音,就会听到连续不断的、有规律的和弦，仿佛巴赫的托卡塔曲那样悦耳（贝伦特[Berendt]，1987：62）。生物学研究也表明，不同声音对植物的生长和健康有着不同影响。

也有经验证明，不同类型的音乐使结冰的水产生不同的晶体结构。随着融合技术的进一步发展，人类将能够在他们认为寂静无声的地方（比如深海）听到声音，并制造出有益于其他生物的声音。这个期望似乎并非不切实际。这是跨物种传播非常初级的基础，但不可否认，它仍然是一个开端！

人的维度

在诸多传播过程中，我们正走在逐渐失去人性维度的道路上。即使是普通的老式电话也在日益虚拟化；比起与机器交流，与一个活生生的人交流是一种罕见的体验。虚拟语音在电话里向我们致意，引导我们穿过迷宫一般的数字和选项，然后告诉我们人工接线员正忙；当我们生气有心要掐死虚拟应答者的时候，它们热情地感谢我们的致电。这还是人类传播吗？如果偏要说它是"传播"的话，那么它肯定属于狭义的"消息传递"模式，并且不符合"交互"这一传播概念。

我们还能按照马丁·布伯（Martin Buber）的关系交流（relational communication）方式进行交流吗？（Buber，1958）。当所有的"你—我"关系都以技术为中介，人类传播会发生什么？我们当然会扩展并升级自己的交往传播实践，但是我们是否能够在以融合技术为中介的传播过程中倾听对方的"他者性"（otherness）呢？

解决方案

如果我们认为当下的技术发展不可取，我们是否应该限制它？我们能否限制"对某些知识的追求"（Joy，2000）？在一个深受启蒙运动理想——通过科技来改善人类——激励的现代世界里，这是难以想象的。我们这个时代的神咒似乎是："知识本身是好的，而且越多越好。"的确，正如威廉·莎士比亚曾优雅指出的那样，对知识的探索满足了人类"远离无知"的基本愿望。

然而，随着我们获得更多的知识，我们也应该意识到，对科学技术发展不加批判地尊崇有其阴暗面。在过去的几十年里，科学技术将人类带到了地球毁灭的边缘，而新兴的融合技术使人类灭绝不再是危言耸听。你可能会反对，声称人类作为个体有强烈的生存欲望。这也许是真的，但这并不能保证人类集体作为一个物种，不会被同样强烈的自身过失引导着走向未来。当代历史上的核军备竞赛并没能提供一个令人安心的世界。人类集体具有采取不负责任和破坏性行动的巨大能量。技术的发明、发展和应用很少在规范性和道德性原则的指导下进行。从过去到现在，工程技术与军事和商业利益相结合，一直都是主要驱动力。问题是，在21世纪，我们是否还能负担得起如此重荷？融合技术的发展难道不应该以人的尊严、安全和自治等人权标准来检验吗？如果选择人的维度作为标准尺度，我们将不得不正视这一观察结果：人们制造的工具正在迅速超越他们的心智能力。在生存问题上，人类可能先天禀赋不足，但要论设计结构（如语言、技术）以弥补先天缺陷，他们是个中能手。

在一系列令人印象深刻的人类文化结构中，问题出现了：这些结构是不是有可能已偏离人类本性太远。结构与人类本性之间的距离会不会太大，以至于看似可行的解决方案最后会带来危险？先进尖端武器装备的发展就是一个很好的例子。现代武器（如计算机控制的战斗机）已不再匹配人类能力以理解我们在做什么，以及可能产生的后果是什么。战斗机飞行员在道德上与受害者是如此疏离，以至于他（她）感觉执行任务更像是在玩电脑游戏，而不是在去杀人。但是，即使他（她）试图从道德上理解和推断自己的行为，也根本想象不出行为的后果会有什么。我们的思想仍然在马车长矛时代旅行，而我们的身体却在乘坐超高速汽车和飞机，还拥有着核武器的毁灭性力量。思想能跟得上身体吗？科学和技术令人难以置信的发展激发出一种信念，即启蒙运动提出的理性、自觉和自由的人类思想能够以人道主义的方式应对这些发展。20世纪的奥斯威辛集中营和广岛的恐怖景象从根本上挑战了这种幻象。为了重新获得人的维度，我们必须思考如何让不同的身心节奏变得和谐。也许澳大利亚土著长途旅行中所做的事情可以帮到我们：在到达目的地之前，他们驻足一段时间让自己的灵魂赶上身体。

全球传播伦理的挑战

无论你对全球传播的未来持何种立场，为你所偏爱的未来寻找一个人道主义视角，毫无疑问是需要作出道德选择的。在生活中，我们不断地作出选择，其中很多选择都有道德层面的因素。当我们必须在相互冲突的道德原则中作出选择时，当我们的选择对他人的福祉有重大影响时，或当我们的选择严重背离普遍的道德标准时，道德选择就会出现。

我们不能不对全球传播研究的是非这个领域进行反思。所有人类社会都有关于对错的道德体系——只是程度不同而已。道德判断的冲突在整个世界范围内存在，解决道德冲突的方法也非常不同。尽管全球道德争议很复杂，但所有参与者，无论是研究者、决策者、从业者还是普通用户，都必须参与到一个不断重复的过程中，以寻找最佳的可能选择——而这些选择多是暂时性的。

奎迈·阿皮亚（Kwame Appiah）写道，"有一些价值是，而且应该是普适性的，正如另一些价值是，而且必须是地方性的"（2006：xxi）。既然没法在这些价值观的排序上达成共识，我们就应该对"生活方式迥异的人之间的对话"（Appiah，2006：xxi）持开放态度。与陌生人进行世界性对话，谈论我们的生活方式，从而寻找共同的未来，分享人类的共性，尊重彼此差异；除此之外，我找不到更好的方式来描述全球传播的核心。从伦理角度来看，全球传播（其基础技术设施、连接性和内容）是陌生人之间的全球对话项目。对话的后殖民性质，对话要从差异中吸取教训，对话面对普世主义与有国家边界的民族性之间的张力，全球对话所需的公共空间，这些都使得全球对话成为一种道德挑战。

后殖民世界主义

世界主义的基本议题是与他者的对话。问题在于这种全球对话将如何进行？遵循谁的规则？与他者的交往通常由占主导地位的、传教士式的文化控制形成，因此这仍然是一种殖民探险。严肃的道德对话需要后殖民世界主义（post-colonial cosmopolitanism），即，接受"他者"是不同的，在人类尊严上是平等的。"后殖民主义"概念的一个问题是，它可能暗示殖民主义已为陈迹。从母国对被剥削国家进行直接行政控制的意义上来看，这也许是事实。然而，在现实中，殖民统治的关键部分仍继续形塑着全球权力关系。大多数殖民者从未真正放弃权力，许多被殖民者成为持续不断的外国统治的帮凶。"教化"野蛮人和异教徒的做法在发展干预（development interventions）的大旗下比比皆是。在许多全球话语中，西方关于人类应该如何生活描绘的图景仍然被奉为圭臬。对"后殖民主义"概念的一个合理解释是："后殖民主义"是一个知识空间，用以质问殖民政权对被剥削人民的思想和身体的所作所为，并调查这些政权是基于何种假设而如此行事的。① 莫汉·杜塔（Dutta，2011：5）写道："用后殖民主义方法研究传播过程的核心线索是其对殖民话语的审视。这些话语在全球范围内传播并将物质不平等具体化了。"

差异

奎迈·阿皮亚称"……世界主义者知道从我们的差异中需要学习很多东西"（Appiah，2006：xv）。当今世界一个非常紧迫的道德困境是道德普遍主义和道德相对主义如何共存的问题。我们的世界在道德规范方面存在巨大的多样性。这必然意味着一个难以回答的问题，即在面对规范性判断的差异时，我们是否能做到海纳百川、灵活应对。普遍主义立场认为道德标准就如《世界人权宣言》中所写的那样，具有普遍的有效性。② 像伊曼努尔·康德、大卫·休谟、杰里米·边沁、约翰·罗尔斯、让-保罗·萨特和尤尔根·哈贝马斯等哲学家"都认同伦理在某种意义上是普遍的……伦理原则的正当性不能以任何局部群体或个别利益集团为依据"（Singer，1979：11）。然而，普遍主义的危险在于，它总端着传教士式和帝国主义式的态度，认为自己所偏爱的规范立场优

---

① 蔡尔斯和威廉姆斯（Childs and Williams，1997）的书提供了理解后殖民主义的有益方法。
② 1993年的联合国世界人权大会重申了人权的普遍性。会议的最终宣言指出："人权的普遍性是毋庸置疑的。"

于所有其他立场。这是一种"殖民普遍主义",它将群体内的道德判断强加于群体外成员,迫使"他们"接受"我们"的标准,将他们排除在主导性道德宇宙之外,或教他们如何同化。这种形式的殖民主义强化了相对主义者的论点,即,所有的道德都与当地的文化偏好有关。虽然道德相对主义看起来很有吸引力,但它最终可能会导致对超出当地规范原则之范畴的事件漠不关心。这可能意味着你永远不能批评其他文化中人们的道德选择,必须宽恕他者的任何行为,包括强奸、谋杀、酷刑和虐待儿童。相对主义立场关注因社会内部和社会间的道德差异而引起的有关尊重的问题,这是对的。然而,我们推动全球社会可持续发展以解决紧迫的道德问题(如贫困、医疗保健、教育、种族灭绝和气候变化)的责任担当并不可免除。普遍主义者和相对主义者需要展开严肃对话,探讨如何从"殖民性普遍主义"和"冷漠性相对主义"转向"世界性普遍主义"和"关怀性相对主义"。

对"世界性普遍主义"来说,公共责任和集体福祉的原则强调社会成员共同承担义务的必要性。"关怀性相对主义"在尊重判断差异的同时,寻求用同情心来面对苦难和死亡等人类共同经历。它认可避免伤害的跨文化愿望。在世界各地的宗教和伦理体系中,我们都能找到减轻人类痛苦的强大力量。避免对他人不必要的伤害和减少人们苦痛,是儒家、道教、印度教、犹太教、基督教和伊斯兰教的核心问题。

> 世界性普遍主义和关怀性相对主义如何处理媒体中那些导致言论自由捍卫者和宗教价值捍卫者爆发严重冲突的故事?(可参考 2005 年丹麦漫画争议相关材料;其他资料参见 Jensen,2010:160-163)

作为对话的交谈

道德具有社会属性,这意味着在作出道德选择时,永远需要所有人共同参与、反复讨论。这一过程的最佳形式似乎是具有很强包容性的集体讨论,在讨论中寻找最好的想法,进行合法性论证。这是一个非对抗性过程,要在承认存在基本差异的同时,取得道德对话的进展。

道德选择与道德直觉

有时候你是否觉得诧异:为什么你在某种情况下凭直觉作出的选择往往是更好的,即使理性考虑建议你选另一条路径?我们应该意识到,在许多情况下,我们通过理性所作出的选择没那么好。不幸的是,我们经常忽略了凭直觉作的、看似非理性的重要选择,生活中,从确定人生伴侣到向异国发起军事入侵都属此范畴。这是因为我们经常在事后将由情感驱动的选择合理化,然后开始相信这些合理化的原因才是我们最初的真实动机。

认真对待我们的情感和直觉，认识到我们的基本道德直觉在被编入宗教典籍和法律文书之前就已存在，这也是很好的。人类从自己的灵长目近亲身上发现，它们的行为也符合基本价值观，比如合作（与互惠性利他主义）、公平（与正义感）、冲突后的和解（与安慰），以及共情（与怜悯）（de Waal, 2013）。在我们对道德选择进行审议时，这些直觉可能会引导我们克服当下和未来全球传播的复杂性。

全球对话需要全球公共空间

在我们生活的地方，公共空间无处不在（市场、市政厅、公园和露台）。这些是可以触摸的物理空间。除此之外，虚拟空间也在发展——我们也可以在不接触的情况下见面——在网络空间里，不受时间、地点和其他限制。一个有趣的问题是，全球传播的基础设施和进程在多大程度上催生了真正的全球公共空间。就像当今世界的公共市场转变成了私人购物中心一样，虚拟空间通常是基础设施为私人利益集团所控制的领域。这些利益集团的监视和审查能力令人瞠目。如果公共空间不受私人利益的控制，那么能有真正公共的全球虚拟空间吗？在这里，罗伯特·麦克切斯尼帮助我们理解被称为互联网的全球空间的现实。他指出，"有了开明的公共投资，互联网就可提供人们所能想象的最伟大的新闻业和公共空间"。然而，他补充道，"如果以资本需求为驱动任其发展，数字技术的部署方式可能会对自由、民主以及任何与美好生活息息相关的事物产生极其不利的影响。因此，围绕着互联网的斗争对所有寻求建立一个更美好社会的人来说都至关重要"（McChesney, 2013: 232）。

"在像优兔这样的混杂空间里，通常很难确定是何种真相机制在管理不同类型的用户生成内容。传播者的目的不再只是让受众简单地从传播渠道读取信息。"（Burgess and Green, 2009: 122）你觉得应该如何在优兔上寻找真相？

后 记

现在，我们从各个方面探索全球传播的旅程圆满结束。当然，还有更多的东西需要探索和调查。老师希望你能提出新的问题，用新的眼光看问题，然后有所发现。"前浪"能做的最好的事情，就是期待"后浪"用自己的方式，超越"前浪"的知识和见解，实现永久性的全球对话。在这种对话中，我们作为怀揣世界主义理想的陌生人，分享彼此的相似之处和有趣的差异。希望奎迈·阿皮亚所说的"世界性好奇心"能在这个对话中指引你们。

📖 焦点阅读

伦理学

Fortner, R.S. and Fackler, P.M.（eds）（2011）. *The Handbook of Global Communication and Media Ethics*（Vols 1 and 2）. Oxford: Blackwell Publishing.

本书汇集了大约60位学者在媒体和传播伦理方面的作品。这是一部独特的著作，它提供指导，提出挑战，激发兴趣和传授学识。

Hamelink, C.J.（2000）. *The Ethics of Cyberspace*. London: Sage.

丹尼斯·麦奎尔写道："希斯·汉姆林克写了一本不可或缺的关于网络空间道德难题的开创性指南。同时，对于关心人权和公民权的人们来说，它也回应了信息传播技术的全球性挑战，信息丰富，批判性与实践性兼备。"

未来研究

Schwartz, P.（1998）. *The Art of the Long View: Planning for the Future in an Uncertain World*. New York: Wiley & Sons.

作者为读者提供了场景构建艺术的基本工具。他描述了用于实现战略愿景的新技术，比如荷兰皇家壳牌公司开发的新技术。他使用了关于许多现实场景的第一手经验。

📖 网络资源

本书的配套网站链接是 https://study.sagepub.com/hamelink，在这里能够看到作者对本章主题"全球传播的未来"的讨论。

访问 https://study.sagepub.com/hamelink 可以免费下载以下学术文章：

Humphreys, L.（2013）. Mobile social media: future challenges and opportunities. *Mobile Media & Communication*, 1（1）: 20–25.

Kurzweil, R.（2010）. Merging with the machines: information technology, artificial intelligence, and the law of exponential growth. *World Future Review*, 2（1）: 61–66.

Rao, S. and Wasserman, H.（2007）. Global media ethics revisited: a postcolonial critique. *Global Media and Communication*, 3（1）: 29–50.

Saniotis, A.（2009）. Future brains: an exploration of human evolution in the 21st century and beyond. *World Future Review*, 1（3）: 5–11.

Wasserman, H. and Rao, S.（2008）. The globalization of journalism ethics. *Journalism*, 9（2）: 163–181.

📖 延伸阅读

Bell, W. (1997). *Foundation of Future Studies*. New Brunswick, NJ: Transaction Books.

Genosko, G. (ed.) (2004). *Marshall McLuhan: Critical Evaluations in Cultural Theory*. London: Routledge.

Gordon, W.T. (1997). *McLuhan for Beginners*. New York: Writers and Readers Publishing.

Heijden, K. van der (1996). *Scenarios: The Art of Strategic Conversation*. New York: Wiley & Sons.

Hughes, B.B. (1999). *International Futures: Choices in the Face of Uncertainty*. Boulder, CO: Westview Press.

Kahn, H. (1976). *The Next Two Hundred Years*. New York: Quill.

Marchand, Ph. (1989). *Marshall McLuhan: The Medium and the Messenger*. Toronto: Random House of Canada.

Masini, E. (1994). *Why Futures Studies?* London: Grey Seal.

Masini, E. and Sasson, A. (eds) (1994). *The Futures of Cultures*. Paris: Unesco.

May, G.H. (1996). *The Future is Ours*. London: Adamantine.

Ringland, G. (1998). *Scenario Planning: Managing the Future*. New York: Wiley & Sons.

Schwartz, P. (1998). *The Art of the Long View: Planning for the Future in an Uncertain World*. New York: Wiley & Sons.

Strate, L. and Wachtel, E. (eds) (2004). *The Legacy of McLuhan*. Cresskill, NJ: Hampton Press.

Tough, A. (1991). *Crucial Questions about the Future*. Lanham, MD: University Press of America.

Wagar, W.W. (1999). *A Short History of the Future* (3rd edition). Chicago, IL: University of Chicago Press.

Zingrone, F. and McLuhan, E. (1995). *Essential McLuhan*. Toronto: House of Anansi Press.

📖 关于普遍主义与相对主义的延伸阅读

Ayton-Shenker, D. (1995). *The Challenge of Human Rights and Cultural Diversity: United Nations Background Note*. New York: United Nations Department of Public Information.

Clayton, J. (1995). Religions and rights: local values and universal declarations. In An-Na'Im, A.A. Gort, J.D., Jansen, H. and Vroom, H.M. (eds), *Human Rights and Religious Values*. Grand Rapids,

MI：William Eerdmans Publishing Company. pp. 259–266.

Donnelly，J.（1999）. A defense of 'Western' universalism. In Bauer，J. and Bell，D.（eds），*The East Asian Challenge for Human Rights*. Cambridge：Cambridge University Press. pp. 60–87.

Freeman，M.（2000）. Universal rights and particular cultures. In Jacobsen，M. and Bruun，O.（eds），*Human Rights and Asian Values*. Richmond：Curzon Press. pp. 43–58.

Nickel，J.W.（1987）. *Making Sense of Human Rights*. Berkeley，CA：University of California Press. Chapter 4,"Universal Rights in a diverse world", pp. 61–81.

Renteln，A.D.（1990）. *International Human Rights*：*Universalism versus Relativism*. London：Sage.

课外研究

以30年左右为时间跨度，为全球传播的未来设计受人喜欢和不受欢迎的场景。从不同的全球行为体的角度创建场景，如联合国、迪士尼公司或谷歌公司。

讨论在这些场景中您可能要使用的研究方法和理论框架。在不做预测的情况下，如何确定当代社会和技术发展的最重要趋势和驱动力？

参 考 文 献

Allport, G.W. (1954). *The Nature of Prejudice*. Reading, MA: Addison-Wesley.

Amin, S. (1976). *Unequal Development*. New York: Monthly Review Press.

Amin, S. (2000). Economic globalism and political universalism: conflicting issues? *Journal of World-Systems Research*, VI (3): 582-622.

Andrejevic, M. (2007). *iSpy: Surveillance and Power in the Interactive Era*. Lawrence, KS: University Press of Kansas.

Appiah, K.A. (2002). Citizens of the World? Biblio: *A Review of Books*. Special issue: March-April: 6-10.

Appiah, K.A. (2006). *Cosmopolitanism: Ethics in a World of Strangers*. New York: W.W. Norton & Company.

Asante, M.K. (2011). De-Westernizing communication. In Wang, G. (ed.), *De-Westernizing Communication Research: Altering Questions and Changing Frameworks*. London: Routledge. pp. 21-27.

Bainbridge, W.S. (2006). *Cyberimmortality: science, religion and the battle to save our souls*. The Futurist, 40 (2): 25-29.

Barber, B. (1995). *Jihad vs McWorld*. New York: Times Books.

Barbero, J.M. (1988). *Communication from culture: the crisis of national and emergence of the popular*. Media, Culture & Society, 10: 447-465.

Barnett, G.A. and Kincaid, D.L. (1983). Cultural convergence: a mathematical theory. In W. Gudykunst (ed.) *International Intercultural Communication Annual VII*. Beverley Hills: Sage. pp. 171-194.

Beck, U. (1992). *Risk Society: Towards a New Modernity*. London: Sage.

Bell, D. (1973). *The Coming of Post-Industrial Society: A Venture in Social Forecasting*. New York: Basic Books.

Beltran, L. (1967). Communication: forgotten tool of national development. *International Agricultural Development*, October, No. 36.

Beltran, L. (1970). *Communication in Latin America: Persuasion for Status Quo or for National Development*. PhD thesis, Michigan State University.

Beltran, L. (1976). Communication for development in Latin America: a forty years appraisal. In

Nostbakken, D. and Morrow, C. (eds), *Cultural Expression in the Global Village*. Penang: Southbound.

Beltran, L.R. (1978). Communication and cultural domination: USA-Latin America case. *Media Asia*, 5 (4): 183-192.

Beltran, L. (1980). A farewell to Aristotle: horizontal communication. *Communication*, 5: 5-41.

Beltran, L. (1993a). *Que comunicacion para el desarrolo?* Lima, Peru: IPAL.

Beltran, L. (1993b). *La communication para el desarrollo en Latinoamerica*. Lima, Peru: IPAL.

Bennett, C.J. (2008). *The Privacy Advocates*. Cambridge, MA: The MIT Press.

Berendt, J.-E. (1987). *Nada Brahma: The World is Sound*. London: Destiny Books.

Berridge, G.R. (1994). *Talking to the Enemy*. New York: St Martin's Press.

Bhabha, H. (1994). *The Location of Culture*. London: Routledge.

Boulding, K. (1959). National images and international systems. *Conflict Resolution*, 3 (2): 120-131.

Bourdieu, P. (1985). Social space and genesis of classes. *Theory and Society*, 14: 723-744.

Bouwhuijsen, H. van den (2010). *In de schaduw van God* [*In God's Shade*]. Kampen: Klement.

Boyd-Barrett, J.O. (1977). Media imperialism: towards an international framework for an analysis of media systems. In Curran, J., Gurevitch, M. and Woollacott, J. (eds), *Mass Communication and Society*. London: Edward Arnold. pp. 116-135.

Braun, E. (1984). *Wayward Technology*. London: Frances Pinter.

Buber, M. (1958). *I and Thou*. New York: Scribner.

Burgess, J. and Green, J. (2009). *YouTube*. Cambridge: Polity Press.

Business Week, (1998). "Bio-Tech Bodies", 27 July, 42-49.

Carroll, L. (1865/1988). *Alice in Wonderland: Through the Looking Glass*. Harmondsworth, UK: Penguin.

Castells, M. (1989). *The Informational City*. Oxford: Blackwell Publishers.

Castells, M. (1996). *The Rise of the Network Society*. Oxford: Wiley-Blackwell.

Castells, M. (1997). *The Power of Identity*. Oxford: Wiley-Blackwell.

Castells, M. (1998). *End of Millennium*. Oxford: Wiley-Blackwell.

Castells, M. (2001). *The Internet Galaxy: Reflections on the Internet, Business and Society*. Oxford: Oxford University Press.

Castells, M. (2009). *Communication Power*. Oxford: Oxford University Press.

Castells, M. (2010). *The Rise of the Network Society (2nd edition)*. Oxford: Wiley-Blackwell.

Cavalli, J. (1986). *Le Genèse de la Convention de Berne pour la Protection des Oeuvres Littéraires et Artistiques du 9 Septembre 1886*. Lausanne: Imprimeries Reunies.

Cerf, C. and Navaskym, V. (1984). *The Experts Speak*. New York: Pantheon.

Chapple, S. and Garofalo, R. (1977). *Rock 'n' Roll is Here to Pay*. Chicago, IL: Nelson Hall.

Charmaz, K. (2006). *Constructing Grounded Theory: A Practical Guide through Qualitative Analysis*. Thousand Oaks, CA: Sage.

Chen, G.M. and Starosta, W.J. (1996). Intercultural communication competence. *Communication Yearbook*, 19, 353–384.

Childs, H. and Whitton, J.B. (1942). *Propaganda by Short Wave*. Princeton, Princeton University Press.

Childs, P. and Williams, R.J. (1997). *An Introduction to Post-Colonial Theory*. London: Prentice Hall.

Chomsky, N. and Herman, E.S. (1988). *Manufacturing Consent. The Political Economy of the Mass Media*. New York: Knopf Doubleday.

Chomsky, N. (1989). *Necessary Illusions: Thought Control in Democratic Societies*. Boston, MA: South End Press.

Chomsky, N. (2002). *Media Control: The Spectacular Achievements of Propaganda*. New York: Seven Stories Press.

Christians, C., Glasser, Th.L., McQuail, D., Nordenstreng, K. and White, R. (2009). *Normative Theories of the Media: Journalism in Democratic Societies*. Urbana, IL: University of Illinois Press.

Clarke, R.A. and Knake, R.K. (2010). *Cyber War: The Next Threat to National Security and What to Do About It*. New York: Harper Collins.

Collingridge, D. (1982). *Critical Decision Making*. London: Frances Pinter.

Cottle, S. (2006). *Mediatized Conflict: Developments in Media and Conflict Issues*. Maidenhead, UK: Open University Press.

Couldry, N. (2012). *Media, Society, World*. Cambridge: Polity Press.

Creel, G. (1920). *How We Advertised America: The First Telling of the Amazing Story of the Committee on Public Information that Carried the Gospel of Americanism to Every Corner of the Globe*. New York: Harper.

Cyert, R.M. and March, J.G. (1992/1963). *A Behavioural Theory of the Firm*. Englewood Cliffs, NJ: Prentice-Hall (1st edn, 1963).

Dahl, R.A.(1956). *A Preface to Democratic Theory*. Chicago, IL: University of Chicago Press. Daly, M. and Wilson, M. (1988). *Homicide*. New York: De Gruyter.

Dijk, J., van (2012). *The Network Society* (3rd edition). London: Sage.

Dijck, J., van (2013). *The Culture of Connectivity*. Oxford: Oxford University Press. Douglas, M. and Wildavsky, A. (1983). *Risk and Culture*. Berkeley, CA: University of California Press.

Dutta, M.J. (2011). *Communicating Social Change*. London: Routledge.

Dworkin, R. (1985). *A Matter of Principle*. Cambridge, MA: Harvard University Press. Ehrlich, P. (1969). *Eco-catastrophe*. San Francisco, City Lights Book.

Ekecranz, J. (2009). Mediastudiesgoingglobal. In D. K. Thussu (ed.), *Internationalizing Media Studies*. London, Routledge. pp. 75-90.

Elster, J. (1983). *Explaining Technical Change*. Cambridge: Cambridge University Press. Falk, R.A. (1993). The making of global citizenship. In Brecher, J., Childs, J. and Cutler, J. (eds), *Global Visions: Beyond the New World Order*. Boston, MA: South End Press. pp. 39-50.

Fischoff, B. et al. (1981). *Acceptable Risk*. Cambridge: Cambridge University Press. Flournoy, D. and Stewart, R. (1997). *CNN: Making news in the global market*. Luton: University of Luton Press.

Fortner, R.S. (1993). *International Communication: History, Conflict and Control of the Global Metropolis*. Belmont, CA: Wadsworth.

Foucault, M. (2003). *Society must be Defended: 1975—1976. Lectures at the College de France*. New York: Picador.

Frank, A.G. (1969). *Latin America: Underdevelopment or Revolution*. New York: Monthly Review Press.

Friedland, L. (1992). *Covering the World: International Television News Services*. New York: Twentieth Century Fund Press.

Gallie, W.B. (1956). Essentially contested concepts. *Proceeding of the Aristotelian Society*.56: 167-198.

Gallois C., Giles, H., Jones, E., Cargile, A.C. and Ota, H. (1995). Communication Accommodation Theory: Elaborations and Extensions. In R. Wiseman (ed.), *Intercultural Communication Theory*. (Intercultural and International Communication Annual). Beverly Hills: Sage. pp. 330-342.

Galtung, J. (1980). *The True Worlds*. New York: The Free Press.

Galtung, J. (1984). *Johan Galtung: There are Alternatives*. Nottingham: Spokesman.

Galtung, J. (1988). *Essays in Peace Research* (Vols 1-6). Copenhagen: Christian Ejlers.

Galtung, J. (1994). *Human Rights in Another Key*. Cambridge: Polity Press.

Galtung, J. (1997). *Economics in Another Key*. Cambridge: Polity Press.

Galtung, J. and Vincent, R. (1992). *Global Glasnost: Towards a New World Communication Order?* Cresskill, NJ: Hampton Press.

Garner, D. (2011). *Future Babble*. New York: Penguin.

Garnham, N. (1990). *Capitalism and Communication*. London: Sage.

Gerbner, G., Gross, L.P. and Melody, W. (eds) (1973). *Communications Technology and Social Policy: Cultural Indicators - The Third Voice*. New York: John Wiley & Sons. pp. 555-573.

Gerbner, G., Mowlana, H. and Nordenstreng, K. (eds) (1993). *The Global Media Debate: Its Rise, Fall and Renewal.* Norwood, NJ: Ablex Publishing.

Gerbner, G., Mowlana, H. and Schiller, H.I. (eds) (1992). *Triumph of the Image: The Media's War in the Persian Gulf - A Global Perspective.* Boulder, CO: Westview Press.

Gerbner, G., Siefert, M. (eds) (1984). *World Communications: A Handbook.* New York: Longman.

Giddens, A. (1990). *The Consequences of Modernity.* Cambridge: Polity Press.

Gilboa, E. (2000). Mass communication and diplomacy: a theoretical framework. *Communication Theory*, 10 (3): 275-309.

Ginneken, J. van (1998). *Understanding Global News.* London: Sage.

Gowing, N. (1994). Real-time TV coverage from war: Does it make or break government policy? Paper given at British Film Institute, London.

Gould, C.C. (1988). *Rethinking Democracy: Freedom and Social Cooperation in Politics, Economy, and Society.* Cambridge: Cambridge University Press.

Grossman, D. (1995). *On Killing: The Psychological Cost of Learning to Kill in War and Society.* New York: Little, Brown and Co.

Gudykunst, W.B. and Hammer, M.A. (1988). Strangers and Hosts: An uncertainty reduction based theory of intercultural adaptation. In Y.Y. Kim and W.B. Gudykunst (eds). *Cross-cultural adaptation: Current Approaches.* Newbury Park (CA): Sage. pp.106-139.

Gumucio-Dagron, A. and Tufte, T. (eds) (2006). *Communication for Social Change Anthology: Historical and Contemporary Readings.* South Orange, NJ: Communication for Social Change Consortium.

Hackett, R.A. and Schroeder, B. (2008). Does anybody practice peace journalism? A cross-national comparison of press coverage of the Afghanistan and Israeli-Hezbollah wars. *Peace & Policy*, 13: 26-61.

Hall, E.T. (1959). *The Silent Language.* New York: Doubleday

Hall, E.T. (1976). *Beyond Culture.* New York: Doubleday.

Halloran, J.D. (1970). *Mass Media in Society: The Need of Research.* UNESCO Reports and Papers on Mass Communication, No. 59. New York: UNESCO.

Halloran, J.D. (1973). Research in forbidden territory. In Gerbner, G., Gross, L.P. and Melody, W. (eds), *Communications Technology and Social Policy.* New York: John Wiley and Sons. pp. 547-554.

Halloran, J.D. (1981). The context of communication research. In McAnany, E.G., Schnitman, J. and Janus, N. (eds), *Communication and Social Structure: Critical Studies in Mass Media Research.* New York: Praeger. pp. 21-57.

Halloran, J.D. (1986). International democratization of communication, the challenge for research.

In Becker, J., Hedebro, G. and Paldan, L. (eds), *Communication and Domination: Essays to Honor Herbert I. Schiller*. Norwood, NJ: Ablex Publishing. pp. 241–248.

Hamelink, C.J. (1983a). *Cultural Autonomy in Global Communications*. New York: Longman.

Hamelink, C.J. (1983b). *Finance and Information*. Norwood, NJ: Ablex Publishing.

Hamelink, C.J. (1984). *Transnational Data Flows in the Information Age*. Lund: Studentlitteratur.

Hamelink, C.J. (1986). *Militarization in the Information Age*. Geneva: World Council of Churches.

Hamelink, C.J. (1988). *The Technology Gamble*. Norwood, NJ: Ablex Publishing.

Hamelink, C.J. (1994a). *Trends in World Communication*. Penang: Southbound. Hamelink, C.J. (1994b). *The Politics of World Communication*. London: Sage.

Hamelink, C.J. (2000). *The Ethics of Cyberspace*. London, Sage.

Hamelink, C.J. (2011). *Media and Conflict: Escalating Evil*. Boulder, CO: Paradigm.

Harding, S. (1978). *Can Theories Be Refuted?* Dordrecht: Reidel.

Headrick, D.R. (1991). *The Invisible Weapon: Telecommunications and International Politics 1851-1945*. New York: Oxford University Press.

Hesmondhalgh, D. (2002). *The Cultural Industries*. First ed. London: Sage.

Hesmondhalgh, D. (2007). *The Cultural Industries*. Second ed. London: Sage.

Hetman, F.(1973). *Society and the Assessment of Technology*. Paris: OECD. Hofstede, G.(1980/2001). *Culture's Consequences*. London: Sage (revised in 2001).

Holwerda, H.H. and Gershon, R.A. (1997). The Transnational Advertising Agency: global messages and free market competition. In Gershon, R.A. (ed.), *The Transnational Media Corporation*. Mahwah, NJ: Lawrence Erlbaum Associates.

Hudson, H. (1984). *When Telephones Reach the Village: The Role of Telecommunication in Rural Development*. Norwood, NJ: Ablex Publishing.

Hudson, H. (1990). *Communication Satellites: Their Development and Impact*. New York: The Free Press.

Hudson, H. (1997). Converging technologies and changing realities: toward universal access to telecom in the developing world. In Melody, W.H. (ed.), *Telecom Reform: Principles, Policies and Regulatory Practices*. Lyngby: Technical University of Denmark. pp. 395–404.

Hudson, H. (2009). *From Rural Village to Global Village: Telecommunication in the Information Age*. London: Routledge.

Hume, D. (1739/1975). *A Treatise of Human Nature*. Oxford: Oxford University Press.

Huntington, S.P. (1993). *The Clash of Civilizations and the Remaking of World Order*. New York: Touchstone Books.

Innis, H. (1950). *Empire and Communication*. Oxford: Clarendon Press.

International Commission for the Study of Communication Problems (1980). *Many Voices, One World*. Paris, UNESCO.

Inter Press Service (1997). *Articles of Association*. Rome, Inter Press Service.

Irvan, S. (2006). Peace journalism as a normative theory: premises and obstacles. *Global Media Journal: Mediterranean Edition*, 1 (2): 34-39.

ITU (1997). *World Telecommunication Development Report 1996/97: Trade in Telecommunications*. Geneva: International Telecommunication Union.

ITU (1998a). *General Trends in Telecommunication Reform 1998: World* (Vol. 1). Geneva: International Telecommunication Union.

ITU (1998b). *World Telecommunication Development Report: Universal Access*. Geneva: International Telecommunication Union.

Jakobsen, P.V. (1996). National interest, humanitarianism or CNN: What triggers UN Peace Enforcement after the Cold War? *Journal of Peace Research*, 33 (2): 205-215.

Janus, N. (1981). Advertising and the mass media in the era of global corporation. In McAnany, E., Schnitman, J. and Janus, N. (eds), *Communication and Social Structure*. New York: Praeger. pp. 290-303.

Jensen, K.B. (2010). *Media Convergence*. London: Routledge.

Johnson, N. (2010). *Simply Complexity*. Oxford: Oneworld Publications.

Jowett, G.S. and O'Donnell, V. (1986). *Propaganda and Persuasion*. London: Sage.

Joy, B. (2000). Why the future doesn't need us. *Wired*, 8: 04.

Kaplan, A. (1999). *The Development Capacity: NGLIS Development Dossier*. Geneva: Non-Governmental Liaison Service.

Kim, Y.Y. (1986). *Interethnic communication: Current research*. International and Intercultural Communication Annual. Vol. 10: 9-18. Newbury Park, CA: Sage.

Kincaid, D.L., Yum, J.O., Woelfel, J. and Barnett, G.A. (1983). The cultural convergence of Korean immigrants in Hawaii: An empirical test of a mathematical theory. In *Quality and Quantity*, 18: 59-78. Amsterdam: Elsevier Science Publishers.

Klein, J.T., Grossenbacher-Mansuy, W., Häberli, R., Bill, A., Scholz, R.W. and Welti, M. (2001). *Transdisciplinary Joint Problem Solving among Science, Technology and Society: An Effective Way for Managing Complexity*. Basel: Birkhäuser Verlag.

Knightley, Ph. (2000). *The First Casualty: The War Correspondent as Hero and Myth-maker from the Krimea to Kosovo*. London: Prion.

Knightley, Ph. (2003). *The Second Oldest Profession: Spies and Spying in the Twentieth Century*.

London: Pimlico.

Kraidy, M.M. (2004). From culture to hybridity. In Semati, M. (ed.), *New Frontiers in International Communication Theory*. Oxford: Rowman & Littlefield. pp. 247–262.

Kraidy, M.M. (2011). Globalizing media and communication studies. In Wang, G. (ed.), *De-Westernizing Communication Research: Altering Questions and Changing Frameworks*. London: Routledge. pp. 50–57.

Kubka, J. and Nordenstreng, K. (1986). *Useful Recollections. Part I and Part II*. Prague: International Organization of Journalists.

Kuhn, T.S. (1996). *The Structure of Scientific Revolutions*. Chicago, IL: University of Chicago Press.

Kunczik, M. (1990). *Images of Nations and International Public Relations*. Bonn: Friedrich Ebert Stiftung.

Kunda, Z. (1999). *Social Cognition: Making Sense of People*. Cambridge, MA: The MIT Press.

Kurzweil, R. (2005). *The Singularity is Near: When Humans Transcend Biology*. New York: Penguin.

Kurzweil, R. (2006). Reinventing humanity: the future of machine-human intelligence. *The Futurist*, 40 (2): 39–46.

Lasswell, H.D. (1927). The theory of political propaganda. *American Political Science Review*, 21(3): 627–631.

Lasswell, H.D. (1971). *A Pre-View of Policy Sciences*. London: American Elsevier. Lazarsfeld, P. (1952). The prognosis for international communication research. *Public Opinion Quarterly*, 16: 482–490.

Lee, P.S. (1988). Communication imperialism and dependency: a conceptual clarification. *Gazette*, 41 (2): 69–83.

Lerner, D. (1958). *The Passing of Traditional Society*. New York: Free Press.

Liebes, T. and Katz, E. (1990). *The Export of Meaning: Cross-cultural Readings of "Dallas"*. Oxford: Oxford University Press.

Lippmann, W. (1922). *Public Opinion*. New York: Harcourt Brace.

Loasby, B. (1976). *Choice, Complexity and Ignorance*. Cambridge: Cambridge University Press.

Lorenz, E.N. (1963). Deterministic Nonperiodic Flow. *Journal of the Atmospheric Sciences*, 20 (2): 130–141.

Lorenz, E.N. (1969). Atmospheric predictability as revealed by naturally occurring analogues. *Journal of the Atmospheric Sciences*, 26 (4): 636–646.

Lorenz, E.N. (1969). Three approaches to atmospheric predictability. *Bulletin of the American Meteorological Society*, 50: 345–349.

Luhmann, N. (1971) Selbststeuerung der Wissenschaft. In Niklas Luhmann (ed.) *Soziologische Aufklärung*. Opladen: Westdeutscher Verlag. pp. 232–252.

Luther, S.F. (1988). *The United States and the Direct Broadcast Satellite*. Oxford: Oxford University Press.

Mansell, R. (1999). The politics of designing information networks. *Media Development*, 46(2): 7–11.

Mansell, R. and Wehn, U. (1998). *Knowledge Societies: Information Technology for Sustainable Development*. Oxford: Oxford University Press.

March, J.G. and Simon, H.A. (1958). *Organizations*. New York: Wiley.

Matta, F. (1978). *La Información en el Nuevo Orden International*. Mexico: ILET.

Mattelart, A. and Dorfman, A. (1975). *How to Read Donald Duck: Imperialist Ideology in the Disney Comic*. New York: International General.

Mattelart, A. (1979). *Multinational Corporations and the Control of Culture. The Ideological Apparatuses of Imperialism*. Sussex: Harvester Press.

Mattelart, A. (1983). *Transnationals and the Third World: The Struggle for Culture*. South Hadley, MA: Bergin and Garvey.

Mattelart, A. (1984). *International Image Markets. In Search of an Alternative*. (with Michele Mattelart and Xavier Delcourt). London: Comedia.

Mattelart, A. (1991). *Advertising International: The Privatisation of Public Space*. London: Routledge.

Mattelart, A. (1994). *Mapping World Communication: War, Progress, Culture*. Minneapolis MN: University of Minnesota Press.

Mattelart, A. (2010). An archaeology of the global era. In Thussu, D.K. (ed.), *International Communication: A Reader*. London: Routledge. pp. 313–328.

McAnany, E.G. (2012). *Saving the World: A Brief History of Communication for Development and Social Change*. Champaign, IL: University of Illinois Press.

McChesney, R.W. (2000). *Rich Media, Poor Democracy*. New York: The New Press.

McChesney, R.W. (2010). The media system goes global. In Thussu, D.K. (ed.), *International Communication: A Reader*. London: Routledge. pp. 188–220.

McChesney, R.W. (2013). *Digital Disconnect: How Capitalism is Turning the Internet against Democracy*. New York: The New Press.

McLuhan, M. (1964). *Understanding Media*. London: Routledge & Kegan Paul.

McLuhan, M. (1970). *Culture Is Our Business*. New York: McGraw Hill.

McLuhan, M. (1988). *The Global Village: Transformations in World Life in the 21st Century*. Oxford: Oxford University Press.

McLuhan, M., Fiore, Q. and Angel, J. (1967). *The Medium Is the Message.* New York: Bantam/Random House.

McPhail, T.L. (1987). *Electronic Colonialism: The Future of International Broadcasting and Communication.* Newbury Park, CA: Sage.

McPhail, Th.L. (2002). *Global Communication.* London: Allyn and Bacon.

McQuail, D. (1983). *Mass Communication Theory: An Introduction.* London: Sage.

McQuail, D. (2010). *McQuail's Mass Communication Theory.* London: Sage.

Melkote, S.R. and Steeves, H.L. (2001). *Communication for Development in the Third World: Theory and Practice for Empowerment* (2nd edn). London: Sage.

Mitchell, J.M. (1986). *International Cultural Relations.* London: Allen and Unwin.

Mjos, O.J. (2010). *Media Globalization and the Discovery Channel Networks.* London: Routledge.

Mooij, M. de (2013). *Global Marketing and Advertising: Understanding Cultural Paradoxes.* London: Sage.

Moor, L. (2007). *The Rise of Brands.* London: Bloomsbury Academic.

Morozov, E. (2011). *The Net Delusion: On How Not to Liberate the World.* London: Penguin.

Morris, D. and McGann, E. (2012). *Here Come the Black Helicopters! UN Global Governance and the Loss of Freedom.* New York: Harper Collins.

Mosco, V. (1996). *The Political Economy of Communication.* London: Sage.

Mosco, V. (2009). *The Political Economy of Communication.* London: Sage.

Mosco, V. (2014). *To the Cloud.* Boulder, CO: Paradigm.

Muto, I. (1993). For an alliance of hope. In Brecher, J., Brown Childs, J. and Cutler, J. (eds), *Global Visions: Beyond the New World Order.* Boston, MA: South End Press. pp. 147–162.

Nederveen Pieterse, J. (2009). Media and global divides: representing the rise of the rest as threat. *Global Media and Communication*, 5 (2): 1–17.

Nordenstreng, K. (1997). Beyond the four theories of the press. In Servaes, J. and Lie, R. (eds), *Media and Politics in Transition.* Leuven: ACCO.

OECD (2011). *Communications Outlook 2011.* Paris: OECD.

Oetzel, J.G. (1995). Intercultural small groups: An effective decision-making theory. In R.L. Wiseman (ed.), *Intercultural Communication Theories.* Thousand Oaks, CA: Sage. pp. 202–224.

Pasquali, A. (1963). Teoría de la Comunicación: las implicaciones sociológicas entre información y cultura. In Gumucia-Dagron, A. and T. Tufte (eds). *Antología de Comunicación para el cambio social.* South Orange, NJ: Communication for Social Change Consortium. pp. 60–80.

Pateman, C. (1970). *Participation and Democratic Theory.* Cambridge: Cambridge University Press.

Pavlik, J.V. (1987). *Public Relations: What Research Tells Us*. Newbury Park, CA: Sage.

Picard, R.G. (2002). *The Economics and Financing of Media Companies*. New York: Fordham University Press.

Pinker, S. (1994). *The Language Instinct*. New York: William Morrow.

Pinker, S. (2011). *The Better Angels of Our Nature: The Decline of Violence in History and Its Causes*. London: Penguin.

Popper, K. (1959). *The Logic of Scientific Discovery*. London: Hutchinson.

Pruitt, D.G. and Kim, S.H. (2004). *Social Conflict: Escalation, Stalemate, and Settlement*. New York: McGraw-Hill.

Rantanen, T. (2010). Methodological internationalism in comparative media research. In Roosvall, A. and Salovaara-Moring, I. (eds), *Communicating the Nation*. Gothenburg: Nordicom. pp. 25–39.

Ritzer, G. (1993). *The McDonaldization of Society*. London and Thousand Oaks, CA: Pine Forge Press.

Robertson, A. (2010). *Mediated Cosmopolitanism: The World of Television News*. Oxford: Polity Press.

Robinson, D., E. Buck and M. Cuthbert (1991). *Music at the Margins: Popular Music and Global Cultural Diversity*. London: Sage.

Rogers. E. (1962). *Diffusion of innovations*. New York: Macmillan. Rosenblum, M. (1993). *Who Stole the News?* New York: John Wiley & Sons.

Said, E.W. (1978). *Orientalism*. New York: Pantheon.

Said, E.W. (1993). *Culture and Imperialism*. New York: A.A. Knopf.

Sassen, S. (2001). *The Global City: New York, London, Tokyo*. Princeton, NJ: Princeton University Press.

Sassen, S. (2009). The Global City: strategic site/new frontier. *American Studies*, 41 (2/3): 79–95.

Schiller, D. and Fregoso, R.L. (1991). A private view of the digital world. *Telecommunications Policy*, 15 (3): 195–208.

Schiller, H.I. (1969). *Mass Communication and American Empire*. Boston, MA: Beacon Press.

Schiller, H.I. (1973). *The Mind Managers*. Boston, MA: Beacon Press.

Schiller, H.I. (1976). *Communication and Cultural Domination*. New York: International Arts and Sciences Press.

Schiller, H.I. (1981). *Who Knows: Information in the Age of the Fortune 500*. Norwood, NJ: Ablex Publishing.

Schiller, H.I. (1984). *Information and the Crisis Economy*. Norwood, NJ: Ablex Publishing.

Schiller, H.I. (1989). *Culture Inc., The Corporate Takeover of Public Expression*. Oxford: Oxford University Press.

Schiller, H.I. (2000). *Living in the Number One Country*. New York: Seven Stories Press.

Schramm, W. (1964). *Mass Media and National Development*. Stanford, California: Stanford University Press.

Schramm, W. and Rivers, W.L. (1969). *Responsibility in Mass Communication*. New York: Harper & Row.

Schumpeter, J.A. (1942). *Capitalism, Socialism and Democracy*. London: Allen & Unwin.

Schwartau, W. (1996). *Information Warfare*. New York: Thunder Mouth's Press.

Sen, A. (2006). Identity and Violence: The Illusion of Destiny. New York: W.W. Norton & Co.

Servaes, J. (2008). *Communication for Development and Social Change*. London: Sage.

Siebert, F., Peterson, T. and Schramm, W. (1956). *Four Theories of the Press*. Urbana: University of Illinois Press.

Singer, P. (1979). *Practical Ethics*. Cambridge: Cambridge University Press.

Shinar, D. (2008). Why not more peace journalism? The coverage of the 2006 Lebanon War in Canadian and Israeli media. *Peace & Policy*, 13: 8–25.

Sinclair, J. (2012). *Advertising, the Media and Globalisation*. London: Routledge.

Sirois, A. and Wasko, J. (2011). The political economy of the recorded music industry. In Wasko, J., Murdock, G. and Sousa, H. (eds), *The Handbook of Political Economy of Communications*. Oxford: Blackwell Publishing. pp. 331–357.

Slovic, P. and Fischoff, B. (1980). How safe is safe enough? In Dowie, J. and Lefrefe, P. (eds), *Risk and Chance*. Milton Keynes: Open University Press. pp. 121–147.

Smith, A. (1979). *The Newspaper: An International History*. London: Thames and Hudson.

Sontag, S. (2002). *Regarding the Pain of Others*. London: Hamilton.

South Commission, (1990). *The Challenge to the South: the Report of the South Commission*. Oxford: Oxford University Press.

Speier, H. (1944). *German Radio Propaganda*. London, Oxford University Press.

Stein, D.E. (2012). The scientific method after next. *World Future Review*, 4 (1): 34–41.

Stephens, M. (1988). *A History of News: From the Drum to the Satellite*. London: Penguin.

Stiglitz, J.E. (2012). *The Price of Inequality: How Today's Divided Society Endangers Our Future*. New York: W.W. Norton & Co.

Straubhaar, J. (2007). *World Television: From Global to Local*. London: Sage.

Tajfel, H., Billig, M.G., Bundy, R.E. and Flament, C. (1971). Social categorization and intergroup behaviour. *European Journal of Social Psychology*, 1: 149–177.

Taylor, P.M. (1990). *Munitions of the Mind: War Propaganda from the Ancient World to the Nuclear Age*. Wellingborough: Patrick Stevens.

Taylor, P.M. (1997). *Global Communication, International Affairs and the Media since 1945*. London: Routledge.

Temkin, L.S. (1993). *Inequality*. Oxford: Oxford University Press.

Thussu, D.K. (2000/2006). *International Communication, Continuity and Change*. London: Hodder (2nd edn, 2006).

Thussu, D.K. (ed.) (2007). *Media on the Move: Global Flow and Contra-flow*. London: Routledge.

Ting-Toomey, S. (1988). Intercultural conflict styles: A face-negotiation theory. In Y.Y. Kim and W. Gudykunst (eds). *Theories in intercultural communication*. Newbury Park CA: Sage.

Toffler, A. (1980). *The Third Wave*. New York: Bantam Books.

Tomlinson, J. (1991). *Cultural imperialism: A Critical Introduction*. Baltimore, MD: Johns Hopkins University Press.

Tuchman, B. (1985). *The March of Folly*. London: Sphere Books.

Tunstall, J. (2008). *The Media Were American: US Mass Media in Decline*. Oxford: Oxford University Press.

UN Commission on Global Governance (1995). *Our Global Neighbourhood*. New York: Oxford University Press.

UNCTAD (1985). *The History of UNCTAD 1964-1984*. New York: United Nations.

UNDP (1999). *Human Development Report*. New York: Oxford University Press.

UNESCO (1961). *Mass Media in Developing Countries*. Paris: UNESCO.

UNESCO (2005). *International Flows of Selected Goods and Services*. Paris: UNESCO.

UN Habitat (2011). *State of the World's Cities 2010/2011*. Nairobi: UN Habitat.

Van Dinh, T. (1987). *Communication and Diplomacy in a Changing World*. Norwood, NJ: Ablex Publishing.

Venturelli, S. (1998). Cultural rights and world trade agreements in the information society. *Gazette*, 60 (1): 47–76.

Vink, N. (2005). *Dealing with Differences*. Amsterdam: KIT Publishers.

Waal, F. de (2010). *Tijd voor Empathie*. Amsterdam: Contact.

Waal, F. de (2013). *The Bonobo and the Atheist: In Search of Humanism among the Primates*. New York: W.W. Norton & Co.

Wang, G. (ed.) (2011). *De-Westernizing Communication Research: Altering Questions and Changing Frameworks*. London: Routledge.

Weizenbaum, J. (1976). *Computer Power and Human Reason*. San Francisco, CA: Freeman and Co.

Wells, C. (1987). *The UN, UNESCO and the Politics of Knowledge*. London: Macmillan.

Whitton, J.B. (1979). Hostile international propaganda and international law. In Nordenstreng, K. and Schiller, H.I. (eds), *National Sovereignty and International Communication*. Norwood, NJ: Ablex Publishing. pp. 217–229.

Wikström, P. (2009). *The Music Industry*. Cambridge: Polity Press.

Wilcox, D.L., Ault, Ph. and Age, K. (1989). *Public Relations: Strategies and Tactics*. New York: Harper & Row.

Wilkins, K., Tufte, T. and Obregon, R. (eds) (2014). *The Handbook of Development Communication and Social Change*. Oxford: Wiley-Blackwell.

Williams, W. (1971). *The Shaping of American Diplomacy*. Chicago, IL: Rand McNally.

Winner, L. (1993). Citizen virtues in a technological order. In Winkler, E.R. and Coomb, J.R. (eds), *Applied Ethics*. Oxford: Blackwell. pp. 46–48.

Winseck, D.R. and Pike, R.M. (2007). *Communication and Empire: Media, Markets and Globalization, 1860-1930*. Durham, NC: Duke University Press.

Wright, A.F. (1979). On the spread of Buddhism to China. In Lasswell, H.H., Lerner, D. and Speier, H. (eds), *Propaganda and Communication in World History* (Vol. I). Honolulu: The University of Hawaii Press.

World Commission on Culture and Development (1995). *Our Creative Diversity*. Paris: World Trade Organization (1998). *World Telecommunications Agreement*. Geneva: WTO.

索 引

本索引表使用原书页码

abstract thought，抽象思维，43
account rate settlement system，账户费用结算制度，120-121
accountability，问责，48，50，100，226
adaptation to an environment，适应环境，43-44
Adorno，Theodor，西奥多·阿多诺，78
advertising，广告宣传，92-94，125，245-246
Aischylos，埃斯库罗斯，55
Alexander the Great，亚历山大大帝，55-56，155
Algiers non-aligned summit（1973），阿尔及尔不结盟国家首脑会议（1973），109，111，141，192
Al-Jazeera，半岛电视台，87，246
Al-Qaeda，基地组织，160-161
Amazon，亚马逊，225
Amin，Samir，萨米尔·阿明，11，18
Andrejevic，M.，M.安德烈耶维奇，224
Appiah，Kwame，奎迈·阿皮亚，252-255
artists，status of，艺术家地位，188
Asante，M.K.，M.K.阿桑特，36
Ascentor software，"Ascentor"软件，223
Associated Press（AP），美联社，85
Atilla the Hun，匈奴王阿提拉，5
authors' rights，protection of，著作人权利保护，102-103
Bach，J.S.，J.S.巴赫，250
Baker，J.，J.贝克，50
Baker，James，詹姆斯·贝克，163

Bandung conference（1955），万隆会议（1955），109，141

banking，银行业务，212

Barbero，Martin，马丁·巴贝罗，9

Beck，Ulrich，乌尔里希·贝克，17，218-219

Begin，Menachem，梅纳赫姆·贝京，163

Belgrade non-aligned summit（1989），贝尔格莱德非结盟峰会（1989），143

Beltran，Luis Ramiro，路易斯·拉米罗·贝尔特伦，137，150

Bennett，C.J.，C.J.班内特，223-224

Bentham，Jeremy，杰里米·边沁，253

Berger，Gaston，加斯顿·伯格，243

Berlusconi，Silvio，西尔维奥·贝卢斯科尼，72，74

Berne Treaty on a postal union（1874），伯尔尼邮政联盟条约（1874），101

Berne Union on the protection of intellectual property，伯尔尼知识产权保护联盟，103

Berridge，G.R.，G.R.伯里奇，163

Bhabha，H.，H.巴巴，9，197

"big data"，"大数据"，224-225

biotechnology，生物科技，218-219

Blair，Montgomery，蒙哥马利·布莱尔，100

Boulding，Kenneth，肯尼思·博尔丁，5

bounded rationality，有限理性，79

Bourdieu，Pierre，皮埃尔·布迪厄，147，201，229

Boutros-Ghali，Boutros，布特罗斯·加利，85

Bouwhuijsen，Harry van den，哈里·范·登·布威森，35

Boyle，Susan，苏珊·波伊尔，89

brain function，大脑功能，249

Brandt，Willy，威利·勃兰特，185

Braun，Ernst，厄内斯特·布劳恩，241-242

"BRIC" countries，"金砖"国家，76-77

British Broadcasting Corporation（BBC），英国广播公司（BBC），104，246-247

Broadcasting（广播），见无线电广播（radio broadcasting）；电视广播（television Broadcasting）

Bruck，P.A.，P.A.布鲁克，51

Brussels conference on copyright protection（1858），布鲁塞尔版权保护会议，103

Buber，Martin，马丁·布伯，250

bugging，窃听，222

Bush, George (senior),老布什总统,86
Bush, George W.,小布什总统,223
Camp David accords (1978),戴维营协议(1978),163
Cancun conference (1981),坎昆会议(1981),109
Cancun conference (2003),坎昆会议(2003),145
capital intensity in industry,工业资本密集度,70-72
capitalism, spread of,资本主义的扩散,11
Carroll, Lewis,刘易斯·卡罗尔,234
Carroll, W.K.,W.K.卡罗尔,51
Carter, A.,A.卡特,50
Carter, Jimmy,吉米·卡特,163
Castells, Manuel,曼纽尔·卡斯特尔斯,40-41,178,211,217,229
causality and the "causality obsession",因果律与"因果律迷恋",40,46
Central Intelligence Agency (CIA),中央情报局(CIA),164-165
Chakravartty, P.,P.查克拉瓦蒂,134
Chapple, S.,S.查普尔,73
Chen, G.M.,G.M.陈,205
children's television,儿童电视,91-92
China and Chinese thought,中国与中国思想,55-56,202
Chomsky, Noam,诺姆·乔姆斯基,85-6,154
Christianity,基督教,35,56,254
cities, living in,城市生活,15-16
citizen diplomacy,公民外交,177
Clarke, R.A.,R.A.克拉克,220-221
Clinton, Bill,比尔·克林顿,163
cloud computing,云计算,224-225
CNN and the "CNN effect",CNN与"CNN效应",85-86,163,246
Cold War,冷战,108,158-159,166,177
co-learning,协同学习,38-39
collectivism,集体主义,201
Collingridge, David,大卫·科林格里奇,133
colonialism,殖民主义,141,252-253
Comintern, the,第三共产国际,159
Commission on Security and Cooperation in Europe,欧洲安全与合作委员会,186

"common heritage of mankind","人类共同遗产",190

commons,exploitation of,公共资源,以及对公共资源的剥削,126

communication:cross-species,跨物种传播,250;deficiencies 传播能力下降,见于 29-30;globalization of,全球化传播见于 6-9,30;machine-to-machine,机器间传播见于 248-9

 Communication Accommodation Theory(CAT),交际适应理论,200

 communication media,development of,传播媒介的发展,138-139

 communication policy,issues of,传播政策的议题,32

 communication studies,传播研究,39,234-235

 community-based activities,基于社区的活动,179

 competition in the information industry,信息业竞争,68-69

 competition rules,竞争规则,123

 competitive institutions,竞争机制,44

 complex systems,复杂系统,46,49,79-80,228,239-240

 computer technology,计算机技术,61-62,75-76;另见:information and communications technologies,信息与通信技术

 concentration in the communication industry,通信业的集中,73-74

 Conference on Security and Cooperation in Europe,欧洲安全与合作会议,107

 confidentiality,保密性,131,133

 conflict situations:cultural causes of,冲突局势的文化原因,196;role of communication in,传播在冲突局势中的作用,170-180;role of information in,信息在冲突局势中的作用,176-177

 confrontation:East-West,东西冲突,108;North-South,南北冲突,108-110

 Confucianism,儒家,37-38,254

 Connolly,W.,W.康诺利,34

 content of global communication,全球传播的内容,77

 contestability of social concepts,社会概念的争议性,34

 convergence:cultural,文化融合,199;technological,技术融合,227,247-251

 Copenhagen conference on the press(1932),哥本哈根新闻专家会议(1932),105

 copyright protection,版权保护,80,102,110,122,132

 corporate governance,企业治理,99

 corporate public management,企业公共管理,99

 cosmopolitanism,世界主义,12,252-254

 cost-benefit analysis,成本—收益分析,238,241

Couldry, Nick, 尼克·库尔德里, 41–42
Council of Europe, 欧盟委员会, 107
counter-insurgency, 反叛乱, 159
Creel, George, 乔治·克里尔, 155–156
Cronkite, Walter, 沃尔特·克朗凯特, 163
cross-impact analysis, 交叉影响分析法, 242
cultural capital, 文化资本, 147, 229
cultural colonialism, 文化殖民主义, 141
Cultural Development Charters,《文化发展宪章》, 192
cultural exchange and cooperation, 文化交流与合作, 186–187
cultural heritage, 文化遗产, 187
cultural identity, 文化身份, 191–193
cultural imperialism, 文化帝国主义, 25, 193–195
cultural industries, 文化工业, 77–80
cultural politics, 文化政治, 185, 188–189
cultural products, trade in, 文化产品贸易, 126
cultural property: international exchange of, 文化遗产的国际交流, 186; protection of, 文化遗产的国际保护, 187–188
cultural rights, 文化权利, 189–192
cultural studies, 文化研究, 25, 206
cultural workers, 文化工作者, 188
culture: definition of, 文化定义, 184; dynamism and diversity of, 文化动态性与多样性, 184; globalization of, 文化的全球化, 195–197; high-context and low-context, 高语境与低语境文化, 199; as a learning process, 作为学习过程的文化, 185; in relation to global communication, 文化与全球传播的关系, 206; spread of, 文化扩散, 185–186
cyberimmortality, 网络永生, 249
cyberwar, 网络战争, 220–221
Cyrus, Emperor of Persia, 波斯皇帝居鲁士, 55
Daddario, Emilio, 埃米利奥·达达里奥, 241
Daly, M., M.达利, 171
Darwin, Charles (and Darwinian theory), 查尔斯·达尔文（达尔文理论）37, 43–45
data mining, 数据挖掘, 125
Dawkins, Richard, 理查德·道金斯, 45
Dayton accords (1995), 代顿谈判（1995）, 163

decision analysis，决策分析，238

defence contracts，国防合同，69-70

"delivery" institutions，"交付"制度，16

Delphi technique，德尔菲法，242

democracy，民主，47-48，80，218-219

Derbyshire，John，约翰·达比希尔（John Derbyshire），171

deregulation，解除规制，123-124，133，213，219

determinism，决定论，46

developing countries，发展中国家，110，117，121，123，138-143，146，186，191，246

diaspora communities，离散社群，2

dichotomization，二分法，36，201-202

"digital divide"，"数字鸿沟"，130，144-145，228-229

digital technology，数字技术，62，89，213-216，221，238

diplomacy，外交，56，58，60，104，177-178；以及 communication，传播，161-162；cultural，文化传播，185；媒体传播，media，162-164

disciplines，scientific，科学学科，38

Discovery Channel，探索频道，7-8

Douglas，Mary，玛丽·道格拉斯，240

Duchrow，U.，U. 杜赫罗，18

Dutta，Mohan，莫汉·杜塔，150，253

ECHELON network，"ECHELON"网络，165，221-224

Edison，Thomas，托马斯·爱迪生，236

Edward IV，爱德华四世，57-58

egalitarian perspectives，平等主义视角，46-50，80，229

Ehrlich，Paul，保罗·埃利希，236

Einstein，Albert 234，阿尔伯特·爱因斯坦，236

Ekecranz，J.，J. 伊克兰斯，39

elimination beliefs，赶尽杀绝的理念，171-172

English language，英语，146

Enlightenment project，启蒙运动，195，251

entertainment industry，娱乐业，88-92

eqality，communicative，平等及平等化交流，228；同时见 inequality，不平等

error，possibility of，错误率的可能性，133

espionage，间谍活动，164-166，220-222

ethics of global communication，全球传播伦理，252-255
Etzioni，Amitai，阿米塔伊·埃茨昂尼，201
Euro-American centrism，欧美中心主义，35-36
European Commission，欧洲委员会，121
European Parliament，欧洲议会，222
event-tree analysis，事件树分析，237
evolutionary perspectives，进化论视角，37，43-46，49，79，227-228
expert opinions，专家意见，236
expressed preferences，表达性偏好，238
extra-disciplinarity，学科外知识，39
Facebook，脸书，224，227
Fackler，P.M.，P.M.Fackler，256
Fa Hsien，法显，56
fault-tree analysis，故障树分析，237，239
Featherstone，M.，M.费瑟斯通，207
Federal Communications Commission，US，美国联邦通信委员会，121
film industry，电影业，71-73，91
films，educational，教育性影片，103-104
financial markets，金融市场，12
Florence Agreement on educational，scientific and cultural materials（1950），《关于教育、科学和文化物品进口的佛罗伦萨协定》（1950），186，189
flow，concept of，"流动"的概念，4-6
folklore，民俗，188
Follesdal，Dagfinn，达格芬·弗莱斯达尔，237
Food and Agriculture Organization（FAO），联合国粮食及农业组织，106，110
forecasting，预测，235-236，242
Fortner，R.S.，R.S.福特纳，9，18，63，256
"framing" of events，事件的"框架"，173
free market policies，自由市场政策，120，122
freedom，negative and positive，消极自由与积极自由，47
French Revolution，法国大革命，112
Friedman，J.，J.弗里德曼，207
Fugger，Philip Eduard，菲利普·爱德华·福格，58
fundamental values，基本价值观，254

"funeral diplomacy","葬礼外交",163

future studies,未来研究,234

Gallie, W.B.,W.B.加里,34

Gallois, Cindy,辛迪·加卢瓦,200

Galtung, Johan,约翰·加尔通,150,170,174

gambler's fallacy,赌徒谬误,239-240

Garner, D.,D·戛呐,236

Garnham, Nicholas,尼古拉斯·加汉姆,79-80

Garofalo, R.,R.加罗法洛,73

General Agreement on Tariffs and Trade（GATT）,《关税和贸易总协定》（GATT）107,110; Uruguay Round,乌拉圭回合,117-118,121

General Agreement on Trade in Services（GATS）,《服务贸易总协定》（GATS）118-119

General Electric,通用电气,74

Geneva conference on the press,日内瓦新闻会议（1927）,105

Geneva convention on educational films（1933）,《日内瓦教育类电影公约》（1933）,103-104

Geneva summit on the information society（2003）,日内瓦信息社会峰会（2003）,144

Gerbner, George,乔治·格伯纳,84

Giddens, A.,A.吉登斯,18

Gilboa, E.,E.吉尔伯,163

Ginneken, Jaap van,杰普·凡·金内肯,95

Girard, B.,B.吉拉德,113

global advertisers,全球广告主,92-94

global cities,全球性城市,15,179

global communication,全球传播,3-6,17,34-50,63; approaches to the study of,研究方法,23-28; content of,全球传播的内容,77; context of,全球传播的情境,9-10; diplomacy,全球传播与外交,161-162; economic dimension of,全球传播的经济维度,77-78; evolutionary perspective on,全球传播的进化论视角,79; money in,全球传播中的货币,247; online,全球网络传播,212-213,216-217,227-229; and participation,参与全球传播,49-50; related to culture,文化相关的全球传播,206; seen as a steeplechase,将全球传播作为越野赛来研究,38-41; theory of,全球传播相关理论,30; 另见：ethics of global communication,全球传播伦理; politics of global communication,全球传播政治

global communication industry,全球通信产业,67-68

global economy,全球经济,110-111

global entertainers,全球娱乐商,88-92

global governance，全球治理，99-100

global news，全球新闻，85-86，246-247

global risks，全球风险，17-18

globalization，全球化，25，124，184，213; of communication，传播，6-9，30; as a contested concept，作为争议性概念的传播，11-13; of culture，文化的传播，195-197; "from above" and "from below"，"自上而下"与"自下而上"，179; history of，传播的历史，10-11; as a political programme，作为政治纲领的传播，14

"glocalization"，"全球本土化"，9，14，197

Golan，G.J.，G.J.葛兰，18

Goldhagen，D.J.，D.J.戈尔德哈根，179

Gore，Al，阿尔·戈尔，62

Gould，C.C.，C.C.古尔德，47，50-51

governance: of communication，传播治理，116，133; concept of，治理的概念，99; at the national level，国家层面的传播治理，100; 另见: Internet governance，互联网治理

Gray，J.，J.格雷，18-19

Greek thought，希腊思想，202

Gregory XV，Pope，教皇格雷戈里十五世，58，155

Greider，W.，W.葛雷德，19

Grossman，D.，D.格罗斯曼，171

grounded theory，扎根理论，36-37

group behaviour，集体行为，203-204

Group of 77，七十七国集团，109

Gudykunst，W.B.，W.B.谷迪孔斯特，200，207

Gulf War (1991)，海湾战争，159-160

Habermas，Jürgen，尤尔根·哈贝马斯，253

Hackett，R.A.，R.A.哈克特，51，172，174

Hague Convention on cultural property (1954)，《关于武装冲突情况下保护文化遗产的海牙公约》(1954)，187

Hall，Edward T.，爱德华·T.霍尔，198-199

Hall，Stuart，斯图亚特·霍尔，25

Halloran，James，詹姆斯·哈洛兰，22

Hamelink，Cees J. (author)，希斯·J.哈姆林克（本书作者），69，73，76，113，128，150，179-180，204，256

Hammer, M.A., M.A. 汉默, 200

Hanseatic League, 汉萨同盟, 57

Havas, Charles, 查尔斯·哈瓦斯, 59

Haydn, Joseph, 约瑟夫·海顿, 116

Helsinki Final Act (1975),《赫尔辛基最后议定书》(1975), 186

Herman, E.S., 赫尔曼·E.S, 80-81, 85-86

Hesmondhalgh, D., D. 赫斯蒙德霍, 77, 80-81, 88, 95, 206

Hinkelammert, F.J., F.J. 辛科兰梅尔特, 18

Hobbes, Thomas, 托马斯·霍布斯, 39, 112

Hofstede, Geert, 吉尔特·霍夫斯塔德, 199

Holocaust, the, 纳粹大屠杀, 172

Horkheimer, Max, 马克斯·霍克海默, 78

Hotline, the, 热线, 164

Hudson, Heather, 海瑟·哈德逊, 98

human dimension in communication processes, 传播过程的人的维度, 250-252

human error, 人的错误, 239

human rights, 人权, 107-108, 124-126, 142, 150, 186, 188-190, 218, 226, 251

humanitarian agenda, 人道主义议程, 124-126

Hume, David, 大卫·休谟, 235, 253

HUMINT, 人工情报, 165

Huntington, S.P., S.P. 亨廷顿, 196

Hussein, Saddam, 萨达姆·侯赛因, 160, 163

hybridity, cultural, 文化混合, 197

IBM, 美国国际商用机器公司身份（IBM）, 10, 73

identity formation, 身份形成, 191-195

illiteracy, 文盲, 147

imagined communities, 想象的共同体, 2

imperialism, 帝国主义, 24-25, 193, 253

"inclusion", meaning of, "包容性"的含义, 149

individualism, 个人主义, 201

inductivism, 归纳主义, 235

industrial espionage, 工业间谍活动, 165

inequality, 不平等, 17, 137-151

information, popular myths about the effect of, 信息：关于信息效果的流行神话, 28-29, 176-177

information and communication technologies（ICT），信息与通信技术（ICT），130，144，148，178，229

"information capital" concept，"信息资本"概念，147，229

information disparity，信息不平等，245

"information society"，"信息社会"，25-28，112，130-131，144，148-149；另见 United Nations World Summit on the Information Society，联合国信息社会世界峰会

"information superhighway"，"信息高速公路"，62，144

infrastructure sector，基础设施部门，74-76

Innis，Harold，哈罗德·伊尼斯，25，54，78

institutional investors，机构投资者，72

institutionalization，制度化，16

insurance，保险，241

intellectual property rights, protection of，知识产权保护，102-103，117，121-126，132；arguments for abolition of，废除知识产权的争论，132

intelligence services，情报部门，164-166

Inter Press Service（IPS），国际新闻社（IPS），87

intercultural communication，跨文化传播，35，198-199，202-205；competence in，跨文化传播能力，205；以及 decision-making in groups，群体中的决策，200

inter-disciplinarity，跨学科性，38-39

Intergovernmental Group on Transfer of Technology（IGGTT），政府间技术转让小组，140

interlocking business interests，互相联结的商业利益，68-70，76

International Civil Aviation Organization（ICAO），国际民用航空组织，106

international communication, definition of，国际传播的定义，2

International Covenant on Civil and Political Rights，《公民权利和政治权利国际公约》，157

International Herald Tribune，《国际先驱论坛报》，127

International Labour Organization（ILO），国际劳工组织（ILO），49，106

International Maritime Organization（IMO），国际海事组织（IMO），106

international non-governmental organizations（INGOs），国际非政府组织（INGOs），107-108

International Programme for the Development of Communication（IPDC），国际传播发展方案（IPDC），143

International Telecommunications Union（ITU），国际电信同盟，109，120-121，129，226

Internet access，互联网接入权，146，178，216-217

Internet governance，互联网治理，225-226

Internet technology，互联网技术，3，62，76，80，89，255

Interpublic Group of Companies，埃培智集团，93

intra-organizational decision-making，组织内部决策，79

intuitions，直觉，254-255

Iraq，伊拉克，160，173

Irvan，Suleyman，苏莱曼·伊尔万，174

Israel，State of，以色列国，173

"jamming" of radio frequencies，广播频率"干扰"，108，157-158

Janus，Noreene，诺琳·杰纳斯，92

Jensen，Klaus Bruhn，克劳斯·布鲁恩·延森，41-42

Johnson，Hiram，海拉姆·约翰逊，175

Johnson，N.，N. 约翰逊，51

Johnson，Th.J.，Th.J. 约翰逊，18

journalistic standards，新闻标准，161；又见：peace journalism，和平新闻；war journalism，战争新闻

Jowett，G.S.，G.S. 乔伊特，155，157

Joy，Bill，比尔·乔伊，248-249

Jurassic Park（film），《侏罗纪公园》（电影），91

Kahn，Hermann，赫尔曼·卡恩，243

Kamalipour，Y.R.，Y.R. 卡玛里博尔，19

Kant，Immanuel，伊曼纽尔·坎特，253

Kaplan，A.，A. 卡普兰，145

Kelvin，Lord，凯尔文勋爵，236

Kennedy，Robert，罗伯特·肯尼迪，165

KGB，克格勃，159

killing，inhibitions against，针对平民的杀戮，171-172

Kim，S.H.，S.H. 金，173

Kim，Young-Yun，金荣渊，200

Kincaid，D. Lawrence，劳伦斯·D. 金凯德，199

King，Martin Luther，马丁·路德·金，165

Kirkpatrick，Jeane，珍妮·柯克帕特里克，158-159

Kissinger，Henry，亨利·基辛格，163

Klein，J.T.，J.T. 克莱恩，38

Klein，N.，N. 克莱恩，95

Knake，R.K.，R.K. 科奈克，220-221

Knightley, Ph., Ph. 奈特丽, 160, 166

Koppel, Ted, 泰德·坎培尔, 163

Kraidy, M.M., M.M. 克瑞迪, 36

Kubka, J., J. 库布卡, 105

Kuhn, Thomas, 托马斯·库恩, 34

Kunda, Z., Z. 昆达, 205

Kurzweil, Ray, 雷·科兹维尔, 227, 249

language, evolution of, 语言的进化, 43

Lasswell, Harold, 哈罗德·拉斯韦尔, 23, 32, 63

Lazarsfeld, Paul, 保罗·拉扎斯菲尔德, 23

Le Carré, John, 约翰·勒·卡雷, 165

League of Nations, 国际联盟, 104–105, 156–157, 162

legitimacy of government, 治理的合法性, 100

LeQueux, William, 威廉·雷克斯, 164

Lerner, Daniel, 丹尼尔·勒纳, 24

Lévi-Strauss, Claude, 克劳德·列维–斯特劳斯, 39

liberalization of markets, 市场自由化, 119–120, 123–124, 219

Lippmann, Walter, 沃尔特·李普曼, 204

Loasby, Brian, 布莱恩·拉斯比, 133

local communities, power of, 地方性社区的力量, 178–179

long-distance communication, history of, 远距离传播历史, 54–63

Luhmann, N., N. 卢曼, 32

Lukes, S., S. 卢克斯, 34

Lundström, Cilla, 希拉斯·伦德斯特姆, 128

Luther, S.F., S.F. 卢瑟, 102

Luxembourg, 卢森堡, 76

Lynch, Jack, 杰克·林奇, 174

McAnany, E., E. 麦卡纳尼, 151

MacBride Commission and Round Tables, 麦克布莱德委员会及其圆桌会议, 142–144, 192

McChesney, Robert W., 罗伯特·麦克切斯尼, 80–81, 92–93, 255

"McDonaldization", "麦当劳化", 196

machine intelligence, 机器智能, 248–249

McLuhan, Marshall, 马歇尔·麦克卢汉, 9–10, 233–234, 244–245

McPhail, Thomas, 托马斯·麦克菲尔, 92

McQuail, Denis, 丹尼斯·麦奎尔, 7, 24, 31-33

Madrid conference on telegraphy and radio (1932), 马德里电报与无线电会议（1932）, 102

Madrid conference on the press (1933), 马德里新闻会议（1933）, 105

Mahan, A., A.马汉, 113

Manila conference (1979), 马尼拉会议（1979）, 109

Mansell, R., R.曼塞尔, 134, 145-147

Marconi, Guglielmo, 古格列尔莫·马可尼, 60, 75

market governance, 市场治理, 99

Marrakesh Agreement (1994), 《马拉喀什协定》（1994）, 118

mass communication, 大众传播, 31

mass media, 大众传媒, 123-124, 190-192, 217; concerns about social impact of, 对大众传媒社会影响的关切, 103-105

Mattelart, Armand, 阿芒·马特拉, 1, 19, 92

media, the, 媒体, 媒介: and diplomacy, 媒体外交, 162-164; 以及 espionage, 媒体与间谍行为, 166; issues for, 媒体相关议题, 32; socially-oriented theory of, 以社会为导向的媒介理论, 41-42; and violence, 媒介与暴力, 172-174; 另见: mass media, 大众传媒

"media moguls", "媒体巨头", 72, 217

"mediatization", "媒介化", 172

metaphors, 隐喻, 173

Mideast Youth platform, 中东青年平台, 247

military projects, 军事项目, 69-70

modernity, definition of, 现代性的定义, 195

Mody, B., B.莫迪, 207

Moon Treaty (1979), 《月球条约》（1979）, 110

"moral disarmament", "道义裁军", 105

moral standards and moral judgments, 道德标准与道德评判, 252-255

Morozov, Evgeny, 叶夫根尼·莫罗佐夫, 62-63, 217, 230

Morse, Samuel (and Morse code), 曼纽尔·莫尔斯（与莫尔斯电码）, 60, 75, 101

Mosco, Vincent, 文森特·莫斯可, 78, 81, 224-225

Moser, P.K., P.K.莫思尔, 51

most-favoured nation treatment, 最惠国待遇, 123

Mouffe, C., C.墨菲, 51

MTV, 音乐电视, 89-90

Mulder, D.H., D.H.米尔德, 51

multidisciplinarity，多学科性，38-39

multilateral cooperation on issues of culture，文化议题上的多边合作，189

multilateral institutions，多边机构，106-107

Murdoch，Rupert，鲁伯特·默多克，8，72-74，77

Murdock，G.，G. 默多克，81

music industry，音乐业，71，88-90

Muto，I.，I. 穆托，49

Napoleon，拿破仑，59，155

nation-states，民族国家，2，9，13，40-41，112

National Aeronautics and Space Administration（NASA），US，美国国家航空航天局（NASA），220

national cultures，民族文化，199

national media，国家性媒体，8-9，41

National Security Agency（NSA），US，美国国家安全局（NSA），221-223

national unity，民族统一体，40

Navaho Indians，纳瓦霍印第安人，35

Nederveen Pieterse，J.，J. 尼德文·皮特斯，197，207

neoclassical economics，新古典主义经济学，79

neoliberalism，新自由主义，14，119，124-126

net neutrality，网络中立性，225-226

networking between localities，地区间网络，178-179

neural networks，神经网络，44-45，223

New Delhi declaration on decolonization of information，《新德里信息去殖民化宣言》，141

New International Economic Order（NIEO），国际经济新秩序（NIEO），140

New International Information Order（NIIO），国际信息新秩序（NIIO），111-112，141-142，189，193

New World Information and Communication Order（NWICO），世界信息与传播新秩序，142-143，193

New York Times，《纽约时报》，223

news agencies，新闻通讯社，59-60，73

News Corporation，新闻集团，8，74，196

newspapers，报纸，58-60，85，104

"9/11" attacks，"9·11"袭击，161，173-174

non-aligned movement，不结盟运动，109，111，141-142

non-governmental organizations（NGOs），非政府组织（NGOs），107-108

Nordenstreng, K., K. 诺顿斯登, 105
North-South confrontation, 南北冲突, 108-110
North-South divide, 南北鸿沟, 138-141
Northern Ireland, 北爱尔兰, 173
nuclear deterrence, 核威慑, 177
obscene publications, 淫秽出版物, 104
O'Donnell, V., V. 奥唐纳, 155, 157
Oetzel, J.G., J.G. 奥策尔, 200
Office of Technology Assessment (OTA), US, 美国技术评估办公室 (OAT), 241
Omega Foundation, 欧米伽基金会, 221-222
Omnicom group, 宏盟媒体集团, 93
Organization for Economic Cooperation and Development (OECD), 经济合作与发展组织 (OECD), 107, 110, 121
Orientalism, 东方主义, 183
out-groups, 外部群体, 171
Outer Space Treaty (1967),《外层空间条约》(1967), 110
ownership structures in business, 商业所有权结构, 72-73
Palestine, 巴勒斯坦, 173
"paradigm testing" (Kuhn), "范式测试"(库恩), 34
Paris congress on the protection of literary property (1878), 巴黎文学产权保护大会 (1878), 103
participation: in cultural life, 参与：文化生活, 190-191; global, 全球参与, 49-50, 247; in public decision-making, 参与公共决策, 48-50, 218-219, 226
Pateman, C., C. 佩特曼, 48
patent protection, 专利保护, 111, 123
Paul, St, 圣保罗, 35
Paul III, Pope, 保罗三世教皇, 35
peace journalism, 和平新闻学, 174-175
People's Communication Charter (PCC),《人民传播宪章》(PCC), 127, 226
perceptions of reality, 对现实的认知, 204
Pérez de Cuéllar, Javier, 哈维尔·佩雷斯·德奎利亚尔, 127
perspectivism, 视角主义, 42-43
Philip, Johann, 约翰·菲利普, 60
Pike, R.M., R.M. 派克, 6, 11
Pinker, Steven, 史蒂芬·平克, 43, 171, 177

Pinter, S., S. 平克, 180

Platform for Cooperation on Communication and Democratization, 传播和民主化合作平台, 127

Plato, 柏拉图, 4

Podoretz, Norman B., 诺曼·普德雷兹, 171

political decision-making, 政治决策, 32-34, 48-50

political economy, 政治经济, 25, 77-78

political equality, 政治平等, 48

politics of global communication, 全球传播的政治学, 98-113, 116-134

portfolio theory, 投资组合理论, 88

post-colonialism, 后殖民主义, 252-253

postal services, 邮政服务, 55, 57, 100-101, 109-110

printing technology, 印刷技术, 58

privacy, protection of, 隐私保护, 125

privatization policies, 私有化政策, 119-120, 219

probabilities, 概率, 237-242; subjective, 主观, 239, 242

propaganda, 宣传, 23, 61, 102, 104, 113, 155-161, 171, 246; definition of, 宣传的定义 161; history of, 宣传的历史 155-158; types of, 宣传的形式 157

Proust, Marcel, 马赛尔·普鲁斯特, 31

Pruitt, D.G., D.G. 普鲁伊特, 173

public diplomacy, 公共外交, 162-163

public opinion, 公共舆论, 104-105, 127

public relations, 公共关系, 56

public spaces, physical and virtual, 实体和虚拟的公共空间, 255

Publicis Groupe, 阳狮集团, 93-94

quality of life, 生活质量, 130

Raboy, M., M. 拉伯, 51, 134

radio broadcasting, 无线电广播, 61, 102-105, 155-156, 236

Rantanen, Terhi, 特希·兰塔能, 41

rationalizations after the fact, 事后合理化, 254

Rawls, John, 约翰·罗尔斯, 253

Reagan, Ronald, 唐纳德·里根, 11, 158-159

realist paradigm of international relations, 国际关系的现实主义范式, 112

Reformation, the, 宗教改革, 58

Reinhardt, John, 约翰·莱因哈特, 142

relativism, moral，道德相对主义，253

religious beliefs，宗教信仰，204

research and development（R&D），研发，70-71

Reuters, Paul Julius (and Reuters News Agency)，保罗·朱利叶斯·路透斯（路透社），59

revealed preferences，显示性偏好，238

Richelieu, Cardinal，红衣主教黎塞留，162

risk aversion，风险规避，240-241

risk evaluation，风险评估，236-241

"risk society" concept，"风险社会"概念，17

Robertson, Alexa，亚莉克莎·罗伯特森，5

Rogers, Everett，埃弗雷特·罗杰斯，24

Roman Catholic Church，罗马天主教，58，155

Roman Empire，罗马帝国，55，161

Rosenblum, Mort，莫特·罗森布卢姆，175

Royal Society，皇家学会，59

Sadat, Anwar，安瓦尔·萨达特，163

Said, Edward W.，爱德华·W.萨义德，183，207

Sarikakis, K.，K.萨利卡其斯，134

Sartre, Jean-Paul，让-保罗·萨特，253

Sassen, Saskia，萨斯基亚·撒森，179

satellite communication，卫星通信，61-62，75-76，118，144，189，222

Scali, John，约翰·史卡利，163

"scanning" process，"扫描"过程，201

scenario writing，场景写作，242-244

Schauberger, Viktor，维克特·舒伯格，31

Schiller, Herbert I.，赫伯特·I.席勒，66，81，193，213-214

Schramm, W.，W.施拉姆，24，175

Schroeder, B.，B.施罗德，172

Schwartau, W.，W.舒瓦图，220

Schwartz, P.，P.施瓦兹，256

Schwarzkopf, Norman，诺曼·施瓦茨科普夫，159

scientific method，科学方法，37

"secular theology"，"世俗神学"，33

"selective articulation"，"选择性表达"，172

Servaes, J., J. 瑟维斯, 151

services sector, 服务业, 67-68, 76-77

Shakespeare, William, 威廉·莎士比亚, 2, 251

Shinar, D., D. 希纳尔, 172

SIGINT, 165

Sinclair, J., J. 辛克莱尔, 92, 94

Singer, P., P. 辛格, 253

Siochru, S.O., S.O. 希欧克鲁, 113

Slevin, J., J. 赛尔文, 230

Smith, A., A. 史密斯, 57, 64

Smythe, Dallas W., 达拉斯·W. 斯迈思, 81

Snowden, Edward, 爱德华·斯诺登, 224

social capital, 社会资本, 229

social media and social networking, 社会媒体和社会网络, 227, 247

social movements, 社会运动, 178

"socially-oriented media theory" (Couldry), "以社会为导向的媒介理论"(库尔德里), 41-42

Société Internationale des Télécommunications Aéronautiques (SITA), 国际航空电信协会 (SITA), 212

Society for Worldwide Interbank Financial Telecommunications (SWIFT), 环球银行金融电信协会, 212

"soft power", "软实力", 154, 162

Sontag, Susan, 苏珊·桑塔格, 173

Sony, 索尼, 8

Sousa, H., H. 索萨, 81

South Commission, 南方委员会, 192

sovereignty of states and of the people, 国家和人民的主权, 112-113

"spin doctors", "媒体顾问", 159-161, 246

spin-offs, 副产品, 70

Sprey, Pierre, 皮埃尔·斯普瑞, 160

Sri Lanka non-aligned summit (1976), 斯里兰卡不结盟国家首脑会议, 142

STAR TV, 星空卫视, 8

Starosta, W.J., W.J. 斯塔罗斯金, 205

Stephan, Heinrich von, 海因里希·冯·斯蒂芬, 101

Stephens, M., M. 斯蒂芬斯, 64

stereotypes，刻板印象，204-205

Stokes，G.，G. 斯托克斯，50

stories and storytelling，故事与故事讲述，4-5

Straubhaar，J.，约瑟夫·斯特劳哈尔，197

surveillance，监视，221-224

Swisscom，瑞士电信公司，221

symbolic capital，符号资本，147，229

Taxis，Franz von，弗朗茨·冯·塔克西斯，57

Taylor，P.M.，P.M. 泰勒，166-167

technological innovation，技术创新，26-27，111，130，147-149，218-219，251；assessment of future impacts，技术创新的未来影响评估，241-242；sharing the benefits of，技术创新的利益共享，140；也可见：convergence, technological，技术融合

"technology assessment"，definition of，"技术评估"的定义，241

technology transfer，技术转让，139-141，144，148

Teilhard de Chardin，Pierre，皮埃尔·泰哈德·查尔丁，10

telecommunications，电信，60-62，67-70，75-76，110-111，117-123，131，218；international networks of，电信国际网络，212；regulation of，电信规制，120-121

telegraphy，电报，60，75，101-102

telepathic communication，心灵感应传播，249

television broadcasting，电视播送，7，89-92，111

Temkin，L.S.，L.S. 特姆金，47

Thatcher，Margaret，玛格丽特·撒切尔，11

theories and theorizing，理论与理论化，30-36；policymakers' use of，政策制定者对理论的运用，33-34

Third World countries，第三世界国家，138-143

Thussu，Daya，达雅·屠苏，19，24，63

Time-Warner，时代—华纳，73-74，196

Ting-Toomey，Stella，丁允珠，200

Tomlinson，John，约翰·汤姆林森，194，208

trade，international，国际贸易，12，56，58，110

Trade-Related Intellectual Property Rights（TRIPS）agreement，《与贸易有关的知识产权协定》（TRIPS），121-122

Trager，George，乔治·特雷戈尔，198

transborder communication，跨境传播，3

trans-disciplinarity,跨学科性,38-39

trans-localization,跨地方化,10-11,14,36

transnational corporations(TNCs),跨国企业(TNCs),13,67-68,92,110,117,139

trend extrapolation,趋势外推法,235,242,244

Trout,J.D.,J.D.特劳特,51

Truman,Harry,哈利·杜鲁门,165

Tuchman,Barbara,芭芭拉·塔奇曼,133,226,246

Tunis summit on the information society(2005),突尼斯信息社会峰会(2005),144

Tunis symposium on decolonization of information(1976),突尼斯信息去殖民化专题研讨会(1976),141

Tunstall,Jeremy,杰里米·滕斯托尔,8

uncertainty,不确定性,234-235

underdetermined theories,不确定性理论,34,235

United Nations(UN),联合国,106-108,144,149,157-158,187-188,226,246;Charter of Economic Rights and Duties of States,《各国经济权利和义务宪章》,109;Commission on Global Governance(1995),全球治理委员会,99;World Summit on the Information Society(WSIS)(2003 and 2005),信息社会世界峰会(WSIS)(2003年与2005年),129-131,145,149,217,226,228

United Nations Charter,《联合国宪章》,40

United Nations Children's Fund(UNICEF),联合国儿童基金会,110

United Nations Conference on Trade and Development(UNCTAD),联合国贸易发展会议(UNCTAD),106-107,109,140

United Nations Development Programme(UNDP),联合国发展计划(UNDP),110;Human Development Reports,《人类发展报告》,99,144

United Nations Economic and Social Council(ECOSOC),联合国经济与社会理事会(ECOSOC),138-139

United Nations Educational, Scientific and Cultural Organization(UNESCO),联合国教育、科学与文化组织(UNESCO),33,41,109,129,138,141-143,157,171,176,185-191;Beirut Convention(1948),《贝鲁特公约》(1948),185-186,189;Convention on Cultural Expression(2005),《文化表达公约》(2005),185;World Commission on Culture and Development,世界文化与发展委员会,127-128

United Press International(UPI),合众社(UPI),71

United States Defense Department,美国国防部,69-70,160,220

Universal Declaration of Human Rights(1948),《世界人权宣言》(1948),189,191,253

Universal Postal Union(UPU),万国邮政联盟(UPU),101,109-110

Urban VII, Pope, 教皇乌尔班七世, 58, 155

urbanization, 城市化, 15-16, 178

Uruguay Round, 乌拉圭回合, 117-118, 121

Vacanti, Charles, 查尔斯·维坎提, 218

van Dijck, José, 约瑟·范迪克, 226-227

Van Dinh, T., 特朗·凡·丁恩, 161-162

Venice, 威尼斯, 58, 161

Venturelli, S., S.文图雷里, 122

Vienna conference on science and technology for development（1979）, 维也纳促进科学与科技发展会议（1979）, 140

Vigilant Interaction Theory, 警惕互动理论, 200

Vincent, R.C., R.C.文森特, 150

Vink, Nico, 尼克·温科, 200-201

violence, 暴力: declining levels of, 暴力水平的下降, 171, 177; 以及 media logic, 媒体逻辑, 172-174

"Voices" proposal, "声音"倡议, 128

Volkan, V.D., V.D.沃尔坎, 180

Wanta, W., W.万塔, 18

war journalism, 战争新闻, 172

Washington Conference on radio broadcasting（1927）, 华盛顿无线电广播会议, 102

Waski, J., J.瓦丝琪, 81

Webster, F., F.韦伯斯特, 113

Wehn, U., U.维恩, 167

Weizenbaum, Joseph, 约瑟夫·魏泽鲍姆, 218

Whitton, J.B., 约翰·惠顿, 157

Wiesel, Elie, 艾烈·维瑟尔, 174

Wikileaks, 维基解密, 247

Wikström, P., P.维克斯特姆, 79, 88-89, 95

Wildavsky, Aaron, 亚伦·维尔达夫斯基, 240

Williams, R., R.威廉斯, 64

Wilson, M., M.威尔逊, 171

Wilson, Woodrow, 伍德罗·威尔逊, 155

Winseck, D.R., D.R.温德克, 6, 11

wireless broadband, 无线宽带, 74

wireless telegraphy，无线电报，75

Wolff，Bernard，伯纳德·沃尔夫，59

women's experience，女性经验，146-148

World Bank，世界银行，99

world communication，世界传播，3，49

World Future Society，世界未来学会，234

World Health Organization（WHO），世界卫生组织（WHO），106，108，110

World Intellectual Property Organization（WIPO），世界知识产权组织（WIPO），121-122

World Trade Organization（WTO），世界贸易组织（WTO），11，107，117-123，126，145，246；Basic Telecommunications Agreement（1997），《基础电信服务协议》（1997）123

WPP group，WPP 集团，93

Wright，A.F.，A.F. 怀特，56

Wright，James，詹姆斯·怀特，158

Zapotec Indians，萨巴特克印第安人，35

译后记：全球传播的名与实

这本书从拿到版权到现在出版，历经七年之痒，前半程是我慢惰行进，后半程则是琐务缠身。在迁延不已的日子里，作为编辑的纪海虹老师之耐心和容忍，让我钦佩不已，也让我汗颜不已。所以，在这篇后记中，首先我特别诚意地要感谢纪老师，然后再开启下面的文字。

当初，在拿到汉姆林克《全球传播》一书的英文原稿时，让我略有犹豫的是：在知识的"年折旧率"据说高达80%的当下，这本教材式的著作，会不会在它的中译本尚未付梓之时，就已是明日黄花？而本书所涉及的"全球"问题尤其变化万千，往往立论未已，而时势已易，即便是弗朗西斯·福山（Francis Fukuyama）、保罗·克鲁格曼（Paul Krugman）这样的耆宿大贤，如今也难免向"旧日之我"宣战：前者转而谈论"身份政治"，事实上是对"历史终结论"的"终结"，而后者则坦言"世界没那么平了"（The World Is Getting Less Flat）。

不过，随着对文本体悟渐深，最开始的顾虑涣然冰释。汉姆林克并非算无遗策的"先知"，而是循循善诱的"教员"。他努力将毕生之阅历见闻、学术思考，倾囊相授，带领读者以"传播"为镜，观"全球"之奇。大到阿芒·马特拉（Armand Mattelart）、海瑟·哈德逊（Heather Hudson）等名家巨擘的思想理路，小到匈奴王阿提拉、教皇乌尔班七世等军政人物发动跨国宣传战（"全球传播"之早期雏形）的历史掌故，及至哪些论文值得细读，哪些议题值得讨论，哪些全球传播节点值得关注，都被他巨细靡遗地熔于一炉，并由此连珠缀玉地勾勒出"全球传播"的总体样貌。

一、"全球传播"如何正名："一锤定音"还是"顺其自然"？

如果你有幸"穿越"回1940年代，见到被后世誉为"传播学创始人"的施拉姆，问他何谓传播学，他多半会一本正经地告诉你："我们讨论的是语汇、信号、手势、姿势、图像、视觉表现、印刷品、广播电视、电影——人类试图互相传达意义和价值所凭借的一切象征和符号"[1]，然后郑重其事地向你介绍他"钦封"的"四大奠基人"。施拉姆

---

[1] Wilbur Schramm. The science of human communication: New directions and new findings in communication research[M]. New York: Basic Books, Inc., 1963, p.6.

有极强的事业心,汲汲于为传播学预先设计一个面面俱到、无懈可击的"学科体系",如此,则天下新闻传播学子,皆其座下门生。

但是,传播学并不是一片由农夫播种经营的麦田,而是"万类霜天竞自由"的"热带雨林"(这也是汉姆林克在他的书中很喜欢用的一个隐喻)。雨林的复杂系统非由先天设计,而是自然演化的结果。我们无法否认施拉姆对于传播学学科发展的贡献,但是同样不能忽视的是,"预先设计"传播学的应然形态,实际上湮没了演化出更复杂系统的可能。近年来,国内外学者的研究不断正本清源,证实施拉姆一脉不过是传播学众多流派之一支。

汉姆林克和施拉姆的不同之处在于:施拉姆追求的是"建制",需要一面"传播学"的"旗帜"以聚拢资源;而汉姆林克重视的是"理念",只要能吸引同仁,其裹以何种外衣无足轻重。传播活动虽已全球化,但是"世界共同体"仍只是愿景与倡议,"全球性"与"地方性"交织在一起,汉姆林克旨在揭示这背后的张力。至于这一领域究竟应当如何命名,他持一种"无可无不可"的开放态度。他诚实地表示,其实他本人最中意的术语是"全球本土化"(globalization),而"国际传播"(international communication)、"世界传播"(world communication)与"跨境传播"(transborder communication)等词汇都曾被用来指涉此一领域,各有优劣,于是他最终选择了"全球传播"这一"时髦术语"(原书第2~3页)。但是,他并不认为此为一锤定音,并以"课后思考题"的形式,将命名主动权留给读者,由其见仁见智。

二、"全球传播"如何研究:"尽善尽美"还是"实话实说"?

汉姆林克是"佛系"的。他没有去擘画一个尽善尽美的体系,而是时不时抛出启发性的素材,鼓励读者自主思考。汉姆林克不喜欢给研究加太多约束条件,但是他还是提供了一套基本概念的集合:流动、故事、全球化、城市化、制度化、不平等……这些概念好比罗盘,可以指示大致方位,而是否能发现"新大陆",则需要航海家们各凭本事。就此而言,可以说汉姆林克意在加速全球传播版图的最终成型,至于这一版图究竟是怎么样的,则是"自然演化"的结果,有赖于每个立志投身全球传播理论或实践工作的个体的悟性与创造力。

在很多时候,汉姆林克就像是安徒生童话里道破"皇帝新装"的那个顽童,太过直言不讳。他说:"学科实际上是大学管理、科学出版和研究经费分配而形成的组织原则……这些组织原则并不是知识分子思考的结果",他甚至表示,"科学普遍制度化为学科"乃是理解"全球传播"(原书第39页)之真谛的障碍——这简直有几分《庄子》中"圣人不死,大盗不止"的意味。因此,从研究方法上而言,他是完全"拿来主义"的,主张抛弃门户之见,无论是民族志、内容话语分析(此二者可以说是传播学研究中的常规方法），甚至是政治学、心理学、社会学等学科的研究方法，只要有益于研究，都不妨收为己用；所谓"知识"是多元的，除了"科学知识"之外，还有非科学的"经验"和"隐性知识"（tacit knowledge），因此"有文凭的专家"和"没有获颁证书的专家"必须通力合作（原书第 38 页）。

三、《全球传播》如何叙事："建立正统"还是"追求多元"？

方兴未艾的研究领域，是学术大咖们纵情驰骋的处女地。后者头戴光环，手握资源，身具知识生产能力，其目光所及，兴趣所致，自能有一批后生小辈追随效仿，从而引领一时之风潮。但是，正因大咖的话语权要强于一般研究者，所以在梳理、叙述某一学术领域时，尤需谨记此领域并非一家一派之天下，要努力遏制自己"跑马圈地"的欲望。1977 年，伊莱休·卡兹（Elihu Katz）对 BBC 宣称："传播研究……无疑是美国的科学，在拉扎斯菲尔德、拉斯韦尔、霍夫兰这几位奠基人的领导下，它蓬勃发展了 20 年。"[1] 俨然把从行为主义科学发展而来的一个量化学术流派视为传播学之"共主"，不免有几分僭妄。

汉姆林克也罗列了领域内的诸多学者，但并没有给后者安上什么"头衔"或"名分"，他只是审慎地表示，这些人物不同程度地启发了他的思考。有趣的是，汉姆林克将 18 世纪的维也纳作曲家约瑟夫·海顿（Joseph Haydn）也列为其"全球传播"研究的灵感来源（原书第 116 页）。海顿擅长钢琴三重奏和弦乐四重奏，这或许让汉姆林克联想到全球传播的世界如同交响乐一样纷繁复杂。而一个需要额外指出的冷知识是，汉姆林克本人也精通乐理，2014 年（也即《全球传播》英文版出版的同一年）他在阿姆斯特丹大学教师俱乐部发布专辑《我说是的》（*Ik zei ja*）。

汉姆林克认为，全球传播领域是一个非线性的复杂系统，基于决定论（determinism）或还原论（reductionism），将全球传播拆解或简化为几个变量，探索变量之间一一对应的线性关系，无助于理解复杂系统。他将这种线性思维称为"因果律迷恋"（causality obsession），并断言其"对于真实地理解我们所生活的世界是毁灭性的"（原书第 46 页）。因此，汉姆林克在叙述全球传播时，努力囊括通信产业寡头、政府情报机构、文艺创作者、本土化社区等不胜枚举的主体，揭示粉墨登场的各方身后千头万绪的诉求。在汉姆林克眼中，宛如热带雨林的全球传播是这样的：在这里，没有任何人能全知全觉，更无"中央处理器"统御各方，不可思议的"黑天鹅事件"频发，但是系统具有自愈力，其内部的混乱总会神奇地归于平复。这种设想是否符合全球传播的现实，会不会又是一个如

---

[1] Elihu Katz: Social research on broadcasting, proposals for further development: A report to the British Broadcasting Corporation[R]. 1977, p.22.

同"施拉姆是传播学之父"那样的"神话"？最终裁断权在读者诸君手中，我难以置评。

四、《全球传播》的接续之实："上士闻道，勤而行之"

汉姆林克是能写"锦绣文章"的。他参与撰写的《人民传播宪章》（*The People's Communication Charter*）就是一篇笔力雄劲之作（在《全球传播》一书中，他也提到了这份文件）。在此文中，他批评媒体商业化和所有权集中侵蚀了公共领域，媒介暴力加剧社会极化与冲突，同时谈论信息传播的伦理原则，为全球传播中的失语者鼓与呼。

需要指出的是，全球传播是与现实紧密挂钩的领域，相关研究如果流于纸面上的口号与推演，变成了"青春作赋，皓首穷经；笔下虽有千言，胸中实无一策"，则甚不可取。

全球传播的研究者，还是需要有那么点"上士闻道，勤而行之"的勇气。

汉姆林克让我很佩服的一点，在于他能够锚定自己所信奉的价值观，然后在力所能及的范围内身体力行。他是象牙塔内的学者，同时也曾在荷兰外交部、联合国教科文组织、国际红十字会、新加坡国际开发署等多个机构担任过专家和记者。全球传播虽然是一个非人力所能操控的复杂系统，但对于任何系统来说，志虑忠纯、知行合一的人都是多多益善的。

我一度以为，写完《全球传播》，汉姆林克大抵从此"封笔"，悠游林泉之间，自娱桑榆之景。事实上，近年来他笔耕不辍，对《全球传播》一书中提到的"和平新闻"（Peace Journalism）、"城市—全球外交传播"（urban-global diplomatic communication）做了更详尽的阐发，其研究旨趣的实务化倾向更加明显。

任孟山

2023 年 8 月于北京